MISHA & VICKI COLLINS

Mmh, mir schmeckt's!

MISHA & VICKI COLLINS

Mmh, mir schmeckt's!

Wie Sie Kinder für gesundes Essen begeistern

riva

Bibliografische Information der Deutschen Nationalbibliothek
Die Deutsche Nationalbibliothek verzeichnet diese Publikation in der Deutschen Nationalbibliografie.
Detaillierte bibliografische Daten sind im Internet über http://d-nb.de abrufbar.

Für Fragen und Anregungen
info@rivaverlag.de

Wichtiger Hinweis
Sämtliche Inhalte dieses Buches wurden – auf Basis von Quellen, die die Autoren und der Verlag für vertrauenswürdig erachten – nach bestem Wissen und Gewissen recherchiert und sorgfältig geprüft. Trotzdem stellt dieses Buch keinen Ersatz für eine individuelle medizinische Beratung dar. Wenn Sie medizinischen Rat einholen wollen, konsultieren Sie bitte einen qualifizierten Arzt. Der Verlag und die Autoren haften für keine nachteiligen Auswirkungen, die in einem direkten oder indirekten Zusammenhang mit den Informationen stehen, die in diesem Buch enthalten sind.

1. Auflage 2020
© 2020 by riva Verlag, ein Imprint der Münchner Verlagsgruppe GmbH
Nymphenburger Straße 86
D-80636 München
Tel.: 089 651285-0
Fax: 089 652096

Die amerikanische Originalausgabe erschien 2019 bei HarperOne, ein Imprint von HarperCollins Publishers, LLC, unter dem Titel *The Adventurous Eaters Club*. © 2019 by Misha Collins and Vicki Collins. All rights reserved. Published by arrangement with HarperOne, an imprint of HarperCollins Publishers, LLC

Übersetzung: Dr. Birgit Gläser
Redaktion: Caroline Kazianka
Umschlaggestaltung: Catharina Aydemir
Umschlagabbildungen und Abbildungen im Innenteil: Michèle M. Waite
Layout: Janet Evans-Scanlon
Satz: Satzwerk Huber, Germering
Druck: Firmengruppe APPL, aprinta Druck, Wemding
Printed in Germany

ISBN Print 978-3-7423-1517-5
ISBN E-Book (PDF) 978-3-7453-1289-8
ISBN E-Book (EPUB, Mobi) 978-3-7453-1290-4

Weitere Informationen zum Verlag finden Sie unter

www.rivaverlag.de

Beachten Sie auch unsere weiteren Verlage unter www.m-vg.de

Für West und Maison – und
all die anderen abenteuerlustigen Nachwuchs-Esser
in der ganzen Welt

INHALT

EINFÜHRUNG VON MISHA

*I*ch bin in ärmlichen Verhältnissen aufgewachsen. Meine Mutter kaufte mit Lebensmittelmarken ein, und jeden Mittwoch bekamen wir in unserer lokalen Suppenküche eine warme Mahlzeit und eine Tüte voller Lebensmittel. Obwohl es Köstlichkeiten wie Schweinekotelett nur an Geburtstagen gab, wurde Essen in meiner Familie sehr geschätzt. Meine Mutter schaffte es, meinem Bruder und mir ein warmes Abendessen zuzubereiten, selbst als wir ohne Küche in beengten Büroräumen oder in einem Zelt im Wald lebten. Manchmal kochten wir auch am Lagerfeuer, auf jeden Fall saßen wir jeden Abend zusammen und aßen gemeinsam. Die Mahlzeiten waren für uns eine Möglichkeit, unsere gegenseitige Liebe und Wertschätzung zum Ausdruck zu bringen.

Meine Mutter brachte mich dazu, ganz unterschiedliche Lebensmittel zu probieren, indem sie mich schon in sehr jungen Jahren in der Küche mithelfen und experimentieren ließ. Das funktionierte. Ich liebte es, zu kochen, und aß als Kind eigentlich alles – außer Hühnerleber. Mit sieben dachte ich mir mein eigenes Rezept für Apfelplunder aus. Sie waren zwar hart wie Stein (und schmeckten nicht besonders), aber meine Mutter versicherte mir, sie hätte nie bessere gegessen.

Als meine Frau Vicki und ich dann eigene Kinder hatten, wollte ich vieles so machen, wie ich es als Kind erlebt hatte. Wir wollten unseren Kindern selbst gemachtes Essen vorsetzen, sie beim Kochen einbeziehen und ihnen zeigen, dass Liebe durch den Magen geht. Doch dann holte uns die Realität ein, die Schwierigkeiten, Kleinkinderbetreuung und Beruf zu vereinen, begannen, und dazu kam die Schlaflosigkeit. Bald ertappten wir uns dabei, dass wir den Kleinen Beutel mit Fruchtmus zum Ausquetschen in die Hand drückten und sie er-

mahnten, Ruhe zu geben, während wir ihre Nudeln auf dem Herd aufwärmten. Die Zubereitung der Mahlzeiten entwickelte sich zu einem Wettlauf gegen die Trotzanfälle hungriger Kinder und war eine lästige Pflicht mehr, die wir irgendwie bewältigen mussten. Wenig aufbauend war auch, dass die Kids sich nur für Fruchtgummi und Pasta zu begeistern schienen. Wenn wir wie so oft unterwegs waren, bestellten wir auf dem Flughafen einen Käsetoast von der Kinderkarte und hofften, dass der Gnade vor ihren Augen finden würde.

Dann passierte eines Tages etwas Wunderbares. Wir hatten nämlich entdeckt, dass es einfacher war, mit dem Buggy einkaufen zu gehen und ihn zu beladen, als schwere Einkaufstüten nach Hause zu schleppen. Als ich wieder einmal mit unserem damals knapp dreijährigen Sohn West im Buggy einkaufen gewesen war, stieß ich nach der Rückkkehr in unsere Wohnung beim Auspacken auf einige Überraschungen. West war es unbemerkt gelungen, eine Tüte mit Schweineschwarten, eine Flasche Fischsauce, ein paar Topinambur-Knollen, Schinken aus der Dose und eine Packung Konfekt auf das Kassenband und damit in die Einkaufstüten zu schmuggeln. Ich hob eine Topinambur-Knolle hoch und sagte: »Westy, ich hab keine Ahnung, wie man die zubereitet.« Wie aus der Pistole geschossen antwortete er: »Ich zeig dir, wie es geht.« Und das machte er dann tatsächlich. Er zerdrückte die Knollen mit einem Nudelholz, ließ mich dann den Herd anmachen, und wir brieten sie in einer Pfanne, bis sie rauchten. Dann schmierte er Erdnussbutter auf die Knollen. Die ganze Aktion war wirklich lustig und erstaunlicherweise schmeckten West die Knollen ausgezeichnet (ich muss zugeben, dass sie tatsächlich irgendwie lecker waren).

Dieser Tag war für unsere Familie ein Neustart in Sachen Essen. Wir überließen nun West und seiner jüngeren Schwester Maison gelegentlich die Befehlsgewalt in der Küche. Sie nannten uns »Suseffs« (Souschefs) und waren richtig stolz und voller Neugier, wenn sie beim Kochen helfen durften. Sie hatten auch mehr Bereitschaft, neue Lebensmittel auszuprobieren. Ihre Geschmacksknospen waren dann eher offen für Erfahrungen jenseits von Nudeln und Süßigkeiten. Sie fingen an, Salat zu mögen, aßen Rosenkohl und Lachs. Es war ein Erfolg auf ganzer Linie und ein großer Spaß. Das Kochen und Essen wurde allmählich zu einem alltäglichen Programmpunkt, auf den wir uns alle freuten. Etwas, das uns zusammenwachsen und gemeinsam lachen ließ.

Mir wird manchmal vorgeworfen, dass ich mich extrem auf Dinge konzentriere – und das tue ich wohl auch –, aber meine Frau Vicki treibt das Ganze noch auf die Spitze. Während ich Schauspieler geworden bin, hat sie sich einen Doktortitel geholt. Und wenn Vicki sich für etwas interessiert, dann taucht sie ganz tief in die Materie ein. Als unsere Familienmahlzeiten mit der Zeit immer besser liefen, ließ sie die Muskeln spielen und las jede Studie über Kinder und Ernährung, die sie auftreiben konnte. Wir fanden heraus, dass viele »Wahrheiten«, die manche Eltern nicht infrage stellen, de facto nicht wahr sind. So etwa der Mythos, dass Kinder nur spezielles, möglichst ungewürztes Essen mögen. Tatsächlich ist es aber so,

dass sie solche vermeintlich kindgerechten Produkte gerne essen, weil sie ihnen ständig vorgesetzt werden. In anderen Ländern, in denen es keine speziellen Kindergerichte gibt, haben die Kids das auf dem Teller, was auch die Erwachsenen verzehren. Da wird kein abgepacktes Fruchtmus gekauft, und die Kinder essen – wer hätte das gedacht – frisches Obst! Wenn wir unseren Kindern ständig typische Kinderfertiggerichte präsentieren, bringen wir ihnen bei, nur diese verarbeiteten Lebensmittel zu mögen. Auf diese Weise fördern wir nicht nur ungesunde Essgewohnheiten, wir nehmen den Kids auch die Möglichkeit zu erfahren, was für ein tolles Abenteuer eine richtig gute Ernährung sein kann.

Aber noch gibt es Hoffnung. Mit ein wenig Geduld und Mühe lassen sich diese schlechten Angewohnheiten wieder abtrainieren. Junk-Food und Schnellgerichte sind dann die Ausnahme – zur neuen Regel werden gesündere Mahlzeiten, die die Familie liebevoll teilt und die Spaß machen. Wir hoffen wirklich, dass dieses Buch Ihrer Familie hilft, mit Freude und Neugier eine neue Art der Ernährung zu entdecken – so wie uns die zufällig im Einkaufskorb gelandeten Topinambur-Knollen auf einen neuen Kurs gebracht haben. Und jetzt wünschen wir mit den Worten Maisons: »Gutentit« (Guten Appetit)!

TEIL 1

WILLKOMMEN

IM CLUB

KAPITEL 1

ESSEN MIT KINDERN – EIN NEUER WEG

WÄHREND UNSERER ERSTEN Eltern-jahre fanden wir alles, was mit Essen zu tun hatte, einfach nur stressig. Uns war natürlich klar, dass kleine Menschen jeden Tag etwas essen müssen, wir waren aber wie viele Eltern überarbeitet, erschöpft, abgehetzt und viel zu beschäftigt, um einen klaren Gedanken zu fassen, geschweige denn, sinnvoll zu kochen. Wir setzten uns mit unserem kleinen Sohn an den Esstisch und warteten darauf, was passieren würde. Er bewarf uns mit Brokkoli, lachte wie verrückt und lief vom Tisch weg, ohne eine einzige Kalorie zu sich genommen zu haben. Wenn er dann ein oder zwei Stunden später Hunger bekam, mutierte er zum Monster und schubste unschuldige Kinder vom Klettergerüst. Im Interesse von allen, die sich auf dem Spielplatz befanden, mussten wir ihn also dazu bringen, irgendetwas zu essen.

Genau wie viele andere wohlmeinende Eltern, gewöhnten wir uns so an, unserem Kind den ganzen Tag über Snacks in den Mund zu schieben. Wir verließen das Haus nie ohne jede Menge Cracker und Fruchtsnacks, und der Kleine naschte sich auf diese Weise durch den Tag. Natürlich hatte er dann zu den regulären Mahlzeiten keinen Hunger und aß auch am Abend nichts. Irgendwie schafften wir es aber nicht, den Zusammenhang zu erkennen, wir dachten einfach, dass er richtiges Essen nicht mochte. Und so setzte sich der Teufelskreis fort.

Wir waren durch das Essverhalten unseres Sohnes nicht nur beunruhigt, wir hatten auch ein schlechtes Gewissen, weil wir ihm so viele Fertig-Snacks gaben. Natürlich wäre es uns lieber gewesen, wenn er frische Lebensmittel gegessen hätte, und wir beneideten alle auf dem Land lebenden Eltern, die ihre eigenen Gurken zogen und mit Chiasamen vollgepackte Muffins backten – und deren Kinder dies alles auch mochten. Wir fühlten uns wie Versager, hatten aber keine Ahnung, wie wir unser Kind dazu bringen konnten, gesunde Mahlzeiten zu akzeptieren. Außerdem hatten wir sowieso kaum Zeit zu kochen, was sollten wir also tun? Im Grunde waren wir komplett überfordert, und als West dann noch ein Schwesterchen bekam, verschärfte sich die Lage weiter.

Angesichts der Kämpfe am Esstisch machten wir eine simple Rechnung auf: Ein Teller mit Pommes, die in Ketchup schwammen, war zwar nicht ideal, aber immerhin besser als eine komplette Nahrungsverweigerung. Wenn unser Kind Kalorien zu sich nahm, erschien uns das in jedem Fall als Gewinn.

Während sich diese Gewohnheiten entwickelten, war uns durchaus bewusst, dass wir etwas falsch machten. Wenn wir zu Fertigprodukten griffen und den Kids immer nur langweilige, farb-lose Lebensmittel vorsetzten, war dies nicht nur der

Startpunkt auf einem Weg hin zu lebenslangen Gesundheitsproblemen, wir nahmen ihnen auch die Möglichkeit herauszufinden, wie viel Spaß und Überraschungen leckeres Essen bieten konnte.

Das Essen bringt uns nicht nur in Kontakt mit unserem eigenen Körper, mit dem Ort, an dem wir leben, und mit den Jahreszeiten, sondern verbindet uns auch mit anderen Menschen, mit unserer gemeinsamen Vergangenheit, mit unseren Wurzeln und mit anderen Kulturen. Bevor wir Kinder hatten, waren wir als Paar stolz auf unsere Abenteuerlust, unsere rebellische Gesinnung und unsere Neugier: Dies waren die Qualitäten, über die wir uns zum großen Teil definierten. Einige unserer kostbarsten Erinnerungen aus dieser Zeit stammen aus unserer gemeinsamen Erkundung der Welt: Ganz besonders liebten wir es, mit neu gewonnenen Freunden an ungewöhnlichen Orten zu essen – wir werden nie vergessen, wie wir im Hochland von Tibet warmen Tee mit Yak-Butter getrunken oder bei unserer Gastfamilie in Mumbai selbst gemachtes Dal gegessen haben. Doch als wir dann Kinder bekamen, waren wir zu erschöpft, um weiterhin diese Werte zu leben – und auch zu müde, um sie an unsere Kinder weiterzugeben. Die Art, wie wir unsere Kinder abfütterten (gehetzt und einfallslos), passte so gar nicht zu dem abenteuerlustigen Paar, dessen Identität irgendwie zwischen Windeln, Lätzchen und Mittagsschläfchen verloren gegangen war. Immerhin waren wir uns bewusst, dass wir etwas verändern mussten.

Kindermenüs beeinträchtigen die Gesundheit

Während die Kinder in den USA immer stärker mit vermeintlich »kindgerechten Lebensmitteln« ernährt wurden, sank ihr Verzehr von Obst und Gemüse drastisch. Zwischen 2007 und 2010 aßen 93 Prozent von ihnen deutlich weniger Gemüse als von Experten empfohlen. Eine im Jahr 2001 in den 500 besten amerikanischen Restaurantketten durchgeführte Studie zeigte, dass von fast 2000 Kindermenüs 710 Pommes enthielten. Bei den Hauptgerichten setzte über die Hälfte auf Gebratenes oder Frittiertes, ansonsten gab es meistens Burger oder Pasta. In Deutschland sieht es sogar noch schlechter aus: Heidelberger Forscher nahmen 1877 Kindergerichte in 500 Restaurants unter die Lupe. Das Ergebnis: Über 50 Prozent der getesteten Gerichte enthielten Pommes frites. Nur vereinzelt gab es wirklich gesunde Speisen.

Wir wissen alle, dass verarbeitete Lebensmittel nicht gut für uns sind, aber was heißt das eigentlich genau? Es gibt eine breite Palette verarbeiteter Lebensmittel. Im Grunde gilt jedes Nahrungsmittel, das irgendwie verändert oder zubereitet wird, damit der Konsument es einfacher verwenden kann, als verarbeitetes Lebensmittel. Hierzu zählen natürlich auch Tiefkühlgemüse und geröstete Nüsse – aber diese Lebensmittel sind naturbelassenen Nahrungsmitteln noch sehr ähnlich. Besorgniserregend in den Augen der Ernährungsexperten sind dagegen die stark verarbeiteten Lebensmittel. Hierzu gehören Produkte mit geschmacksverstärkenden und die Konsistenz beeinflussenden Zusätzen (etwa Backmischungen, Aufback-Croissants, Wurstaufschnitt, Proteinriegel, abgepackte Backwaren und das meiste Brot) und Fertigmahlzeiten wie Tiefkühlpizzen und Mikrowellen-Gerichte.

Diese Lebensmittel werden im Labor geschmacksoptimiert – und sie machen das Elternleben oftmals einfacher.

Aber sie fordern in Sachen Kindergesundheit ihren Tribut. Laut der amerikanischen Zentren für Krankheitskontrolle und Prävention waren im Jahr 2016 18,5 Prozent der US-amerikanischen Kinder fettleibig. In Detuschland sind es im Jahr 2018 laut einer aktuellen Studie des Robert-Koch-Institutes 15,4 Prozent. Zucker und Fette machen 40 Prozent der Kalorien aus, die Kinder in den Vereinigten Staaten Tag für Tag aufnehmen –, dies fand eine 2018 durchgeführte Studie heraus, deren Ergebnisse im *Journal of the American Dietetic Association* veröffentlicht wurden. Viele Kinder leiden unter Sodbrennen, Energiemangel und chronischer Verstopfung – alles typische Nebeneffekte eines Übermaßes an verarbeiteten Lebensmitteln.

Der Lebensstil in unseren modernen Gesellschaften führt oft dazu, dass aus Zeitmangel oder Bequemlichkeit stark verarbeitete Lebensmittel wie Pizzen, Burgern, Pommes frittes und Weißbrot, konsumiert werden, die allesamt wenig Ballaststoffe aufweisen, da diese durch die Verarbeitung verloren gehen. Ballaststoffe sind aber aus vielen verschiedenen Gründen wichtig. Zum einen verlangsamen sie die Aufnahme von Kohlenhydraten, was dazu führt, dass wir uns zufrieden und satt fühlen und aufhören zu essen. Zum anderen halten die Ballaststoffe unsere Verdauung auf Trab – essen wir zu wenig davon, droht Verstopfung. Angesichts der Menge an verarbeiteten Lebensmitteln, die konsumiert wird, überrascht es nicht, dass in den USA Jahr für Jahr 2,5 Millionen Arztbesuche auf Verstopfung zurückgehen.

Der Aufstieg der Hähnchen-Nuggets

Wenn viele dieser verarbeiteten Lebensmittel bekanntermaßen ungesund sind, wie konnte es dann geschehen, dass sie so weit verbreitet sind und auch in der Kinderernährung eine wichtige Position einnehmen? Warum haben wir das zugelassen?

Der Erfolg spezieller auf Kinder ausgerichteter Gerichte geht auf eine Kombination verschiedener Faktoren zurück. Hierzu gehören ein cleveres Marketing der Lebensmittelkonzerne, ein hektisches Familienleben, Bequemlichkeit und falsche Annahmen bezüglich Lebensmittelvorlieben. Marketing-Teams der Nahrungsmittelindustrie fanden heraus, dass mehr abgepackte Lebensmittel verkauft werden können, wenn spezielle Kindergerichte angeboten werden. Große Konzerne gaben daher ein Vermögen dafür aus, entsprechende Fertiggerichte zu bewerben. Wenn wir unsere Kinder dazu bewegen wollen, eine breite Palette naturbelassener Lebensmittel zu essen, müssen wir daher einen schwierigen Kampf gegen milliardenschwere Werbekampagnen führen.

Viele Eltern sind überzeugt, dass Kinder nur in Ketchup ertränkte Gerichte essen wollen, und halten es für unvernünftig, irgendetwas anderes zu erwarten. Wenn wir ernsthaft glauben, dass Kinder nur das essen möchten, bringen wir natürlich immer wieder diese Dinge auf den Tisch und konditionieren die Kinder so, die vertrauten langweiligen Gerichte zu jeder Mahlzeit zu erwarten. Es gibt sogar Eltern, die mittlerweile der Überzeu-

> *Moderne, kindgerecht vermarktete Gerichte vermitteln Kindern die Botschaft, dass unverarbeitete, naturbelassene Lebensmittel langweilig sind. Die Kinderlebensmittel im Supermarkt, die mit Zucker überzogen und mit witzigen Cartoons geschmückt sind, zeigen dagegen, dass dieses Essen einen Unterhaltungswert hat, ein richtiges Spaßpaket ist ... Das Ziel der kommerziellen Kindernahrung, die nach dem Zweiten Weltkrieg auf den Markt kam, war es, es für Kinder »normal« erscheinen zu lassen, nichts Nährstoffreiches zu essen.*

BEE WILSON,
Essen lernen: Wo unsere Ernährungsgewohnheiten herkommen und wie wir sie ändern können

gung sind, dass Kinder grundsätzlich mit einer tiefen Abneigung gegen Gemüse geboren werden – eine erfolgreiche Gehirnwäsche. Viele glauben, dass Kinder grünes Gemüse nur essen, wenn sie mit Schmeicheleien und Bestechungsversuchen dazu gebracht werden oder das Gemüse unter süßen Keksen versteckt wird. Doch diese Annahmen sind falsch, das belegen Familien, in denen eine andere Ernährung praktiziert wird.

Kinder ernähren sich so, wie man es ihnen beibringt

Vielleicht mag es für manche Eltern überraschend sein, aber Kinder werden nicht mit der genetischen Prädisposition geboren, nur Nudeln mit Tomatensauce zu mögen. Blickt man in andere Kulturen, zeigt sich deutlich, dass Kinder durchaus eine breite Palette an Lebensmitteln schätzen können.

In Korea füttern Eltern ihre Kinder zum Beispiel so lange mit Kimchi, bis die Kleinen es mögen – auch wenn sie es bei den ersten Versuchen vielleicht ausspucken. In Mexiko servieren die Eltern ihrem Nachwuchs mit Chilipulver gewürzte Früchte, um ihn frühzeitig an scharfes Essen zu gewöhnen. Während die meisten US-amerikanischen Kinder nicht im Traum daran denken, Tintenfisch oder intensiv riechenden Blauschimmelkäse zu essen, beginnt man in Frankreich schon früh damit, den Geschmackssinn zu trainieren, und die Kids essen mit Genuss alles, was auch bei den Erwachsenen auf den Tisch kommt.

»Im Zentrum des französischen Ansatzes steht die Überzeugung, dass man Kindern das Essen genau wie das Lesen beibringen kann«, sagt Karen Le Billon, die Autorin von *French Kids Eat Everything*. In Frankreich betrachten Eltern die Freude am Essen als wesentlich für die Lebensqualität und setzen verschiedene Strategien ein, um »die natürliche Ablehnung, die die meisten Kinder gegenüber ungewohnten Lebensmitteln an den Tag legen, behutsam zu überwinden und Sinne und Gaumen der Kleinen an eine Welt voller Aromen zu gewöhnen«, so Le Billon.

Eigentlich ist es ganz einfach: Nahrungsmittelpräferenzen werden erlernt. Kinder mögen mehr oder weniger empfindlich reagieren, doch Studien zeigen, dass kleine Kinder wunderbar lernen können, eine breite Palette an Lebensmitteln zu akzeptieren und auch zu genießen. Während in Japan Kleinkinder an fermentierter Sojabohnenpaste knabbern und in Burkina Faso Hirsebrei essen, stopfen US-amerikanische Kinder panierte Hähnchen-Nuggets und gezuckerte Frühstücksflocken in sich hinein. Alle Nahrungsmittel sind im Grunde auch für Kinder geeignet. Sie können nicht nur jederzeit lernen, jegliche Arten von Lebensmitteln (sogar Gemüse) zu essen, sondern auch, sie zu lieben. Und daher möchten wir Sie dazu ermutigen, alle einschränkenden Annahmen über das, was Kinder mögen, über Bord zu werfen und einen Neustart zu wagen – so, wie es auch unsere Familie gemacht hat.

Iss den verdammten Spinat, oder es setzt was! Drohungen, Schmeicheleien und andere Strategien, die nicht funktionieren

Viele von uns kennen die Tränen und Wutanfälle, mit denen wir oftmals konfrontiert sind, wenn wir ein Kind zum Essen zwingen wollen. Wie oft haben wir gedroht, die Fernsehzeit zu beschränken, wenn das Gemüse auf dem Teller liegen bleibt – oder unser Kind dazu gebracht, eine einzige grüne Bohne zu essen, indem wir einen Keks als Belohnung angeboten haben? Gutes Zureden, Schmeicheln, Drohen und Verhandeln sind zu einer gängigen Praxis an vielen Esstischen geworden. Willkommen im Club!

Bei uns zu Hause haben wir jede einzelne dieser weit verbreiteten (und völlig nutzlosen) Strategien öfter ausprobiert, als wir uns eingestehen möchten. Aber all das hat unsere Kinder nicht zum Essen inspiriert – ganz im Gegenteil, es hat dazu geführt, dass die kleinen Engel die Zähne noch fester zusammenbissen.

Wenn das Essen zum Kampf wird, liegen bei allen die Nerven blank, auch bei den Eltern. Als wir anfingen, Studien über Kinder und Ernährung zu lesen, mussten wir feststellen, dass viele unserer alltäglichen Strategien die eingeschränkte Kinderernährung sogar noch förderten und aufrechterhielten. Die mit Nahrung verbundenen Ängste wurden dadurch verstärkt, und unseren Kindern wurde langfristig die Möglichkeit genommen, ein gesundes, unverkrampftes Verhältnis zum Essen zu entwickeln.

Ein Ratgeber der Amerikanischen Akademie für Kinderheilkunde fasst es so zusammen: »Es ist falsch, ein Kind zum Essen zu ermutigen, zu überreden oder zu bestechen. Die Wissenschaft hat gezeigt, dass derartige Bemühungen den gegenteiligen Effekt haben und das Kind auf diese Weise sogar weniger isst, als wenn man es in Ruhe lässt.« Tatsächlich belegen Studien, dass die Versuche der Eltern, einem Kind ein spezielles Lebensmittel aufzuzwingen, dazu führen, dass den

WELCHER ELTERNTYP SIND SIE?

Wir haben alle möglichen Strategien angewandt, um unsere Kinder zum Essen zu überreden. Druck lässt sich in verschiedenen Formen aufbauen, auch durch Anfeuern, Drohen und Bestechen. Eltern schlüpfen normalerweise in eine oder mehrere der folgenden Rollen, um Einfluss auf die Ernährungsgewohnheiten ihrer Kinder zu nehmen:

Der Diktator
Du musst das essen. Du stehst nicht vom Tisch auf, bevor du das nicht gegessen hast.

Der Bettler
Bitte, bitte, koste doch einmal davon.

Der Kompromiss-Sucher
Nur zwei Bissen, dann bist du fertig.

Der Verhandler
Iss den Salat, dann gibt es einen Keks.

Der Betrüger
In diesem Brownie ist bestimmt kein Gemüse versteckt.

Der Anfeuerer
Ich bin so stolz auf dich, wenn du das isst!

Der Aufopferungsvolle
Ich habe Stunden damit zugebracht, dieses Essen zu kochen. Du kannst es wenigstens kosten!

Der Verkäufer
Das ist so lecker, du wirst es *lieben*.

Der Gesundheitsapostel
Du willst doch groß und stark werden? Dann iss diesen Salat.

Der Verharmloser
Es sind doch nur Kartoffeln! Probier sie!

Kleinen dieses Lebensmittel weniger attraktiv erscheint.

Die Gleichung ist vielleicht unlogisch, aber einfach: Je mehr Druck wir aufbauen, desto größer ist der Widerstand beim Essen. Wahrscheinlich denken Sie jetzt: »Das ist eigentlich unfair! Kinder sind so klein und hilflos, deshalb sollten sie auch leichter zu manipulieren sein.« Klar, da sind wir ganz bei Ihnen.

In den 1980er-Jahren, als wir selbst noch Kinder waren, setzten viele Eltern auf die klassische Strategie des »leeren Tellers«, um ihren Nachwuchs zum Essen zu bewegen. Hierbei wurden die Kinder mit Erfolg darauf trainiert, den Anblick des leeren Tellers als Sättigungssignal zu deuten – die eigene Wahrnehmung, ob sie noch Hunger hatten oder schon mehr als satt waren, spielte dabei keine Rolle. Auf lange Sicht führt der Zwang, den Teller leer zu essen, aber zu Fettleibigkeit und begünstigt ein ungesundes Verhältnis zum Essen. Unser eigentliches Ziel ist es jedoch, die Sinne der Kinder dafür zu schärfen, ob sie sich satt fühlen oder noch hungrig sind – dies ist viel wichtiger, als sich an äußeren Faktoren wie einem leeren Tellern oder einem zufrieden lächelnden Vater zu orientieren.

Experten raten auch davon ab, Kinder mit Belohnungen fürs Essen zu ködern. Natürlich ist es naheliegend, für braves Aufessen eine Belohnung in Aussicht zu stellen, doch kann dieser Schuss ganz schnell nach hinten losgehen. Bevor Sie sich's versehen, erwartet Ihr Kind ein Eis als Anerkennung dafür, dass es einen Teller Pommes frites verputzt hat. Durch die Belohnungsstrategie lernt das Kind, aufgrund von äußeren Faktoren zu essen, und hört nicht mehr auf die wahren Bedürfnisse seines Körpers.

Studien zeigen, dass der Einsatz von Junk-Food als Belohnung für Wohlverhalten (»Wenn du die Hausaufgaben fertig hast, gibt's ein paar Süßigkeiten«) unbeabsichtigt dazu führt, dass die Vorliebe des Kindes für diese ungesunden Belohnungssnacks wächst. Leider müssen wir zugeben, dass auch wir mehr als einmal zu diesem Mittel gegriffen haben – obwohl wir natürlich wissen, dass wir als gute Eltern nicht mit süßen Bestechungen arbeiten sollten.

Wenn es aber ernst wird, scheuen viele Eltern die andauernden Konflikte und lassen die Kinder lieber das essen, was sie wollen.

Diese Haltung hat laut Experten ein sogenanntes »permissives Essverhalten« zur Folge. »Permissives Essverhalten ist besonders problematisch, da den Kindern keine Grenzen aufgezeigt werden und sie vieles eigenständig entscheiden. [...] Wenn sie ein Lebensmittel möchten, können sie es jederzeit bekommen. Sobald sie nur das leiseste Hungergefühl kundtun, kriegen sie sofort etwas zu essen«, sagt Maryann Jacobsen, die Autorin von *How to Raise a Mindful Eater*. Da bei diesem Ernährungsstil die Kinder entscheiden, was es zu essen gibt, führt dies gewöhnlich dazu, dass immer wieder die vertrauten, stark verarbeiteten Kindergerichte auf den Tisch kommen.

Der Traum von naturbelassenen Lebensmitteln

Die meisten von uns wissen, dass sie ihren Kindern mehr Obst und Gemüse vorsetzen sollten. Aber wir alle wissen auch, dass es nicht so einfach ist, die Ernährungsgewohnheiten einer Familie zu ändern.

Als unsere Kinder noch klein waren, waren die Mahlzeiten immer mehr als stressig. Dabei war unsere Wunschliste überschaubar. Wir wollten, dass unsere Kids in erster Linie naturbelassene Lebensmittel aßen, neuen Nahrungsmitteln gegenüber aufgeschlossen waren und diese auch genossen. Im Idealfall sollten sie ausgewogene Mahlzeiten zu sich nehmen und beim Essen weder ein schlechtes Gewissen haben noch zu sehr darauf achten, stets gesund zu essen. Idealerweise sollten sie von sich aus zu gesunden Lebensmitteln greifen, regelmäßig essen und auf ihren Körper hören, der ihnen signalisierte, ob sie satt oder noch hungrig waren. Es war uns auch wichtig, dass uns das Essen als Familie zusammenbringen würde und ein Moment der Freude war. Dies alles klang in der Theorie gut – aber es schien in der Realität nicht umsetzbar zu sein.

Mit der Zeit fragten wir uns, ob es nicht einen anderen Weg gab. Wie konnten wir die Familienmahlzeiten zu einer friedlichen (und vielleicht sogar lustigen) Angelegenheit machen, die uns einander näher brachte? Gab es eine Möglichkeit, der Verführung durch verarbeitete Lebensmittel zu entkommen? Wie konnten wir das Blatt wenden? Konnten wir ohne Hähnchen-Nuggets auskommen und trotzdem Spaß haben?

Bereit für das Abenteuer Kochen?

In diesem Buch geht es nicht darum, Kinder zu überreden, etwas zu essen, was sie nicht essen wollen – unser Anliegen ist es, Kinder in die Küche einzuladen und ihnen die Möglichkeit zu geben, mutige Köche und lebenslange Feinschmecker zu werden. Unsere Mission besteht darin, Familien zum gemeinsamen, einfachen und fröhlichen Kochen (und Essen) zu inspirieren.

Es war nicht einfach, den richtigen Weg zu entspannten und gesunden Familienmahlzeiten zu finden. Wir haben alles gelesen, was wir zum Thema Kinder und Essen auftreiben konnten, und haben viele Experten konsultiert, vom Ernährungswissenschaftler über den Kinderpsychologen bis zum Hellseher. Unserer Meinung nach besteht unter den Experten ein bemerkenswerter Konsens über die Strategien, die zu einem gesunden, ausbalancierten Essverhalten führen. Aus Ernährungsstudien, Forschungsarbeiten zur kindlichen Entwicklung, Lehrergesprächen, Ratschlägen von Familien, in denen vernünftig gegessen wird, sowie aus den Veröffentlichungen von Kinderärzten, Beschäftigungstherapeuten und Psychologen haben wir das herausgezogen, was wir für unsere Familie als relevant erachtet haben, um einen neuen Ernährungsstil zu entwickeln. Im Laufe der Zeit haben wir einige der besten Vorschläge umgesetzt.

Dieses Buch lebt aber auch von vielen ganz und gar nicht wissenschaftlichen Experimenten, die wir in unserem eigenen »Küchenlabor« durchgeführt haben. Als das Essen bei uns zum Kampf wurde, beschlossen wir, auf das zu vertrauen, was wir am meisten lieben – auf das Abenteuer. Wir fingen an zu experimentieren – und ließen unseren zweijährigen Sohn im Supermarkt frei agieren.

gefürt, unsere Kinder aber andererseits auch dazu gebracht, Neues etwas bereiwilliger zu kosten. Viel wichtiger ist aber, dass wir das Essen inzwischen als Abenteuer begreifen, das uns zusammen- und zum Lachen bringt. Und das ist großartig.

Unsere Philosophie

Bei uns geht es nicht darum, ein Gericht so nachzukochen, dass es aussieht wie auf einem Instagram-Foto, oder sich strikt an ein Rezept zu halten. Es ist auch nicht unbedingt wichtig, etwas auf den Tisch zu bringen, das allen schmeckt. Unser Anliegen ist es, die Kinder in die Küche einzuladen, ihrer kulinarischen Neugier nachzugeben und gemeinsam das Abenteuer Essen zu erforschen. Wir betrachten das Kochen mit der Familie als chaotisches und witziges Abenteuer. Perfektion ist da Nebensache – und es gibt nicht den einen richtigen Weg.

Was passiert, wenn Ihr Kind in der Badewanne den größten Salat der Welt machen möchte? Probieren Sie es aus. Und was ist mit einer Bananen-Pizza? Nur Mut! Unsere Philosophie ist folgende: Lassen Sie Ihre Kinder ruhig Zimt auf die Erbsen streuen, wenn sie das wollen. Und regen Sie sich nicht auf, wenn sie von irgendetwas zu viel oder zu wenig nehmen. Vielleicht kommen die Pfannkuchen mal auf der einen Seite verbrannt und auf der anderen Seite noch nicht ganz durchgebacken aus der Pfanne. Und sicher wird Milch verschüttet. Aber ermutigen Sie Ihre Kinder dazu, nach eigenen Vorstellungen zu kochen, ohne sich Gedanken zu machen, ob alles »richtig« ist. Sollten dann ein paar Eierschalen im Teig schwimmen, dann ist das eben so. Wenn Ihr Kind eine bestimmte Zutat gar nicht mag oder ein Rezept abwandeln möchte, dann lösen Sie sich ruhig von vorgegebenen Rezepten und werden Sie kreativ.

Viele Rezepte in diesem Buch sind aus Experimenten in der Küche mit unseren Kindern entstanden – und folgen ihren Vorschlägen. Letztendlich ist die Zubereitung von Mahlzeiten eine Entdeckungsreise. Und schmeckt nicht jedes Gericht sowieso besser, wenn beim Kochen auch ein bisschen der Spieltrieb ausgelebt werden darf? (Die ehrliche Antwort hierauf lautet: Nein.) Wir möchten Sie an dieser Stelle vorsorglich darauf hinweisen, dass unser Buch auch einige von Kindern erfundene Rezepte

(Experten sind strikt gegen dieses Vorgehen und jeder, der sich mit Kleinkindern auskennt, weiß, dass das ein wirklich gefährliches Unterfangen ist.) Unser Sohn West konnte ganz nach Belieben Lebensmittel auswählen und daraus das Abendessen zubereiten – natürlich mit einem Elternteil als Souschef an der Seite. Eines Abends servierte uns unser Sohn eine warme Mixtur aus Marshmallows, Möhren und Schinken. Er wartet immer noch auf seinen erhofften Michelin-Stern.

Auch wenn unser neues und mutiges Kochen nicht immer hundertprozentig funktionierte, hat sich die Einstellung zum Essen in unserer Familie dadurch doch entscheidend verbessert. Anstatt uns für den Kampf am Esstisch zu wappnen, genießen wir nun die gemeinsamen Mahlzeiten. Unsere Strategie, die Kinder in der Küche zum Experimentieren zu ermutigen, hat zwar zu grässlichen Zutaten-Kombinationen und unglaublichem Durcheinander

enthält, die wir als »kulinarische Wagnisse« bezeichnen würden. Sie werden hier vorgestellt, damit Sie sehen, wie spielerisch Kinder in der Küche agieren. Wir können Ihnen jedoch guten Gewissens nicht empfehlen, diese Gerichte wirklich nachzukochen.

Uns ist klar, dass unsere Philosophie des Kochens erfordert, die Kontrolle teilweise abzugeben. Und ganz bestimmt kommt dabei nicht jedes Mal etwas Köstliches (oder zumindest Essbares) heraus. Aber wir hoffen, dass Ihre Kinder auf diesem Weg lernen, dem Thema Essen mit Neugier und Begeisterung zu begegnen. Sie werden dabei mit Ihren Kindern lachen, auch erstaunlich Leckeres kreieren und ein Familienabenteuer erleben, bei dem die Küche zum Spielplatz wird.

Meist frisch, keine Delikatessen

Nochmals in aller Deutlichkeit: Wir haben dieses Kochbuch als Eltern verfasst – nicht als Profiköche. Wir haben zwei kleine Kinder, stecken also mittendrin im Getümmel und sind auf einfache und effiziente Familiengerichte angewiesen. Natürlich träumen wir davon, eigenes Brot zu backen, unser Gemüse komplett selbst zu ziehen und mit unseren Kindern jeden Abend einen Auflauf mit Quinoa und Grünkohl zu essen, doch unser Alltag ist weit davon entfernt. Wir brauchen Dinge, die schnell gehen. Und wie viele Eltern schätzen wir Dinge, die uns das Leben erleichtern.

Daher finden Sie in diesem Buch keine Feinschmecker-Rezepte oder schwer aufzutreibende Zutaten. In unserem Haushalt gibt es weder getrüffelte Butter noch geschälten, gemahlenen Buchweizen. Wir schütteln keine perfekten, Pinterest-tauglichen Gerichte aus dem Ärmel und schneiden das Essen unserer Kinder nicht in niedliche Tierformen. Wir schmoren nicht stundenlang und schmelzen auch nichts im Wasserbad. Alle Gerichte in diesem Kochbuch werden aus gängigen Zutaten bereitet, die man im Supermarkt bekommt, und alle sind in weniger als einer Stunde fertig (viele auch in der Hälfte der Zeit). Unsere Rezepte setzen keinerlei Erfahrung voraus: Sie finden bei Erwachsenen und Kindern gleichermaßen Anklang und ermutigen zum Improvisieren. Wir bereiten keine Delikatessen zu, sondern kochen mit frischen, unverfälschten Lebensmitteln und experimentieren mit unseren Kindern im Küchenlabor. Wir sind keine Perfektionisten. Natürlich versuchen wir, in erster Linie frische, saisonale und unverarbeitete Lebensmittel zu essen (und dass zur täglichen Routine zu machen), aber wir erlauben uns gelegentlich auch einen Donut.

Im Reich der Küche haben wir viele Misserfolge und Fehlversuche erlebt, aber als Familie unseren Weg gefunden. *Mmh, mir schmeckt's!* zeigt die vielfältigen und wunderbaren Wege zu einer gesunden Ernährung und ermutigt dazu, die kulinarischen Impulse von Kindern zuzulassen, damit die Mahlzeiten ein Erlebnis für die ganze Familie werden. Wir hoffen, dass unser Buch auch Ihrer Familie dabei hilft, Mahlzeiten fröhlich zu gestalten. Willkommen im Abenteuer Kochen, das in erster Linie Spaß machen soll – das gesunde Essen ist da nur ein toller Nebeneffekt.

Es ist nicht leicht, die Essgewohnheiten einer Familie zu verändern, und es gibt auch keinen Trick und keine Regel, die alle Probleme auf einmal löst. Wir haben uns Mühe gegeben, aus der Fülle der diesbezüglichen Vorschläge die besten herauszufiltern, und hoffen, dass Sie dies bei einem Neustart in Sachen Ernährung unterstützt. Sie müssen nicht alle Vorschläge umsetzen. Greifen Sie das heraus, was in Ihrer Familie funktioniert, den Rest vergessen Sie einfach. Als Eltern von Kindern, die neuerdings Grünkohlsalat als Wohlfühlessen an Regentagen verlangen, sind wir der lebende Beweis dafür, dass Mahlzeiten mit Kindern friedlich, gesund und amüsant sein können.*

---

* *Achtung:* Ja, unsere Kinder essen rohen Weiß- und Grünkohl – ohne Schmeicheleien oder Drohungen. Doch bevor Sie jetzt vor Neid erblassen, sollten wir Folgendes klarstellen: Nur weil unsere Kinder mit Genuss Gemüse essen, sind wir noch lange keine erfolgreichen Eltern in anderen Belangen. Falls Sie uns auf ein Podest stellen wollen, sollten Sie wissen, dass unsere Kinder jede Nacht gegen 2 Uhr in unser Bett krabbeln und uns den Rest der Nacht über mit Rippenstößen beglücken. Alle Ratschläge in diesem Buch stammen also von Eltern, die regelmäßig im Schlaf mit Fäusten traktiert werden.

KAPITEL 2

ZEHN GEHEIMTIPPS FÜR FRÖHLICHE UND SPANNENDE FAMILIENMAHLZEITEN

1. Kinder in die Küche einladen

Als unser Sohn sieben Jahre alt war, wollten er und sein Kumpel Miles einen Salat zum Abendessen zubereiten. Wir ließen die beiden gewähren und hielten uns weitgehend aus der Sache heraus. Die Zutaten: Römersalat, Weißkohl, Grünkohl, massenweise frischer Schnittlauch, Blaubeeren, Gurken, Tomaten, Rosmarinzweige und geriebener Parmesan. Sie krönten den Salat mit Lavendelblüten und ertränkten das Ganze dann in mehreren Bechern Dressing. Dann schnappte sich Miles einen Kartoffelstampfer und zermalmte das Grünzeug mit aller Wucht.

Nachdem sie den Salat in einen triefenden grünen Matsch verwandelt hatten, sah Miles uns fragend an: »Wird Salat eigentlich gekocht?« Nun ja, manchmal verhindern wir Erwachsenen, voreingenommen wie wir sind, kulinarische Novitäten. Dies war eine dieser Gelegenheiten. Wir antworteten, dass Salat normalerweise nicht gekocht wird. Glücklicherweise entschieden sich die beiden dann dazu, ihr Gemüsepüree als Rohkost zu servieren. Beim Abendessen vertilgten Miles (dessen Eltern schworen, dass er sonst niemals Salat aß) und West ihren grünen Matsch bis auf den letzten Löffel und beglückwünschten sich gegenseitig zu ihrer kulinarischen Leistung. Für die Erwachsenen war es schwerer, diese Pampe herunterzuwürgen.

Natürlich essen unsere Kinder nicht wirklich alles, was sie zusammenrühren (wir auch nicht), doch selbst wenn sie ihre eigenen Kreationen lieber nicht probieren möchten, fördert das Zusammenstellen von Zutaten allgemein ihre Begeisterung für das Kochen und Essen.

Dadurch, dass wir unsere Kinder beim Kochen helfen lassen, hat sich die Einstellung unserer Familie zum Essen grundlegend verändert. Wir sehen die Küche jetzt eher als Indoor-Spielplatz (und leider sieht es dort mitunter auch aus, als hätte eine Bombe eingeschlagen). Unserer Erfahrung nach genießen die Kinder das Essen mehr, wenn sie zuvor in die Zubereitung eingebunden waren, auch wenn sie nur Käse gerieben oder Knoblauch geschält haben. Sie sind stolz auf das Gericht, bei dem sie mitgewirkt haben. Durch die Vor- und Zubereitung der Lebensmittel lernen sie die Zutaten kennen und haben die Möglichkeit, diese näher zu betrachten, an ihnen zu riechen, sie anzufassen –

eine wertvolle Erfahrung für die Sinne. Nach Meinung von Experten werden Kinder dadurch offener für neue Lebensmittel, und unsere familiären Experimente bestätigen das.

Wenn Sie wollen, dass Ihre Kinder eine breite Palette an Lebensmitteln schätzen, binden Sie sie in die Essenszubereitung ein. Vielleicht kommt dabei ein Gericht heraus, das zu fad, zu würzig oder einfach ungenießbar ist. Aber das ist in Ordnung. Solange Ihre Kinder dabei Neugier und freudiges Interesse am Essen entwickeln, sind Sie auf dem richtigen Weg.

Aliza Miner, Profiköchin und verantwortliche Leiterin einer Initiative für gesundes Essen an einer Grundschule in Los Angeles, hat sich der Aufgabe verschrieben, Kindern bei der Entwicklung ihrer Geschmacksknospen zu helfen. In ihrer Schulküche fand sie heraus, dass die Schüler neue Gerichte (etwa Dal aus gelben Schälerbsen), die unbekannte Gewürze enthielten, erst einmal ablehnten. Wenn sie jedoch beim Kochen halfen und dabei das Aroma der Gewürze kennenlernten, aßen sie das Gericht.

Bei allen Rezepten in diesem Buch müssen Zutaten gerieben, gewaschen, zerkleinert oder zerstampft werden – diese und ähnliche Aufgaben können Nachwuchsköche wunderbar erledigen. Es gibt also immer eine Möglichkeit, Kinder beim Kochen einzubinden. »Was mich wirklich verblüfft hat, war, wie viel man den Kindern in der Küche zutrauen kann. Ich dachte immer, ein Erwachsener müsste danebenstehen, alles überwachen und Ratschläge geben«, sagt Tina Hoban, die an einer Montessori-Schule im Pazifischen Nordwesten den Kindern das Backen beibringt. »Bei meinen Kochkursen für Kinder habe ich gelernt, dass man ihnen nur ein paar grundlegende Regeln mitgeben muss und sich dann entspannt zurücklehnen kann. Ich musste mich wirklich am Riemen reißen, um mich nicht ständig einzumischen und ihnen vorzuschreiben, wie man es am besten macht.« Hoban schiebt zwar das Brot immer eigenhändig in den Ofen und nimmt es auch selbst heraus, aber alle anderen Schritte im Backprozess übernehmen ihre Schüler (alle jünger als acht Jahre) in Eigenverantwortung.

VICKIS KOCHKÜNSTE MUSSTEN SICH ERST ENTWICKELN

Meine Schwester und ich waren ganz normale Schlüsselkinder der 1980er-Jahre, die sich etwas aus der Gefriertruhe schnappten oder bei den Nachbarn warme Mahlzeiten schnorrten. Wir saßen zu Hause *niemals* mit der ganzen Familie am Esstisch. Manchmal nahm uns mein Vater zu McDonald's oder in ein Café in meiner Heimatstadt mit. Meine Eltern müssen von Luft und Liebe gelebt haben. Ich glaube nicht, dass ich sie jemals beim Kochen gesehen habe, und deshalb habe ich diesbezüglich gar nichts von ihnen gelernt. Als ich zehn war, eröffnete ich im Erdgeschoss unseres Hauses ein Restaurant, das ich »Vicki's Health Food Palace« nannte – eine richtige Spelunke, in der ich grüne Smoothies und Ramen-Nudeln in einer weißen Sauce aus Frischkäse, Sauerrahm, Ranch-Dressing, Hüttenkäse und Joghurt servierte. Ehrlich gesagt hatte ich keine Gäste, die zweimal kamen.

2. Akzeptieren Sie das Chaos

Rebellisch, wie wir nun einmal sind, ermutigen wir Sie dazu, alle weisen Ratschläge zum Thema Tischmanieren ungeniert über Bord zu werfen. Spielen Sie mit dem Essen – auch wenn es strengen Hütern der Etikette nicht gefallen würde. Bei uns zu Hause haben wir absurde Geschmackstests durchgeführt, exzentrische Gerichte erfunden und einen Bart aus Fenchelgrün gebastelt. Wir glauben, dass es für Kinder gut ist, zu spielen (und für Eltern auch). So vermittelt ein Ballspiel mit einem Kohlkopf einem Kind jede Menge Sinneseindrücke – es erfährt, wie Kohl riecht und wie er sich anfühlt (und wie er sich in der Luft verhält). Kinder lernen

sehr vieles spielerisch, sogar den Umgang mit Nahrung. Daher finden wir es wichtig, dass unsere Kinder mit einem neuen Lebensmittel auf dem Teller spielen. So lernen sie es kennen und werden es vermutlich irgendwann auch essen.

»Das Essen auf dem Kinderteller dient dazu, dass die Kids es sehen, daran riechen, es anfassen, es hören, es mit der Gabel zerdrücken können und dann vielleicht sogar davon kosten«, so der Kinderarzt Nimali Fernando und die Kinderernährungsexpertin Melanie Potock, die Autoren von *Raising a Healthy, Happy Eater*. Wenn man beim Essen herumalbern darf, verringert dies auch den Druck, den Kinder am Esstisch oft verspüren. Wir erlauben unseren Kindern, Salat mit den Händen, Porridge mit einem riesigen Servierlöffel und Nudeln mit einer Küchenzange zu essen. Manchmal schlagen wir vor, »ein Frühstück zu erfinden, das noch nie jemand zuvor auf diese Weise zubereitet hat«.

Dieses Spiel löst bei unseren Kindern echte Lebensmittel-Begeisterung aus.

Mitunter entwickelt sich das Spiel rund ums Essen allerdings zu einer chaotischen Angelegenheit. Wenn Sie jemals eine Webisode unserer Serie *Cooking Fast & Fresh with West* gesehen haben, wissen Sie, dass es bei uns unordentlich und auch richtig, richtig schmutzig werden darf. Unangenehm schmuddelig – manchmal müssen wir sogar etwas von der Zimmerdecke abkratzen. Zugegeben, für uns Eltern ist das nicht immer leicht, ehrlich gesagt graut uns davor. Wir sind ja ohnehin schon erschöpft von den ständigen Putzarien, die mit kleinen Kindern verbunden sind, und wir haben auch nicht immer die Zeit und die Energie, noch die Küche aufzuwischen. Manchmal ignorieren wir dann einfach den senfverschmierten Küchenschrank, weil wir wollen, dass sich unsere Kinder in der Küche frei entfalten können, und die ständige

Sorge um die Sauberkeit würde dem einen Riegel vorschieben. Ernährungsexperten halten den unbefangenen, chaotischen Umgang mit Lebensmitteln für einen guten Ansatz, um kleine Kinder mit neuen Nahrungsmitteln vertraut zu machen, sodass sie sie schließlich auch probieren.

3. Teile und herrsche

Wer ist hier der Boss? Ein paar klare Regeln rund ums Essen können dazu beitragen, die gemeinsamen Mahlzeiten insgesamt friedlicher und lustiger zu machen. Wenn Kindern (oder Eltern) nicht klar ist, wer wofür die Verantwortung trägt, kommt es leicht zu Machtkämpfen, die die Stimmung auf den Nullpunkt bringen. Die Amerikanische Akademie für Kinderheilkunde rät Eltern dazu, eine glasklare Aufgabenteilung rund ums Essen vorzunehmen – so schaffen es die Kinder, ein gesundes Verhältnis zum Essen zu entwickeln. Wenn Eltern und Kinder wissen, wer wofür zuständig ist, bringen die Mahlzeiten die Familie zusammen, anstatt in Kampf auszuarten.

VERANTWORTUNGSBEREICH DER ELTERN

Sofern es nicht um eine ganz große Ausnahme geht, entscheiden die Eltern, *was* auf den Tisch kommt, *wann* gegessen wird und *wo*. Die Eltern bestimmen, welche Lebensmittel im Laden gekauft werden, was gekocht wird, und sorgen dafür, dass jedes Familienmitglied zu den Mahlzeiten auftaucht. Außerdem legen sie fest, wann es Snacks gibt und was diese beinhalten (also keine Snacks vor dem Abendessen oder während die Kids kopfüber an der Reckstange baumeln etc.). Aber wenn das Essen auf dem Tisch steht, endet die elterliche Verantwortung für die Dauer der Mahlzeit. Lehnen Sie sich zurück und vertrauen Sie Ihren Kindern – jetzt haben diese das Sagen.

VERANTWORTUNGSBEREICH DER KINDER

Die Kinder entscheiden, *was* und *wie viel* sie von dem essen, was auf den Tisch kommt – das ist die Domäne der Kinder. Wenn ein Elternteil Erbsen, Reis und Wanzen-Fußnägel (Preisfrage: Haben Wanzen Fußnägel?) serviert, wählen die Kinder ohne elterlichen Druck aus, was sie davon essen möchten. Entscheiden sie sich für die Fußnägel und lassen Reis und Erbsen auf dem Teller liegen, gehen sie vielleicht hungrig ins Bett. Aber das war ihre eigene Entscheidung. Wir haben diese Aufgabenteilung mit unseren Kindern besprochen – und wenn die Rollenverteilung durcheinandergerät, erinnern wir sie oder (was wahrscheinlicher ist) uns selbst daran. Unsere Kinder finden es gut, wenn sie wissen, für was sie die Verantwortung tragen. West genießt es, uns zu rügen, wenn wir übergriffig werden, was wir – oftmals – sind.

Na gut, aber können wir nicht darauf bestehen, dass unsere Kinder wenigstens einen einzigen Mini-Bissen nehmen? Viele Familien halten sich an die »Nur einen Bissen«-Regel. Allerdings sagen Experten für Kinderernährung, dass es schon einen elterlichen Übergriff darstellt, wenn wir die Kinder zu einem einzigen Bissen nötigen. »Pingelige Kinder […] brauchen vielleicht wirklich 32 Schritte, bevor sie bereit sind, ein Lebensmittel in den Mund zu stecken!«, schreibt Maryann Jacobsen, eine Expertin für Familienernährung. Familientherapeutin Ellyn Satter, eine international renommierte Autorität in Sachen Kinderernährung, stimmt zu: »Auf der Grundlage von allem, was ich über Kinder und Ernährung weiß, gebe ich Ihnen folgenden Ratschlag. Natürlich sind Sie verpflichtet, jedem Kind eine gewisse Menge an Nahrungsmitteln anzubieten. […] Aber kein Kind darf dazu gezwungen werden, irgendetwas zu nehmen – oder zu essen –, was es nicht möchte, nicht einmal einen einzigen, winzigen, kaum sichtbaren Bissen.« Drängt man einen vorsichtigen Esser auch nur zu einem einzigen Bissen, kann dies die Angst des Kindes vor dem Essen verstärken, den Appetit verringern und das wählerische Essverhalten intensivieren. Ein Kind, dem man erlaubt, nicht zu essen, fühlt sich beim Ausprobieren neuer Lebensmittel vermutlich wohler.

Haben Sie ein Kind, das sich so leicht ablenken lässt, dass es am Tisch eher die Fransen des Platzdeckchens zu Zöpfen flicht, als sein Mittagessen zu verzehren? (Wir haben so ein Kind.) Laut dem Rat der Experten sollen wir die Kinder zwar nicht zum Essen drängen, aber sie durchaus ermutigen, bei der Mahlzeit auf ihren eigenen Körper zu hören: »Bist du satt oder hast du noch Hunger? Was sagt dein Bauch?« Manchmal fragen wir auch: »Willst du den Blumenkohl probieren?« Wir bestehen nicht darauf, aber wir erinnern die Kids daran, dass er auf dem Tisch steht, wenn sie sich in Tagträumen verlieren.

4. Kein Dauernaschen mehr!

Es gibt viele Kinder, die den ganzen Tag lang naschen – und die Mehrzahl ihrer Snacks besteht aus stark verarbeiteten, kohlenhydratreichen Lebensmitteln wie Keksen, Chips oder Backwaren.

Das Dauersnacken führt leider dazu, dass sich die Gewohnheit festsetzt, immer nur auf diese begrenzte Auswahl an vertrauten Lebensmitteln zurückzugreifen. Während Studien klar belegen, dass Kinder problemlos lernen können, neue (und natürliche) Lebensmittel zu mögen), ernähren sie sich in der Realität oft von ungesunden Knabbereien, wenn man ihnen ständiges Naschen erlaubt.

Experten für Kinderernährung schlagen da etwas ganz Einfaches vor: Gegessen wird nur zu festgelegten Mahl- und Snackzeiten, und es sollten auf jeden Fall zwei Stunden zwischen den Snacks und den Mahlzeiten liegen. Das bedeutet, dass die Kinder vermutlich Hunger haben, wenn es Mittag- oder Abendessen gibt, und das ist genau das, was wir erreichen wollen. Denn Hunger ist ein ganz natürliches Gefühl, und Kindern tut es gut, wenn sie dieses Gefühl (in normalem Ausmaß) kennenlernen. (Wir reden hier nicht über das echte Hungern, das viel zu viele Kinder auf der ganzen Welt erleiden müssen.) Ein gelegentliches Hungergefühl bringt den Kindern bei, auf ihren Körper zu hören, auf ihren Magen zu achten und sich in der hohen Kunst der Geduld zu üben. Wenn wir den Kindern nur zu festgesetzten Zeiten Mahlzeiten servieren und Snacks anbieten, tauchen sie hungrig (aber nicht so hungrig, dass sie andere Kinder anknabbern) am Tisch auf und essen mit größerer Wahrscheinlichkeit auch verschiedene Lebensmittel.

Falls Ihre Kinder daran gewöhnt sind zu essen, wann immer sie möchten, bedarf es elterlicher Konsequenz, um feste Zeiten für Mahlzeiten und Snacks durchzusetzen. Im Folgenden erhalten Sie einen schnellen Überblick darüber, wie häufig Kinder in Abhängigkeit von ihrem Alter etwas essen sollten (medizinische Sonderfälle sind hier nicht berücksichtigt):

Kleinkinder sollten alle zwei bis drei Stunden etwas essen: drei Mahlzeiten, drei Snacks.

Kinder im Vorschulalter: drei Mahlzeiten, zwei Snacks.

Schulkinder: drei Mahlzeiten, ein Snack.

DIE SNACK-VEREINBARUNG UNSERER FAMILIE

Wir essen drei Mahlzeiten am Tag zu etwa folgenden Zeiten: _____

Wir essen _____ Snacks am Tag zu etwa folgenden Zeiten: _____

Wenn Sie vom Dauersnacken zu zeitlich fixierten Mahlzeiten übergehen wollen, erklären Sie Ihrer Familie den neuen Essplan (keine Nascherreien zwischen den Hauptmahlzeiten und den Snacks), damit alle wissen, worauf sie sich einstellen müssen. Möchten Ihre Kinder außerhalb der vorgesehenen Zeit etwas naschen, bleiben Sie standhaft: »Ich weiß, dass du gern einen Keks hättest, aber wir essen jetzt nichts, weil es in einer Stunde Abendessen gibt.« Sie müssen dabei keine überzeugende Rede schwingen – bleiben Sie einfach konsequent, wenn die Kinder zwischen den Mahlzeiten oder außerhalb der festgelegten Snackzeiten um Leckereien betteln.

Anstatt die Kinder überall essen zu lassen, sollten Sie den Snack auf den Tisch stellen und die Kids dazu bringen, ihn auch dort zu verzehren. Wenn die Kinder aufstehen, räumen Sie den Teller mit Snacks weg – spätestens nach 15 oder 20 Minuten, damit eine ausreichend große Pause zur folgenden Mahlzeit eingehalten wird. Bleiben die Snacks stehen, besteht die Gefahr, dass die Kinder immer wieder naschen, bis es Essen gibt.

WAGEMUTIGE JUNGE ESSER SAGEN ...

KIANA, SIEBEN JAHRE

Was ich am liebsten probieren möchte: Schweinehirn, wenn wir nach Thailand in den Urlaub fahren.

Was ich nie essen möchtee: Skorpione – uuh.

Mein Tipp für Kids, die Angst haben, neue Dinge zu probieren: Wenn ihr es ausprobiert, mögt ihr es vielleicht. Wenn nicht, versucht es irgendwann noch mal, wahrscheinlich schmeckt es euch dann. Bei mir war das so mit grünen Bohnen, Brokkoli und ganz besonders mit Spinat. Als ich den zum ersten Mal aß, mochte ich ihn überhaupt nicht. Jetzt esse ich Spinat meistens mit Butter und Salz, er schmeckt eigentlich richtig gut.

Ich esse gern: Fisch, Krebse, Lachs, Muscheln, Algen (nicht direkt vom Strand, ich mag sie getrocknet), scharfe Sauce, Chips mit Jalapeño-Geschmack, Spinat und Brokkoli (der Strunk schmeckt richtig süß!).

Mein Spezialgericht: Ich habe mein eigenes Rezept für Käse-Makkaroni erfunden. Da kommen Salz und Pfeffer, Frühlingszwiebeln und ganz viele Gewürze rein. Ich liebe die Frühlingszwiebeln in den Käse-Makkaroni.

---

5. Kinder (ja, sogar Ihre) lieben naturbelassene Lebensmittel

Unsere Kinder sind sehr häufig mit Krustentieren in Berührung gekommen, seit wir an die Küste im Pazifischen Nordwesten gezogen sind. Seit der Vorschule haben West und Maison den Sommer damit verbracht, am Strand Steine hochzuheben und die winzigen Krebse darunter zu beobachten. Wenn wir als Familie losziehen, um Krebse zu fangen, ist West immer der Erste, der mit bloßen Händen in die Fallen greift und sich zur Wehr setzende ausgewachsene Krebse hervorzieht.

Im Sommer bekommen wir nicht selten eine SOS-Message von Freunden und Nachbarn, die zu viele frische Krebse mit nach Hause gebracht haben: »Hilfe, wir haben zu viele Krebse gefangen, wollt ihr welche?« Unsere Antwort lautet immer: »Ja, bitte.« Die erwachsenen Mitglieder unserer Familie sind ganz wild auf frische Krebse. Lange Zeit mussten wir, wenn wir gefragt wurden, ob unsere Kinder Krebse aßen, jedoch zugeben, dass sie sie noch nicht probiert hatten. Wenn Sie sich auch nur ein bisschen in der Food-Szene des Pazifischen Nordwestens auskennen, wissen Sie, wie uncool das ist. Wann immer wir uns an den Tisch setzten, um im Genuss der dampfenden, frischen Krebse zu schwelgen, rückten unsere Kinder ihre Stühle unmerklich ein Stück zurück. Wir hatten schon jegliche strategisch unkluge Taktik angewendet, um Druck aufzubauen, und mit den Kindern sogar geschimpft: »Wisst ihr eigentlich, was wir für ein Glück haben, so frische Krebse zu bekommen?! Sie sind köstlich. Kostet sie doch endlich!« Unser Drängen brachte absolut gar nichts, und schließlich gaben wir auf. Wir versuchten, uns beim gemeinsamen Essen auf den Genuss der frischen Krebse zu konzentrieren, während unsere Kinder an gerösteten Maiskolben knabberten.

Nachdem wir bereits vier Jahre lang Krebse gefangen und gegessen hatten, bat uns West eines Tages, ihren Geschmack zu beschreiben. Er meinte, dass er sie vielleicht irgendwann probieren würde, wollte aber zunächst mehr darüber wissen. Nach einigem Herumdrucksen wurde uns bewusst, dass wir keine treffende Beschreibung parat hatten. Was lässt sich mit dem Geschmack oder der Konsistenz von Krebsfleisch vergleichen? Wir waren erstaunt. »Es schmeckt nicht nach Fisch, eher salzig«, brachte Misha schließlich heraus. West ließ sich das ein paar Wochen durch den Kopf gehen. Dann riskierte er es eines Abends – mit einer frischen, in geschmolzene Butter getauchten Krebsschere. Ein paar Sekunden zögerte er. Und Maison, die ihrem großen Bruder in nichts nachstehen wollte, machte es ihm nach und kostete ihren ersten Krebs an demselben Abend. Sie sagte überrascht: »Nicht schlecht.« Wir bemühten uns, ein gelassenes Pokerface zu bewahren, barsten jedoch innerlich vor Stolz über diesen wunderbaren Erfolg.

Es kann lange dauern, bis sich Kinder für ein ungewohntes Lebensmittel erwärmen, manchmal erfordert es fast übermenschliche Geduld, bis sie Neues akzeptieren. »Kinder lernen, richtig zu essen, indem man mit gutem Beispiel und Enthusiasmus vorangeht und sie mit viel Geduld an gutes Essen heranführt«, schreibt die Expertin für Lebensmittelgeschichte Bee Wilson, Autorin von *Essen lernen*. Kleine Kinder sind Neuem gegenüber von Natur aus misstrauisch, daher können wir nicht erwarten, dass sie etwa Schnecken in Kräuterbutter auf Anhieb mögen. Nach einem oder zwei Anläufen geben viele Eltern aber häufig auf und sind überzeugt: »Mein Kind wird das niemals essen.« Untersuchungen zufolge sind etwa 25 Prozent der Eltern in den USA der Meinung, dass ihr Kind ein bestimmtes Lebensmittel, das sie nur zweimal auf den Tisch gebracht haben, auf Dauer nicht mag.

Tatsächlich ist es so, dass Kinder im Vorschulalter mitunter zehn- bis fünfzehn Mal mit einem neuen Lebensmittel konfrontiert werden müssen, bevor sie dazu bereit sind, es zu probieren – und noch länger dauert es, bis sie es richtig akzeptieren und genießen können. Susan Roberts, eine Ernährungswissenschaftlerin der Tufts University und Co-Autorin von *Feeding Your Child for Lifelong Health*, empfiehlt, Kindern ein neues Lebensmittel 15-mal vorzusetzen, damit sie die Möglichkeit haben, es zu kosten, und lernen, es zu mögen. Ermutigen Sie Ihre Kinder, neue Lebensmittel zu probieren, aber machen Sie keinen Aufstand, wenn das

DIE ELTERN WAGEMUTIGER ESSER SAGEN ...

CHRIS, RESTAURANTBESITZER UND VATER

Als mein Sohn zum ersten Mal frische Austern aß: Damals war er zwei Jahre alt. Seine Mama und ich aßen Austern, und er wollte eine kosten, dann bat er um eine zweite. Bei unserem letzten Austernessen haben wir gemeinsam zwölf Stück geschafft! Er ist jetzt sieben Jahre alt.

Warum unsere Kinder beim Essen mutig sind: Ich glaube, unsere Freude am Essen färbt auf unsere Kinder ab.

Das Ungewöhnlichste, das mein Kind je gegessen hat: Als unser Sohn noch ein Kleinkind war, gaben wir ihm Leber, da er an Anämie litt. Wir nahmen ihn sogar mit zum Vietnamesen und bestellten für ihn gedämpfte Teigtaschen mit Blutsauce – so etwas Ähnliches wie Wackelpudding. Er aß sie alle auf.

nicht klappt – räumen Sie das Lebensmittel einfach ab und versuchen Sie es bei Gelegenheit erneut. Und dann noch einmal. Und noch einmal. Geduld, junger Padawan, Geduld.

Um die Dinge noch schwieriger zu machen, durchlaufen Kinder im Alter von zwei oder drei Jahren eine Entwicklungsphase, die sich Neophobie (Angst vor Neuerungen) nennt – dann reagieren sie besonders ängstlich auf neue Lebensmittel. Diese Phase kann mehrere Jahre dauern. (In Frankreich bezeichnet man dieses Entwicklungsstadium als *phase d'opposition*. Die Franzosen haben es geschafft, einer so nervigen Zeit ein gut klingendes Label zu verpassen.) Während dieser Phase verweigern die Kinder oft sogar einige Lebensmittel, die sie zuvor gern gegessen haben, lehnen Neues oder anderes strikt ab und werden für Umweltaspekte in puncto Essen sensibilisiert.

Während dieser Phase wächst bei manchen Eltern die Überzeugung, dass ihre Kinder definitiv keine neuen Lebensmittel akzeptieren – und sie bringen daher nur noch eine begrenzte Auswahl vertrauter Kindergerichte auf den Tisch. Den Ernährungsexperten zufolge sollten sich Eltern während dieser Zeit jedoch nicht entmutigen lassen und weiterhin eine breite Palette an Lebensmitteln anbieten. (Siehe auch Seite 273, wo wir weitere Strategien für Mahlzeiten mit Kleinkindern aufgelistet haben.)

Hinzu kommt, dass Kleinkinder ein absolut unberechenbares Essverhalten aufweisen – es ist zum Verrücktwerden. An einem Tag essen sie jede Menge, am nächsten scheinen sie von Luft zu leben. Mal sind sie begeistert von einem bestimmten Lebensmittel, im nächsten Moment lehnen sie es ab. Wenn Ihr Kind also das nächste Mal nichts isst, dann trösten Sie sich damit, dass das Essverhalten von Kleinkindern starken Schwankungen unterworfen ist, und ärgern Sie sich nicht und bieten ihm keinesfalls reflexartig Cerealien an. Behalten Sie im Hinterkopf, dass Geschmackserlebnisse trainiert werden müssen und fast alle Kinder lernen können, verschiedene Lebensmittel zu mögen.

6. Baby Steps: Mix It Up

Wenn Sie das Abendessen für die Familie planen, dann richten Sie sich danach, was Sie essen möchten – lassen Sie sich dabei von dem Bedürfnis nach Abwechslung, Abenteuerlust und Appetit leiten. Bringen Sie dasselbe Hauptgericht nicht öfter als einmal pro Woche auf den Tisch. Die Experten empfehlen, dabei keine Rücksicht auf die begrenzten Geschmackserfahrungen der Kinder zu nehmen. Es ist jedoch hilfreich, die Vorlieben der Kinder beim Kochen zu berücksichtigen und ihnen zu erlauben, sich einzubringen. Wenn ein Kind vorschlägt, Reis mit Hühnchen zu servieren, können Sie dies tun – sofern es nicht schon die ganze Woche über Reis gab. Oder Sie entgegnen: »Wir haben

schon gestern Reis gegessen. Heute Abend gibt es Nudeln. Möchtest du Spiralen oder gerade Nudeln?«

Wir können von unseren Kindern nicht erwarten, innerhalb eines Tages den Sprung von Chicken-Nuggets zur Leberpastete zu machen – auch nicht in einem Monat. Gehen Sie in kleinen Schritten voran und planen Sie die Mahlzeiten strategisch. Wenn Sie am Abend ein Hauptgericht servieren, das neu ist, oder von dem Sie wissen, dass es Ihre Kinder nicht sonderlich schätzen, bauen Sie ein oder zwei erprobte Lebensmittel in die Mahlzeit ein. Wenn die Kinder etwas Vertrautes auf ihrem Teller erblicken, sind sie vermutlich entspannter und weniger unter Druck, was eher dazu führt, dass sie das Neue ausprobieren. »Auch wenn Sie nicht wollen, dass die Kinder den Speisezettel diktieren, sollten die Kleinen dennoch auf ihrem Teller etwas entdecken, das ihnen vertraut ist«, schreibt die Fachfrau für Familienernährung Maryann Jacobsen.

Bieten Sie den Kindern beim Essen in kleiner Menge verschiedene Optionen an, und erlauben Sie ihnen zu entscheiden, was sie davon essen möchten. So können Sie zum Beispiel eine Salat-Theke mit verschiedenen frischen Zutaten aufbauen. Wenn sich die Kinder ihren eigenen Salat zusammenstellen, bewerten oder kommentieren Sie die Auswahl nicht. Kinder sollten frei wählen können, was (und wie viel) sie von dem, was auf dem Tisch steht, essen. Wenn ein Kind von irgendeiner Zutat mehr möchte, lassen Sie es gewähren.

Eine Möglichkeit, sich an neue Lebensmittel heranzuarbeiten, ist das, was die Experten Nahrungsbrücke nennen. Konzentrieren Sie sich auf Aromen und Konsistenzen, die Ihr Kind mag, und nutzen Sie diese als goldene Brücke hin zu neuen Lebensmitteln. Isst Ihr Kind beispielsweise gern Käse, verweigert aber den Brokkoli, bringen Sie diesen mit Käse überbacken auf den Tisch.

Unsere Brückenbau-Strategie besteht darin, das Lieblingsgericht eines Kindes leicht abzuwandeln. Wenn Ihr Kind Arme Ritter liebt, schneiden und bereiten Sie das Brot wie gewohnt zu, ermuntern Ihr Kind aber dazu, ein neues Gewürz zur Eiermischung zu geben – vielleicht einen Hauch Muskat. Steht Ihr Kind dagegen auf Spaghetti, mischen Sie mit ihm gemeinsam eine neue Zutat in die Sauce (vielleicht frischen Spinat?). Oder Sie ko-

Bringen Sie kleine Portionen mit erprobten Zutaten auf den Tisch.
Bieten Sie zwei bekannte Lebensmittel und ein neues an.

Neues Lebensmittel

Vertrautes/akzeptiertes Lebensmittel

Vertrautes/akzeptiertes Lebensmittel

chen die Sauce wie bisher und einigen sich wenigstens auf eine neue Pastasorte … vielleicht Schmetterlingsnudeln. Für einige Kinder ist das bereits ein großer Schritt. Neue Dinge können Angst machen – aber auch aufregend sein. Schon eine kleine Veränderung vertrauter Gerichte kann neue Möglichkeiten eröffnen.

Nutzen Sie die oben beschriebene Brücke. Wenn Ihr Kind ein neues Lebensmittel strikt ablehnt, weisen Sie auf die Ähnlichkeiten zwischen dem neuen Nahrungsmittel und Lebensmitteln hin, die es schon kennt und gern isst. Beispiel: »Weißt du noch, wie gut dir die Quiche mit Zucchini geschmeckt hat? In diesem Omelette sind auch Zucchini drin.« (Zugegeben, diese Art der Unterhaltung ist nicht gerade spannend, kann Kindern aber dabei helfen, Neuem mutiger gegenüberzutreten.)

Ermuntern Sie Kinder dazu, Begriffe wie knackig, salzig oder zart anstelle von gut und schlecht zu verwenden. Das hilft ihnen, herauszufinden, warum sich ein Lebensmittel gut im Mund anfühlt oder lecker schmeckt. Wenn ein neues Lebensmittel auf den Tisch kommt, benutzen Sie genau diese Begriffe, um Ihren Kindern eine Brücke zu bauen. Beispiel: »Dieser Feta-Käse ist so krümelig wie die Wurst, die du magst – und auch salzig.« Anstatt ein Loblied auf das neue Lebensmittel zu singen, was die Kinder unter Druck setzen könnte, beschreiben Sie einfach die Ähnlichkeiten zwischen akzeptierten, bekannten Lebensmitteln und dem neuen Produkt.

7. Eine Familie, eine Mahlzeit (keine Spezialwünsche)

Anstatt den Kindern ein separates, »kinderfreundliches« Essen zu kochen, bereiten Sie eine Mahlzeit für die ganze Familie zu. Hören Sie auf, Ihr Kind zu fragen: »Was möchtest du heute zu Abend essen?« Entscheiden Sie auf Grundlage eines ausgeglichenen, abwechslungsreichen Wochen-Speiseplans, was es zu essen gibt. Das ist eindeutig der Verantwortungsbereich der Eltern und nicht der Kinder. Der Vorteil: So kommt das auf den Tisch, was Sie mögen. Wenn Sie Lust auf Spargel haben, kochen und servieren Sie ihn. Auch wenn Ihre Kinder keinen Spargel mögen, planen Sie ihn ruhig für Ihre Mahlzeiten ein. Die Kleinen beobachten Sie dabei, dass Sie Spargel essen, sie sehen ihn auf dem Teller – und haben irgendwann den Mut, ihn mit ihrer Gabel zu berühren. Wenn sie feststellen, dass sie dann nicht sofort in eine Kröte verwandelt werden, essen sie vielleicht etwas davon.

Auf jeden Fall brauchen Sie einen langen Atem. Auf dem Weg zum Ziel gibt es vermutlich ein paar Herausforderungen. Wenn Ihre Kleinen bisher bestimmt haben, was es zum Abendessen gibt oder spezielle Kindermahlzeiten bekommen haben, bedarf es elterlicher Konsequenz, um einen neuen Weg zum gemeinsamen Essen zu beschreiten.

Malen Sie sich folgendes Szenario aus: Sie servieren ein Abendessen aus Salat, Hähnchen und Reis. Ihr Kind fordert aber: »Ich will einen Käsetoast haben!«, und weigert sich, irgendetwas anderes von seinem Teller zu essen. Natürlich geraten Sie sofort in Panik. Das Gedankenkarussel beginnt sich zu drehen: Kann das hungrige Kind später überhaupt einschlafen? Wird es Sie dafür hassen, dass Sie ihm nichts anderes zu essen gegeben haben? Legen Sie damit gerade den Grundstein für Essstörungen? Sind Sie ein schlechter Vater oder eine schlechte Mutter? Hätten Sie nicht lieber Käsetoast als Abendessen servieren sollen? Wird Ihr Kind Sie im Schlaf umbringen?

Was können Sie tun?

a. Sie zwingen das Kind, am Tisch sitzen zu bleiben, bis es drei Bissen gegessen hat.

b. Sie bestehen darauf, dass es seinen Teller leer isst.

c. Sie bereiten ihm rasch einen Käsetoast zu.

d. Sie halten einen Vortrag, wie gesund das Abendessen ist und wie lange sie dafür in der Küche gestanden haben.

e. Sie drohen, den Nachtisch zu streichen.

f. Sie versprechen ihm Kuchen, wenn es zwei Bissen vom Abendessen zu sich nimmt.

g. Sie rasten aus und schimpfen, wie stressig Mahlzeiten mit der Familie sind.

Will Ihr Kind das, was Sie gekocht haben, nicht essen, scheint es das Einfachste zu sein, aufzuspringen und rasch eine Alternative zuzubereiten. Doch hier lauert die Gefahr. Wenn Sie jederzeit ein spezielles Kindergericht in petto haben, senden Sie Ihren Kindern damit eine sehr klare Botschaft, die unter Garantie ankommt: Die Kleinen brauchen nicht zu lernen, etwas zu essen, was ihnen nicht vertraut ist.

»In vielen Familien servieren die Eltern das Abendessen und die Kinder protestieren. Die Eltern haben Angst, dass ihr Kind nicht genug zu essen bekommt, und geben nach, indem sie das Kind fragen, was es gern essen möchte. Hierdurch wird dem Kind die (völlig unangemessene) Rolle zugewiesen, zu entscheiden, was die Familie isst. Natürlich fehlt den Kindern die notwendige Grundlage für derart wichtige Entscheidungen«, verrät der Ernährungsratgeber für Eltern, den die Amerikanische Akademie für Kinderheilkunde herausgegeben hat. Wenn die Eltern eine alterna-

tive Mahlzeit zubereiten, ist das Kind für den Speisezettel verantwortlich, was die Rollenverteilung in puncto Essen auf den Kopf stellt. (Die Rollenverteilung nochmals in Kürze: Die Eltern bestimmen, was es gibt, und die Kinder entscheiden, was und wie viel sie davon essen.)

Wenn Sie wollen, dass in Ihrer Familie eine breite Palette von Gerichten serviert wird, Ihre Kinder jedoch an drei Abenden in Folge auf Pizza bestehen, können Sie das Spiel abkürzen, indem Sie konsequent bleiben. Experten schlagen etwa folgende Reaktion vor: »Du brauchst das nicht zu essen, wenn du nicht willst, aber etwas anderes gibt es heute Abend nicht. Wir machen bald wieder einmal Pizza.« Halten Sie keine flammende Rede darüber, warum sie die Mahlzeit essen sollten, die Sie mit Liebe zubereitet haben. Üben Sie keinen Druck aus, um die Kids zum Essen zu bringen. Und bereiten Sie keine Alternativmahlzeit zu. »Kinder sind clever. Sie wissen, wann wir nachgeben …«

»Wenn Sie klein beigeben und ihnen etwas anderes kochen, werden die Kinder bei nächster Gelegenheit dasselbe fordern«, schreibt Dreena Burton, Profiköchin und Mutter dreier Kinder. »Das heißt nicht, das Sie die Kinder dazu zwingen sollen, ein bestimmtes Lebensmittel zu essen, das sie wirklich nicht mögen (zum Beispiel Auberginen), oder den Teller leer zu essen. […] Aber wenn die Kids wissen, dass Sie schnell nachgeben und ihnen etwas anderes zubereiten, werden sie so lange herumnörgeln, bis Sie genau dies tun!«

Für uns Eltern ist das schwierig. Wenn unser Kind überhaupt nichts zu Abend isst und wir ihm nichts anderes kochen, steht es vielleicht hungrig vom Tisch auf. Hilfe! Viele finden das wirklich schlimm – allein der Gedanke, dass unsere Kinder ein paar Stunden lang Hunger haben könnten, lässt uns schaudern. »Sie haben wahrscheinlich Angst, dass Ihr Kind Hunger bekommt, wenn es nichts gegessen hat. Natürlich passiert das! Und wenn es hungrig ist, wird es auch essen. […] Wenn Ihr Kleinkind aus eigenem Willen eine Mahlzeit auslässt, wird es nicht gleich krank und isst wahrscheinlich bei der nächsten Mahlzeit oder Zwischenmahlzeit wieder ganz normal«, so der Ernährungsratgeber für Eltern der Amerikanischen Akademie für Kinderheilkunde.

Ein anderer Aspekt, der Eltern ins Schleudern bringt, wenn sie ihren Kindern erlauben, nichts zu essen, ist die Verschwendung von Lebensmitteln. Angesichts der Tatsache, dass so viele Kinder auf der Welt hungern und so viele Nahrungsmittel weggeworfen werden, ist dies nur allzu verständlich. Tatsächlich geben viele Eltern die Sorge vor der Verschwendung von Nahrungsmitteln als Grund dafür an, dass sie ihren Kindern keine neuen Lebensmittel vorsetzen. Warum soll man den Brokkoli überhaupt erst kaufen und zubereiten, wenn ihn das Kind doch nicht isst? Leider kann sich durch die Abneigung, Nahrung wegzuwerfen, ein Teufelskreis von Schuldgefühlen und Spannungen rund um das Thema Essen entwickeln und dauerhaft Einfluss auf die Kinder nehmen. Im Idealfall erlauben wir unseren Kindern zu essen – oder nicht zu essen –, ohne dass wir sie dafür verurteilen. Wenn wir unseren Kindern keine spannenden neuen Lebensmittel anbieten, weil wir Angst haben, dass diese nachher weggeworfen werden,

verpassen wir die Gelegenheit, sie an eine breite Auswahl von Lebensmitteln zu gewöhnen.

Um die Verschwendung zu minimieren, servieren Sie den Kindern neue Lebensmittel nur in *winzigen* Portionen. Und als Eltern dürfen wir auch das essen, was unsere Kinder übrig lassen. Haben Sie Ihren Kids noch nie ein paar Pommes vom Teller geklaut? Dasselbe gilt für Brokkoli, daher gibt es keine Entschuldigung, sich vor der Zubereitung von Gemüse zu drücken. Außerdem fällt weniger Plastik und Verpackungsmüll an, wenn Sie in der Familie mehr frische, unverfälschte Lebensmittel essen.

8. Cool bleiben und Machtkämpfe verhindern

Sie hatten einen langen Tag und bereiten am Abend noch eine gesunde Mahlzeit für die Familie zu. Ihre Kinder fragen: »Was gibt's heute?« »Hähnchen cacciatore«, antworten Sie. Ihre Kinder verziehen das Gesicht, werfen sich auf den Boden, krümmen sich vor Schmerzen und schreien: »Igitt! Eklig!« Dabei haben sie noch niemals Hähnchen cacciatore gegessen und werden auch sicher heute nichts davon probieren. Und Sie haben wirklich große Lust, ihnen einen Vortrag über gesundes Essen zu halten. Sie geraten in Versuchungung, zu schmeicheln, zu bestechen oder zu betteln. Oder zu brüllen: »Ihr esst das jetzt, ihr undankbaren Monster!« Oder Sie geben auf und bereiten Käsetoasts zu. Stopp! Wenn Ihre Kinder ins Zentrum der Aufmerksamkeit rücken, sobald sie das Essen verweigern, bekommen sie Macht zugewiesen. Um das zu verhindern, raten Experten, am besten gar nicht darauf zu reagieren und sich nicht darauf einzulassen. (Ja, das kann eine echte Herausforderung sein.) Wenn Ihr Kind also schreit: »Igitt, ich mag keinen Blumenkohl!«, dann helfen Ihnen in diesem Moment vielleicht ein paar Expertenratschläge weiter:

- »Das ist okay. Du brauchst nichts zu essen, was du nicht magst. Auf dem Tisch stehen noch eine Menge anderer Sachen.«

- »Das ist in Ordnung. Du hast das noch nicht oft genug probiert. Wir versuchen es bei Gelegenheit noch mal.« Oder: »Vielleicht schmeckt es dir, wenn du älter bist.«

- Legen Sie die Regel »Mach mein Essen nicht schlecht« fest. Sagen Sie Ihrem Kind, dass es ruhig »Nein danke« sagen darf oder auch die Erlaubnis hat, gar nichts zu essen. Nicht in Ordnung ist dagegen, wenn es ruft: »Das ist eklig.«

- Nehmen Sie das beanstandete Lebensmittel kommentarlos vom Teller des Kindes.

- Widerstehen Sie der Versuchung, dem Kind vorzubeten, wie viel Mühe Sie sich beim Zubereiten des Essens gegeben haben.

- Üben Sie keinen Druck aus, drängen, schmeicheln, drohen oder bestechen Sie das Kind nicht, und halten Sie auch keinen Vortrag über die gesundheitlichen Vorteile.

- Geben Sie Ihrem Kind ein paar Informationen über ein neues Lebensmittel, insbesondere dann, wenn das Kind beim Kochen nicht dabei war. Beispiel: »Das ist Blumenkohl. Ich habe ihn als Kind oft gegessen. Er schmeckt ein bisschen wie Brokkoli.« Beschreiben Sie das Lebensmittel möglichst neutral.

- Widmen Sie sich Ihrem eigenen Abendessen, genießen Sie es und wechseln Sie das Thema. Reden Sie über alles, nur nicht über das Essen!

Die Franzosen scheinen den Bogen in Sachen Ernährung rauszuhaben. »Der Widerstand gegenüber einem Lebensmittel kann nicht aufrechterhalten werden, wenn es keinen Gegenspieler gibt. Weigert sich ein Kind, etwas zu essen, ist die beste Elternreaktion die freundlich-gelassene Gleichgültigkeit. Eltern sollten an Folgendes denken: Wenn ich nicht reagiere, wird mein Kind aufhören, gegen das Essen zu opponieren« – so ein klassischer französischer Elternratgeber. In den Augen der Franzosen gibt es nur sehr wenig, was wirklich nicht gut schmeckt, daher interpretieren sie die Abneigung eines Kindes gegen das Essen eher psychologisch als physiologisch. Ist ein Kind nicht bereit, Oliven zu probieren, machen die Eltern daraus keine große Sache und üben auch keinen Druck aus – aber sie verbannen die Oliven auch nicht aus der Küche, nur weil das Kind sie nicht isst. Sie vertrauen darauf, dass es Zeit und mehrfache Anläufe braucht, bis die Kinder ein neues Lebensmittel akzeptieren und mit Genuss essen, deshalb kommen einfach weiterhin Oliven auf den Tisch.

9. Geben Sie Ihre schlechten Gewohnheiten nicht weiter

In unserer modernen Lebenswelt empfinden viele Eltern die Ernährung ihrer Kinder als stressig – und die Kinder bekommen das natürlich mit. Ängste, Spannungen und alles, was die Kinder als Druck erleben, schlagen auf den Appetit. Nähert man sich dem Thema aber spielerisch und mit Spaß, sind die Kinder (und Eltern) entspannt, und das wiederum erhöht die Wahrscheinlichkeit, dass alle das Essen genießen und offen für neue Lebensmittel sind. Und

LEITFADEN ZUR ESSENSPLANUNG

- Stellen Sie den Speisezettel nach Ihren, also den elterlichen, Vorlieben zusammen und schneiden Sie ihn nicht auf das begrenzte kulinarische Repertoire Ihrer Kinder zu.

- Bieten Sie den Kindern regelmäßig neue Lebensmittel an, auch wenn diese zunächst nicht akzeptiert werden.

- Denken Sie daran, dass der Geschmackssinn trainiert werden muss und Ihr Kind lernen kann, Lebensmittel zu mögen, wenn Sie die entsprechenden Rahmenbedingungen schaffen.

- Servieren Sie das neue Lebensmittel zusammen mit einigen vertrauten Produkten.

- Bringen Sie kleine Portionen auf den Tisch, damit die Kinder nicht überfordert werden (sie können jederzeit mehr davon nehmen).

- Wichtige Kriterien des Speiseplans sollten Abwechslung, Abenteuerlust und Freude sein.

- Bauen Sie Ihrem Kind (Nahrungs-) Brücken, die es ihm leichter machen, Neues zu probieren.

detailliert mit Mikronährstoffen, Diät-Trends oder den jüngsten Modeerscheinungen in Sachen Ernährung und Gesundheit auseinandersetzen. Der Grund dafür liegt darin, dass die meisten von uns versuchen, abzunehmen. Zwischen einem Drittel und der Hälfte der im Rahmen einer Studie befragten erwachsenen US-Bürger gab an, auf Diät zu sein, um abzunehmen oder das Gewicht zu halten. 2017 wurde der Marktanteil der Abnehmindustrie allein in den USA auf 66 Milliarden Dollar pro Jahr beziffert. Im Jahr 2000 fand die Amerikanische Diätgesellschaft heraus, dass 40 Prozent der US-Amerikaner Konflikte oder Ängste bei der Auswahl ihres Essens hatten. Viele von uns leben regelrecht in einem Kokon der Angst, was das Essen angeht – wir verleiben uns zu viel Gluten, nicht genug Eiweiß, zu viel Zucker oder zu wenig Antioxidantien ein.

Beschränkungen beim Essen sind so tief in der US-amerikanischen Kultur verwurzelt, dass wir uns kaum noch etwas anderes vorstellen können. »Regelmäßige Versuche, weniger zu verzehren, als unser Hunger diktiert, oder weniger reizvolle Lebensmitteln zu essen, als wir eigentlich wollen, ist zum festen Teil unseres Essverhaltens geworden«, sagt die bekannte Autorität in Fragen Kinderernährung, Ellyn Satter. »Daher erkennen die meisten Leute nicht, dass eine negative Haltung zum Essen und selbst auferlegte Beschränkungen alles andere als normal sind. Das entspricht nicht dem natürlichen Essverhalten.«

Dieses durch Zurückhaltung und Ängste geprägte Essverhalten beeinflusst auch die Art und Weise, in der wir unsere Kinder ernähren. Wenn die Eltern sich zu viele Sorgen um die richtige Ernährung machen, werden die Kinder dies mit großer Wahrscheinlichkeit übernehmen.

Während sich die US-Amerikaner allerlei Gedanken um das Essen machen und sich auf Gesundheit, Ernährung und Diäten fokussieren, legen die Franzosen hier eine völlig andere Haltung an den Tag. Diese kulturellen Unterschiede kommen perfekt zum Ausdruck, wenn man US-Amerikanern ein Stück Schokoladenkuchen zeigt. Das in diesem Zusammenhang am häufigsten assoziierte Wort lautet »Schuldgefühle«, während den Franzosen dazu mehrheitlich das Wort »Feiern« einfällt. Obwohl die Franzosen ein so positives

so abgedroschen es auch klingen mag: Wissenschaftlich Untersuchungen zeigen, dass Kinder eher bereit sind, ein Nahrungsmittel zu kosten (von dem sie glauben, dass es ihnen nicht schmecken wird), wenn es mit einem Lächeln serviert wird.

So weit, so gut – aber es ist nicht gerade einfach, zu lächeln und eine Mahlzeit zu genießen, wenn man selbst ein angstbesetztes Verhältnis zum Essen hat, was bei vielen Menschen der Fall ist. US-Amerikaner tendieren dazu, in diesem Punkt besonders kompliziert zu sein – ganz gleich, ob sie sich nun

Verhältnis zum Essen haben, gehört der Prozentsatz an fettleibigen Kindern in Frankreich zu den niedrigsten der Industrieländer. Und die USA stehen diesbezüglich an der Spitze.

In Sachen Gesundheit und Ernährung kommen immer wieder unterschiedliche Trends zun Tragen, doch im Grunde ist eine gesunde Ernährung ganz einfach, wie der Direktor des Yale University's Prevention Research Center erklärt. »Eine Ernährung mit nur minimal verarbeiteten, naturnahen Lebensmitteln, in erster Linie pflanzlichen Ursprungs, trägt entscheidend dazu bei, die Gesundheit zu erhalten.« Zudem fördert es die Gesundheit, eine große Bandbreite verschiedener Nahrungsmittel zu essen.

Wir wissen, dass stark verarbeitete Lebensmittel eigentlich nicht gesund sind, doch wenn wir uns mit unseren Kindern übers Essen unterhalten, sollten wir uns auf den Spaß dabei konzentrieren und es vermeiden, einzelne Lebensmittel zu dämonisieren. Es ist nicht hilfreich, bestimmte Nahrungsmittel als schlecht zu verdammen oder ein Tabu auszusprechen – für die Kinder werden sie dadurch wahrscheinlich nur interessanter. Der Clean-Eating-Trend zum Beispiel, der Mehl, Zucker und verarbeitete Lebensmittel weitgehend verbietet, bedeutet für ein Kind, das wirklich Lust auf einen Keks hat, eine große Einschränkung – und wenn Kekse verboten sind, rücken sie unweigerlich in den Fokus der Aufmerksamkeit. Auch wenn Sie den Kindern einen engagierten Vortrag über die gesundheitlichen Vorzüge von Spinat halten, wird das Ihre Kleinen allerdings auf keinen Fall dazu inspirieren, davon zu kosten. Natürlich haben bestimmte Produkte mehr Nährwert als andere, aber Lebensmittel haben noch andere Funktionen. Nicht besonders gesunde Lebensmittel wie Kuchen und Eiscreme, die es etwa zum Geburtstag gibt, haben auch einen emotionalen Wert und gehören zum Feiern dazu.

Eltern haben einen gravierenden Einfluss auf die Essenspräferenzen ihrer Kinder. Am besten schweigen wir unsere eigenen Ernährungseinschränkungen tot, damit unsere Kinder diese nicht übernehmen und unbelastet aufwachsen. Als Eltern können wir unseren Kindern dabei helfen, ihren Geschmackssinn zu entwickeln, oder sie davon abhalten, Neues auszuprobieren, indem wir sie mit unseren kulinarischen (Vor-)Urteilen belasten. Als Maison einmal

Algen vertilgte, wollte eine Freundin auch davon kosten. Die Mutter verzog das Gesicht und sagte: »Wirklich? Wenn du willst, versuch es. Ich finde, sie schmecken fürchterlich fischig.« Angesichts der Reaktion ihrer Mutter änderte die Fünfjährige ihre Meinung und verzichtete fortan auf die salzige, knackige Köstlichkeit, die Maison so liebt. Sie hat eine Gelegenheit verpasst, etwas Neues kennenzulernen.

Wir sollten keine Urteile darüber fällen, ob ein Lebensmittel gut oder schlecht schmeckt – wie wäre es stattdessen, wenn wir in unsere Familienmahlzeiten Entdeckergeist und die Freude am Feiern einbinden würden? Das heißt jetzt nicht, dass es zu jeder Mahlzeit Kuchen geben sollte. Aber die ständige Fokussierung auf gesundes Essen und eine gedrosselte Aufnahme von Zucker verhilft uns sicherlich nicht zu einem entspannten, fröhlichen Umgang mit dem Essen. Wenn Sie von dem Gedanken beherrscht werden, bestimmte Lebensmittel unbedingt zu vermeiden, richten Sie Ihren Fokus lieber auf den Spaß, den es macht, gemeinsam neue, verschiedenartige Gerichte zu entdecken. Das Essen kann ein wunderbares Abenteuer für die ganze Familie sein, wenn wir es mit Offenheit und Neugier angehen. Das bringt uns zu unserem letzten und wichtigsten Prinzip der Familienmahlzeiten.

10. Convivialité = gesellige, fröhliche Mahlzeiten

Die Franzosen sind Meister darin, das Essen zu genießen. Zu den großen Zielen vieler Eltern und Lehrer gehört es, den Kindern beizubringen, alles zu probieren – zu lernen, das Essen zu genießen, ist fast genauso wichtig, wie Schreiben oder Rechnen zu lernen. Französische Eltern kaprizieren sich nicht darauf, den Kindern zu vermitteln, welche Lebensmittel gesund sind, sie konzentrieren sich auf das, was sie für das Wichtigste halten – gutes Essen zu schätzen und zu genießen.

Ob man sich in Lyon an den Abendbrottisch setzt oder in der Provence den Tag mit Croissants und frischem Obst beginnt: In Frankreich drehen sich die Mahlzeit um das Prinzip der *convivialité*, was so viel wie Zusammenkommen und Feiern bedeutet. In Frankreich steht beim Essen der Genuss an oberster Stelle. Wenn wir ängstlich Kalorien zählen oder auf die Mikronährstoffe achten, die wir aufgenommen haben, bleibt der Genuss leicht auf der Strecke. Wie kann es aber gelingen, einen Hauch *convivialité* in unsere Mahlzeiten zu bringen?

Unsere Familie hat einen eigenen Weg gefunden, um das gemeinsame Essen erlebnisreicher zu gestalten. Wir denken uns gern Wettbewerbe aus: Schaffen wir es, eine Familienmahlzeit zu kreieren, die ganz grün ist, ohne künstliche Farbstoffe zu verwenden? Gibt es ein Lebensmittel, das keiner von uns je gegessen hat, und können wir es gemeinsam probieren? Diese Herausforderungen inspirieren unsere Kinder zum Kochen und Essen.

> **Was einige Gesundheit nennen, ist auch nicht viel besser als eine langwierige Krankheit, wenn damit die permanente Sorge um die richtige Ernährung verbunden ist.**
>
> GEORGE DENNISON PRENTICE

Convivialité leben

WIE MAHLZEITEN ZU EINER FRÖHLICHEN AUSZEIT WERDEN

Viele Eltern erleben Familienmahlzeiten als Stress. Und vermutlich wissen die meisten, wie nervig der Streit ums Essen sein kann. Stimmt! Wenn bei Ihnen Spannungen während der Mahlzeiten an der

WESTS TIPP

Kinder können den Tisch decken, Servietten falten, Getränke eingießen, den Tisch abräumen und Blumen im Garten pflücken. Wie würdet ihr gern den Tisch bei euch zu Hause decken? Könnt ihr davon ein Bild malen? Gibt es etwas, das ihr auf die Platzdeckchen legen könntet, damit das Abendessen heute zu etwas ganz Besonderem wird?

Tagesordnung sind, legen Sie den Schalter um und verändern Sie bestimmte Rituale. Wie wäre es, Handy, iPad und alles, was piept oder pfeift, vom Tisch zu verbannen? Viele Dinge lassen sich ganz einfach umsetzen und oft ist es gar nicht so schwer, die Mahlzeiten in eine fröhliche Auszeit zu verwandeln. In der Schule unserer Kinder ist es Usus, beim Mittagessen fünf Minuten lang den Mund zu halten. Schon Kleinigkeiten wie den Tisch schön zu decken, eine Kerze anzuzünden, ein paar Blumen hinzustellen oder die Gesprächsthemen zu verändern können dazu führen, dass die gemeinsamen Mahlzeiten zu einer fröhlicheren Angelegenheit werden und für mehr Zusammenhalt sorgen.

GESPRÄCHSAUFHÄNGER BEIM GEMEINSAMEN ESSEN

Reden Sie während der Mahlzeiten über Themen, die nichts mit dem Essen zu tun haben. So können beispielsweise alle Familienmitglieder erzählen, wie ihr Tag war. Maison gibt dann gern einen detaillierten Bericht und fordert uns anschließend auf, dasselbe zu machen. Versuchen Sie es mal mit diesen Aufhängern:

- Was ist heute Lustiges passiert?
- Hast du heute etwas gelernt?
- Hast du heute jemandem geholfen?
- Hast du heute etwas besonders Nettes getan?
- Wen hättest du gerne als Spielkameraden?
- Wer kann dich trösten, wenn du traurig oder wütend bist?
- Welche besondere Begabung hättest du gern?
- Was macht mehr Spaß – Eltern oder Kind sein?
- Worüber wissen Kinder mehr als Erwachsene?

Familiäre Essensrichtlinien im Club der mutigen Esser

Zwischen dem Alter von sechs Monaten und ihrem 18. Geburtstag werden Ihre Kinder etwa 6205-mal mit Ihnen am Esstisch sitzen, Sie haben also ausreichend Gelegenheit, beim Essen als Familie zusammenzufinden. Auf der Grundlage der Empfehlungen von Fachleuten haben wir ein paar Richtlinien aufgestellt, die während der Mahlzeiten für mehr Spaß und Verbundenheit sorgen können. Wir sind keine Familie, die auf Regeln besteht, haben aber herausgefunden, dass ein paar nicht verhandelbare Grundsätze hilfreich sind – sie reduzieren Diskussionen und impulsive Ausbrüche. Einige dieser Regeln sind strikte Richtlinien, andere dienen eher dazu, uns zu inspirieren und uns daran zu erinnern, wie wir sein wollen. Sie haben uns nicht mit einem Schlag von allen Spannungen rund ums Essen befreit, aber für eine friedlichere Stimmung am Esstisch gesorgt. Hier sind sie:

1. Heißen Sie Kinder in der Küche willkommen! Kochen Sie zusammen, improvisieren Sie und haben Sie Spaß.

2. Spielen Sie mit dem Essen, versuchen Sie nicht, Unordnung zu vermeiden, und räumen Sie nachher zusammen auf.

3. Wertschätzen und genießen Sie das Essen. Schaffen Sie eine fröhliche Atmosphäre und nehmen Sie die Mahlzeiten gemeinsam am Tisch ein, ohne sich ablenken zu lassen.

4. Jedes Familienmitglied isst dasselbe. Das heißt: keine speziellen Kindergerichte.

5. Kinder: Ihr könnt entscheiden, was und wie viel ihr von dem esst, was auf eurem Teller liegt. Wenn ihr nicht wollt, braucht ihr gar nichts zu essen. Es ist nicht in Ordnung, das Essen mit Schimpfwörtern zu belegen, ein einfaches »Nein danke« reicht.

6. Eltern: Bleiben Sie cool und auf dem einmal eingeschlagenen Weg. Verzichten Sie auf Schmeicheleien, Druck, Bestechungen, Drohungen, Belohnungen und zwingen Sie Ihre Kinder nicht zum Essen. Verkneifen Sie sich auch jeden Kommentar darüber, was die Kinder essen oder eben nicht. Einfach tief durchatmen!

7. Werden Sie gemeinsam zu Entdeckern in Sachen Essen – probieren Sie Neues aus und essen Sie eine breite Palette an Lebensmitteln. Wir versuchen, ein und dasselbe Hauptgericht nicht öfter als einmal pro Woche auf den Tisch zu bringen. So ernähren Sie sich auch ausgewogener. Verlieren Sie nicht die Geduld und bieten Sie den Kids immer wieder neue Lebensmittel an. Dieser Prozess braucht Zeit.

8. Essen Sie in erster Linie naturbelassene, unverarbeitete Lebensmittel.

9. Die Eltern entscheiden, welche Lebensmittel gekauft werden und wie der Speiseplan aussieht.

10. Nehmen Sie die Mahlzeiten und Zwischenmahlzeiten zu festgelegten Zeiten ein. Betrachten Sie Snacks als Zwischenmahlzeiten und legen Sie auch hierfür feste Zeiten fest.

11. Überlegen Sie sich ein Familienmotto für den Umgang mit Essen. Unseres lautet: »Wir machen das Essen zum Abenteuer«.

STELLEN SIE IHRE EIGENEN FAMILIÄREN ESSENSRICHTLINIEN AUF

Überlegen Sie sich Ihre eigenen Richtlinien, denn unsere funktionieren sicher nicht in jeder Familie. Ihre Regeln sollten ganz individuell auf Ihre Familie zugeschnitten sein. Erklären Sie Ihren Kindern die neue Marschrichtung. Am Anfang ist es wahrscheinlich nicht ganz einfach, sich an die Regeln zu halten – aber wenn alle mitziehen, machen Kochen und Essen vermutlich bald mehr Spaß und die Spannungen nehmen ab. Wie ist die Haltung Ihrer Familie zum Essen? Wie lauten die Familienregeln zu diesem Thema? Stellen Sie individuelle Regeln auf – blödeln Sie dabei ruhig herum, aber legen Sie auch den nötigen Ernst an den Tag.

KAPITEL 3

KÜCHENGERÄTE FÜR MUTIGE JUNGE KÖCHE

DER ENTSCHEIDENDE SCHRITT beim Heranziehen gut gelaunter, wagemutiger Esser besteht darin, die Kinder in die Küchenarbeit einzubeziehen. Die meisten normalen Küchengerätschaften eignen sich jedoch nicht für Kinderhände: Je mehr kindgerechte Küchengeräte Sie also haben, desto besser. Bei uns gibt es eine spezielle Schublade, die randvoll mit den Kochutensilien unserer Kinder ist. Alles darin ist echt und funktioniert (ja, sogar die Messer).

IN JEDEM UNSERER Rezepte müssen Zutaten zerdrückt, gerieben, geschält, gewaschen oder ausgepresst werden, daher gibt es für die Kids jede Menge Möglichkeiten, sich die Hände schmutzig zu machen. Auch wenn Sie wenig Zeit und keine Lust auf komplettes Küchenchaos haben, gibt es viele einfache Jobs, die die Kinder erledigen können.

Küchengeräte für Kinder: Grundausstattung

Kindgerechte Küchengerätschaften finden Sie in speziellen Kochläden, Baumärkten, in der Backabteilung der Supermärkte oder in speziellen Online-Katalogen. Auf Seite 269 finden Sie Hinweise, wo Sie sich eindecken können.

GENIALE KINDERMESSER: Ja, echte. Ohne Hacken und Schneiden geht es beim Kochen nicht, und mit entsprechender Anleitung und Aufsicht können Kinder lernen, ein Messer unfallfrei zu benutzen. Im Montessori-Lehrplan gibt man schon 18 Monate alten Kleinkindern ein Messer in die Hand, um ihre Selbstständigkeit zu fördern. In Montessori-Schulen nimmt man sich viel Zeit, um den Kindern den Umgang mit dem Messer beizubringen, und lässt sie dabei natürlich niemals allein. Man beginnt mit einem Buttermesser und geht dann irgendwann zu einem Sägemesser über. Wir hatten zuerst Bedenken, unsere Kinder irgendetwas klein schneiden zu lassen, aber wir kauften ihnen ein paar Kindermesser (aus einem speziellen Katalog) und zeigten ihnen, wie sie diese sicher handhaben konnten. Mittlerweile lieben sie ihre »besonderen« Messer, haben aber auch Respekt davor und sind stolz darauf, sie unfallfrei einsetzen zu können. An dieser Stelle möchten wir aber auch ausdrücklich darauf hinweisen, wie wichtig es ist, den Kindern eindringlich klarzumachen, dass die scharfen Messer der Erwachsenen für sie tabu sind.

(Wenn Sie die Möglichkeit haben, diese außer Reichweite aufzubewahren, ist dies noch besser.)

KLEINE UND GROSSE SCHNEIDBRETTER AUS HOLZ: Auf nichts lässt es sich so gut schneiden wie auf einer Holzoberfläche. Die strahlend bunten Plastikbretter können einen zwar schon in Versuchung führen, darauf halten sich Keime allerdings gut.

MÖRSER UND STÖSSEL: West und Maison sind ganz wild auf Mörser und Stößel. Sie zermahlen voller Begeisterung alles von Nüssen über Gewürze bis hin zu Wollmäusen.

Die Lebensmittelpionierin Alice Waters ist überzeugt, dass sich ihre Tochter für eine breite Palette an Lebensmitteln begeistert, weil sie schon in jungen Jahren in der Küche mithelfen durfte: »Sie fand es toll, Zutaten mit Mörser und Stößel zu zerkleinern. […] Während ich mit anderen Aufgaben beschäftigt war, zerstieß sie Knoblauch oder Basilikum und lernte so gleichzeitig deren Duft kennen.« Auch wenn es vielleicht unsinnig erscheint, Zutaten ohne Grund zu zermahlen, gibt es Kindern die Möglichkeit, den Geruch neuer Lebensmittel kennenzulernen (so gewinnen sie beim Kosten neuer Lebensmittel an Sicherheit) – also ermutigen Sie Ihr Kind zum Zermahlen und Zerstoßen.

NUSSKNACKER, FLEISCHKLOPFER, KARTOFFELSTAMPFER, NUDELHOLZ UND ANDERE GERÄTSCHAFTEN ZUM ZERKLEINERN UND PULVERISIEREN: Das Zerstoßen von Lebensmitteln steht ganz oben auf unserer Liste der »Familien-Kochtechniken«. In diesem Kochbuch schlagen wir häufig auf Lebensmittel ein. Gute Dienste leistet hier ein kleiner Fleischklopfer aus Holz: Kinder können damit Pekannüsse, Kardamom oder Kürbiskernezerkleinern. Unsere Kinder naschen gern rohe Nüsse, und dafür zuerst die Schale knacken zu müssen ist ein Teil der Faszination. West knackt Nüsse am liebsten mit einem Hammer – mehr braucht er gar nicht. Wir haben aber trotzdem ganz gern einen Nussknacker griffbereit. Mit einem Mini-Nudelholz lassen sich manche Dinge auch gut zerdrücken. Stecken Sie Samen oder Nüsse einfach in einen verschließbaren Gefrierbeutel, drücken Sie

die Luft heraus und schließen Sie ihn. Jetzt schlagen Sie einfach mit einem Nudelholz darauf ein oder rollen damit langsam über den Beutel.

MANUELLE ZITRUSPRESSE (GROSS) UND KINDGERECHTE FRUCHTPRESSE AUS GLAS: Das Auspressen ist einfach und ein Spaß, bei dem schon die Jüngsten mitmachen können. Die kleinen Hände sind perfekt dafür geeignet, Limetten, Mandarinen oder andere kleine, saftige Zitrusfrüchte auszupressen.

REIBEN (GROSSE UND KLEINE): Unsere Kids lieben es, alles Mögliche zu zerreiben: Parmesan, Rotkohl, Möhren, Äpfel – egal was, sie reiben alles. Wir haben dafür ein paar kindgerechte Standreiben in der Küche, außerdem einige Stabreiben, mit denen sich die Schale von Orangen oder Zitronen wunderbar abreiben lässt. Stabreiben haben einen Griff, den man gut in der Hand halten kann, und werden bei uns oft aus Jux und Dollerei benutzt – zudem wird der Schalenabrieb damit feiner als mit einer Standreibe. In unserer Küche dürfen die Kinder diese Gerätschaften so verwenden, wie sie Lust haben (oh Schreck). Wenn ihnen danach ist, den Parmesan ganz fein zu reiben, kommt die Stabreibe zum Einsatz (oder die kleinsten Löcher der Standreibe). Soll dagegen Kohl zerkleinert werden, raten wir den Kids, dafür die mittelgroßen Löcher der Standreibe zu nehmen. Die richtige Wahl der Reibe kann bei uns ein hochwissenschaftlicher Vorgang werden. Und wir kosten alles, was wir produzieren. Ist über mittelgroßen Löchern geraspelter Kohl knackiger als mit der Stabreibe geriebener? Aus welcher Variante lässt sich der schönste Schnurrbart gestalten?

GEMÜSESCHÄLER: West schält leidenschaftlich gern Kartoffeln, Möhren und Gurken. Nun mögen die Experten einhellig behaupten, dass der Y-Sparschäler hierfür am besten geeignet ist. (Effektiver! Schärfere Klingen!) Aber West liebt nun einmal den Pendelschäler. Wenn Ihr Kind nicht schon für einen Schäler entbrannt ist, nehmen Sie eine Handvoll Möhren, machen einen Gang durch die Nachbarschaft und probieren die dort vorhandenen Schäler aus.

KIDS MACHT BEIM SCHNEIDEN EINE TATZE

Krümmt alle Finger und den Daumen so, dass eure Hand wie eine Bärentatze aussieht. Dazu knurrt ihr wie ein wütender Bär. Mit dieser Handhaltung geht ihr jetzt zu eurem Schneidbrett. Legt eure Fingerspitzen ganz oben auf das Lebensmittel, das ihr klein schneiden wollt. Eure Fingerspitzen sollten senkrecht auf der Oberfläche des Schneideguts stehen, sodass eure Fingernägel einen Schutzschild bilden. Jetzt nehmt ihr ein Messer in eure andere Hand – am besten übt ihr zuerst mit einem Buttermesser. Haltet das Messer fest, indem ihr alle Finger um den Griff legt. Vergewissert euch, dass die scharfe Seite der Messerklinge nach unten zeigt. Jetzt behaltet ihr das Messer ganz fest im Auge. Drückt das Messer vorsichtig nach unten und schneidet in einer fließenden Bewegung – dabei nicht zu sehr mit dem Messer hin- und herfahren.

SALATSCHLEUDER: Wir hassen wässrigen Salat. Das Geheimnis eines leckeren Salates liegt darin, dass die Blätter wirklich trocken sind, damit das Dressing gut daran haften kann. Sofern Sie keine Lust haben, das Blattgemüse an einem sonnigen Tag auf der Wäscheleine zu trocknen (machen wir manchmal), sollten Sie hierfür eine Salatschleuder verwenden. Sie in Gang zu setzen, ist für Ihre Kinder das pure Vergnügen.

MESSBECHER UND MESSLÖFFEL: Mitunter gehen wir ganz präzise zu Werk, manchmal nehmen wir auch einfach eine Prise oder eine Handvoll von etwas.

TRITTHOCKER FÜR KINDERS: In unserer Küche gibt es ein paar einfache hölzerne Tritthocker mit zwei Stufen, damit die Kinder die Arbeitsfläche jederzeit erreichen können (das hat Vor- und Nachteile …).

KINDERSCHEREN: West und Maison lieben es, frische Kräuter zu schneiden oder Blattgemüse zu zerschnipseln. Die abgerundeten Spitzen der Scheren verhindern, dass sie sich dabei verletzen.

SIEBE UND DURCHSCHLÄGE: Perfekt, um Beeren zu waschen, Pasta abzugießen – und sie lassen sich auch super als Helm tragen.

GEMÜSEBÜRSTEN: Wir benutzen sie zum Schrubben besonders schmutziger Wurzel- und Knollengemüse, also für Möhren, Beten und Kartoffeln. Aber Achtung: nur kaltes Wasser, keine Seife.

TOPFLAPPEN: Wir haben eine Auswahl kleiner und großer Topflappen vorrätig.

SCHÜRZEN (FÜR ERWACHSENE UND KINDER): Sie werden sich an ein gewisses Maß an Verschmutzungen gewöhnen müssen, wenn Sie mit Kindern kochen. Aber es ist keine Schande, allen Köchen eine Schürze umzubieten. Zudem geben diese Kindern das Gefühl, ganz offiziell zum »Küchenpersonal« zu gehören.

AUSGEWÄHLTE KLEINE HANDGERÄTE: Zangen, Pfannenwender, Schneebesen, Küchenpinsel, Holzlöffel und alles, was man zum Zerstampfen oder Zerkleinern benutzen kann. Wir lassen unsere Kinder beim Vorbereiten der Mahlzeiten entscheiden, welche Gerätschaften sie für welche Jobs verwenden wollen. Mitunter wählen sie das Hilfsmittel, das am wenigsten geeignet ist. Manchmal servieren sie den Salat mit einem Schneebesen und einem Essstäbchen. Aber was soll's, genau diese Art von Innovation wünschen wir uns ja.

KINDER IN DER KÜCHE

Sowohl die Amerikanische Herz-Vereinigung als auch die Mayo Clinic sind der Überzeugung, dass Kinder, die beim Einkaufen und Kochen mit dabei sind, gesündere, nährstoffreichere Lebensmittel verzehren. Laut einer Studie der Columbia University mit 600 Kindern ist es auch wahrscheinlicher, dass Kinder, die beim Kochen der Mahlzeiten helfen, diese im Anschluss essen. Anders ausgedrückt: Bei einem Kind, das einen Rettich zerkleinert hat, stehen die Chancen gut, dass es ihn auch isst.

Küchengeräte für Kinder: Sonderausstattung

Im Allgemeinen halten wir nicht viel davon, unnötige Küchenhelfer anzuschaffen, aber die folgenden haben dazu beigetragen, unsere Kinder zum Kochen zu inspirieren.

PIZZASCHNEIDER: Damit lässt sich nicht nur Pizza schneiden – die Kids nehmen ihn auch, um Plätzchenteig in Form zu bringen und Grünkohl, Basilikum oder anderes Grünzeug in Streifen zu schneiden.

SICHERHEIT IN DER KÜCHE

Wir alle wissen, dass in der Küche viele Gefahren lauern. Die Kunst besteht darin, unsere Kinder einzubinden, ohne dass sie zu Schaden kommen. Hier folgen ein paar grundlegende Sicherheitsrichtlinien, die wir in der Küche beherzigen:

- In der Küche muss immer ein erwachsener Souschef dabei sein. Wenn es an der Tür klingelt oder Sie ins Badezimmer müssen, nehmen Sie die Kinder mit – sie dürfen niemals unbeaufsichtigt in der Nähe von Messern und dem heißen Herd bleiben.

- Nehmen Sie sich Zeit und konzentrieren Sie sich. Eile ist gefährlich, wenn Mixgeräte und heiße Herdplatten in der Nähe sind.

Vorsicht heiß!

- Heißes Essen oder heiße Zutaten (Suppe, kochendes Wasser, Dampf, heißes Öl etc.) können den Kleinen schlimme Verbrennungen zufügen. Heißes Öl spritzt, wenn es mit Wasser in Berührung kommt – seien Sie also vorsichtig.

- Wenn Ihr Kind gern auf dem Herd garende Speisen umrührt, muss dabei immer ein Erwachsener den Griff des Kochgeschirrs mit einem Topflappen festhalten, damit Topf oder Pfanne nicht umfallen können. Bleiben Sie immer in Reichweite, wenn Sie gemeinsam am Herd hantieren.

- Die Griffe von Töpfen und Pfannen sollten auf dem Herd immer nach hinten weisen, damit das Kochgeschirr nicht versehentlich umgeworfen wird.

- Bringen Sie Ihrem Kind bei, niemals, unter keinen Umständen, den Herd oder Backofen anzuschalten, ohne dass ein Erwachsener danebensteht. (Und wenn sie noch zu klein oder zu wild sind, um sich verlässlich an die Regeln zu halten, bringen Sie am Herd und Ofen eine Kindersicherung an.)

- Im Umgang mit dem Backofen gilt folgende Regel: Nur Erwachsene dürfen etwas in den Ofen schieben oder herausnehmen – das ist ihr Job. Immer. Ende der Durchsage. Keine Ausnahmen. (Kinderleicht: Sie dürfen das Licht im Ofen anschalten, durch die Glastür schauen und überlegen, ob das Gericht schon fertig ist.)

- Halten Sie in Ihrer Küche einen Feuerlöscher bereit und machen Sie sich damit vertraut, wie er funktioniert. Kleinen Fettbränden kann man mit Natron begegnen.

- Geben Sie in einfacher, klarer Sprache Sicherheitsanweisungen. »Wir machen jetzt den Herd an. Die Pfanne wird sehr heiß werden und ihr verbrennt euch, wenn ihr sie anfasst.« Warnen Sie die Kinder, dass die Herdplatte auch nach dem Ausschalten des Herdes noch eine Weile heiß bleibt.

Vorsicht scharf!

- Messer: Bringen Sie den Kindern bei, nur spezielle Kindermesser zu benutzen – und das unter Aufsicht eines erwachsenen Souschefs. Niemals dürfen sie scharfe Messer verwenden. Vermitteln Sie ihnen, dass die Klingen sehr scharf sind und nicht angefasst werden dürfen. Sie kennen Ihre Kinder am besten, daher können nur Sie entscheiden, ob die Kleinen dieser Herausforderung schon gewachsen sind.

- Reiben, Schäler etc.: Finger weg von den scharfen Löchern der Käsereibe und den scharfen Schneiden des Gemüseschälers. Auch die Deckelränder geöffneter Konservendosen sind scharf, und Ihre Kinder sollten immer einen Erwachsenen bitten, den Deckel zu entfernen. Bringen Sie den Kids bei, beim Arbeiten mit einer Reibe langsam und kontrolliert vorzugehen – und aufzuhören, wenn das Reibegut so klein geworden ist, dass sie es nicht mehr richtig festhalten können. Schon eine harmlose Verletzung an der Reibe wie ein aufgeschürfter Knöchel kann Ihr Kind aus der Küche vertreiben. Wer den Kindern dabei hilft, unfallfrei zu reiben und zu schälen, fördert dagegen ihr Selbstvertrauen.

Gefährliche Elektrogeräte!

- Schärfen Sie Ihren Kindern ein, niemals einen Mixer oder eine Küchenmaschine anzuschalten, ohne dass ein Erwachsener dabei ist. Nur Erwachsene dürfen diese Geräte befüllen oder entleeren. Wir ziehen vorsichtshalber immer den Stecker heraus, wenn wir die Geräte nicht benötigen.

Achten Sie auf Sauberkeit!

- Vor dem Kochen wäscht sich jeder die Hände. Eine einfache Grundregel lautet, zweimal das Lied »Happy Birthday« zu singen, während man sich die Hände mit Seife und warmem Wasser wäscht. Dann abspülen und trocken tupfen.

- Jeder, der rohes Fleisch oder Eier angefasst hat, wäscht sich anschließend die Hände. Küchenutensilien und Schneidebretter, die mit rohem Fleisch in Berührung gekommen sind, werden anschließend abgewaschen. Legen Sie gekochtes Fleisch nicht auf den Teller, auf dem zuvor das rohe Fleisch lag.

- Spülen Sie Obst und Gemüse immer unter fließend kaltem Wasser ab und verwenden Sie keine Seife. Säubern Sie hartes Gemüse wie etwa Kartoffeln mit einer Bürste.

BANANEN-, EIER- UND APFELSCHNEIDER: Braucht man für Bananen wirklich einen speziellen Schneider? Natürlich nicht, aber West und Maison benutzen ihren fast jeden Tag.

APFELSCHÄLER/APFELAUSSTECHER/SPIRALSCHNEIDER: Diese Küchenhelfer ziehen uns magisch an – wir benutzen sie, um Äpfel zu schälen, zu entkernen und in Spiralform zu schneiden, wenn wir im Herbst Apfelmus, Bratäpfel oder Apfelchips zubereiten. Notwendig – nein. Spaßfaktor – unbedingt.

Küchengeräte für die Familie: Grundausstattung

LEISTUNGSSTARKER MIXER: Mit einem Hochleistungsmixer macht das Kochen mit Kindern viel mehr Spaß. Bereiten Sie damit frische Nussmilch zu, pürieren Sie rohe Möhren oder mixen Sie Smoothies – zugegeben, gute, sehr leistungsstarke Mixer sind teuer, halten aber ewig und sind sehr nützlich. Günstigere Markengeräte sind natürlich auch effizient, beachten Sie da aber die Anleitungen in der Gebrauchsanweisung, bevor Sie heiße Suppe oder Nüsse einfüllen.

MINI-KÜCHENMASCHINE (750 bis 1000 ml): Wenn Sie nur kleine Mengen von Salatdressing, Hummus, Nussbutter oder Saucen zubereiten wollen, ist eine kleine Küchenmaschine viel praktischer als ein großer Mixer.

REISKOCHER: Wie sind wir eigentlich ohne ihn zurechtgekommen? Wasser und Reis einfüllen, anschalten – den Rest macht er selbst.

EINIGE GUTE TÖPFE: Wir schätzen emailliertes Gusseisen, da es die Hitze gleichmäßig abgibt und leicht zu säubern ist. Unsere Lieblinge sind Töpfe von Le Creuset, doch gibt es auf dem Markt zahlreiche preisgünstigere Nachahmer-Produkte. Als Suppenfans kochen wir gern in einem 9-Liter-Suppentopf, um gleich einen Vorrat für die ganze Woche zu haben. Das ist allerdings schon eine ziemliche Größe. Wir haben auch einen 5-Liter-Suppentopf

mit Deckel aus emailliertem Gusseisen, der sich perfekt für die Zubereitung von hausgemachtem Chai oder einem anderen Gebräu eignet. Eine 1,5-Liter-Kasserolle mit Deckel ist ideal für alles von Sauce bis Haferbrei.

EINIGE PFANNEN AUS GUSSEISEN: Gusseiserne Pfannen verteilen die Hitze gleichmäßig und halten ein Leben lang – sie sind einfach die besten. Und unzerstörbar: Unsere Kinder testen dies Tag für Tag. Drei Pfannen mit 15, 20 und 25 cm Durchmesser sollten ausreichend sein. Wir haben zusätzlich noch eine kindgerechte Mini-Pfanne mit 8 bis 9 cm Durchmesser.

EINMACH- ODER MARMELADENGLÄSER MIT DECKEL (120 ML, 240 ML UND 500 ML): Wir nehmen diese Gläser sehr gern her, um vorbereitete Zutaten darin aufzubewahren oder auch etwas darin zu servieren. Wenn wir ein Picknick planen, füllen wir sie mit Joghurt-Parfaits oder mit Salat.

GROSSE RÜHRSCHÜSSELN AUS EDELSTAHL: Ob Sie darin Zutaten mischen, ein Gericht servieren oder darauf einen Trommelwirbel schlagen wollen – diese Schüsseln gehören einfach zur Grundausstattung.

DÄMPFEINSATZ: Für einige Rezepte in diesem Buch ist ein Dämpfeinsatz erforderlich. Sie sind superbillig, und wir benutzen unseren mehrmals in der Woche.

Grundausstattung am Esstisch

Im Folgenden stellen wir Ihnen einige Dinge vor, die unsere Familienmahlzeiten schöner und kinderfreundlicher machen.

KLEINE PROBIERSCHÜSSELCHEN: Kleine Dipschälchen, winzige Schüsseln aus Keramik und kleine Auflaufförmchen sind kein übertriebener Luxus. Unserer Meinung nach inspirieren sie unsere Kinder dazu, mutiger zu essen. Die Kleinen fühlen sich durch große Portionen ungewohnter

Nahrungsmittel oft überfordert, daher servieren wir neue Lebensmittel gern in winzigen Probierschüsselchen. Kein Druck. Für zögerliche kleine Esser kann der Unterschied zwischen vier Erbsen in einem kleinen Schälchen und einem Berg von Erbsen auf einem normalen Teller von entscheidender Bedeutung sein. Derartige Schüsselchen gibt es in allen Farben, Formen und Materialien. Espresso-Tassen und Schnapsgläser eignen sich ebenfalls zum Servieren von Kinderportionen. Für uns liegt der Schlüssel zum Erfolg bei der Einführung neuer Lebensmittel darin, sie unseren Kindern in winzigen Mengen anzubieten (was auch zu weniger Abfall führt) – und wir sind immer gern bereit, den Teller ein zweites oder drittes Mal zu füllen.

TRINKGLÄSER FÜR KINDER (GLAS ODER EDELSTAHL): Es gibt viele kinderfreundliche Trinkgefäße. Wir bevorzugen Glas, Keramik oder Edelstahl anstelle von Plastik.

KRUG FÜR KINDER: Führen Sie ein altes Milch- oder Sahnekännchen einer neuen Bestimmung zu oder kaufen Sie einen kleinen Krug aus Keramik oder Glas. Unsere Kinder haben gern einen eigenen Krug, aus dem sie sich selbst einschenken können.

KLEINE SCHÜSSELN AUS HOLZ, KERAMIK UND/ODER EDELSTAHL: Wir servieren darin kindgerechte Suppen- oder Salatportionen.

HOLZTELLER MIT UNTERTEILUNGEN: Kleine Kinder finden es oft schrecklich, wenn sich die verschiedenen Speisen auf ihrem Teller berühren. Auf diesen Holztellern mit Unterteilungen können verschiedene Dinge gleichzeitig serviert werden, ohne dass sie miteinander in Kontakt kommen. Das Holz fühlt sich außerdem wunderbar an, es hat nur einen Nachteil: Die Teller dürfen nicht in den Geschirrspüler.

STREICHMESSER/BUTTERMESSER AUS EDELSTAHL: Kleine Buttermesser passen super in winzige Hände. Wir servieren den Kids oft Dips in kleinen Schälchen, und sie sind ganz wild darauf, ihren eigenen Hummus oder Joghurt mit dem Messer zu verstreichen.

GEWÜRZBAR: Wir haben ein Gewürztablett, das zu jeder Mahlzeit auf den Tisch kommt. Darauf stehen Mini-Gefäße mit Würzzutaten, darunter Balsamico, Olivenöl, Sojasauce oder Tamari (glutenfreie Sojasauce). Auch Butter plus Mini-Streichmesser, ein Glas mit Meersalz und ein Block Parmesan samt Stabreibe (falls jemand fein geriebenen Parmesan möchte) haben dort ihren Stammplatz. Unsere Kinder dürfen alles, was auf dem Tablett steht, jederzeit über jedes (!) Gericht auf ihrem Teller streuen. Maison ist ein absoluter Fan von Sojasauce. Träufelt sie davon auch etwas auf ihre Nudeln oder Erbsen? Natürlich. Lässt ihr unorthodoxer Einsatz von Gewürzen viele Erwachsene schaudern? Definitiv. Als wir feststellten, dass bei uns zu Hause zu viel Ketchup gegessen wurde, verbannten wir ihn von unserem Gewürztablett und stellten eine Ketchup-Regel auf: Er kommt nur bei Hot Dogs, Burgern und Pommes zum Einsatz. Dazu gibt es dann auch noch Mayonnaise und Senf (milden Senf, Dijon-Senf und körnigen Senf).

KAPITEL 4

DIE NEUE KINDER-FREUNDLICHE KÜCHE

IN DIESEM KAPITEL HABEN WIR ZUSAMMEN-GESTELLT, was Sie in Ihrer Speisekammer vorrätig haben sollten, wenn Sie auf Kochabenteuer mit der Familie setzen. Hierzu gehören Grundzutaten, die zum kreativen Experimentieren einladen. Außerdem allerlei vollwertige Lebensmittel und auch einige süße Happen.

Wir haben in Kühlschrank und Speisekammer normalerweise frische, biologische, nur minimal verarbeitete Lebensmittel. Wenn es die Arbeit erlaubt, nehmen wir auch Hausgemachtes in Angriff, etwas selbst gemachte Brombeermarmelade. Aber da wir wissen, dass wir manchmal zu wenig Zeit haben und zu gestresst sind, um alles ganz frisch zuzubereiten, haben wir auch konservierte, getrocknete oder tiefgefrorene Lebensmittel im Vorrat (etwa Bohnenpüree in Dosen und TK-Erbsen). Immerhin leben wir im 21. Jahrhundert. Jeder von uns – insbesondere Eltern, die zu den am meisten geforderten Menschen dieser Welt gehören – braucht ab und zu Fertigprodukte.

Beherzigen Sie bei der Organisation Ihrer ganz individuellen Vorratshaltung auch, dass Ordnung im Regal zu spontanen Kochprojekten einlädt, weil man auf den ersten Blick sieht, was vorhanden ist. Wir bewahren Cerealien, Haferflocken, Bohnen, Nüsse und Trockenfrüchte gern in großen Glasgefäßen auf, damit wir uns an ihren Farben und Formen erfreuen können. Nun folgen die von uns meistgeschätzten Grundnahrungsmittel unserer kinderfreundlichen und zu Abenteuern einladenden Küche.

Grundvorrat: Kühl- und Gefrierschrank

BUTTER: Diese cremige, milchige Köstlichkeit ist das Beste, was es außer frischem Brot gibt. Nein, falsch – es ist das Beste *auf* einer Scheibe frischem Brot. Wir haben jede Menge hausgemachter Marmelade, die nur darauf wartet, vertilgt zu werden, aber es wäre ein Verbrechen, das Brot nicht zu buttern, bevor die Marmelade aufgestrichen wird. Auch Erbsen schmecken besser mit Butter. Wenn Sie Butter nicht mögen, ist Kokosöl ein guter Ersatz. Außerdem gibt es Ghee, ein Butterschmalz, das traditionell in der asiatischen Küche genutzt wird. Auch Ghee wird aus Kuhmilch hergestellt, enthält aber weniger Laktose als Butter.

KÄSE: Wir lieben Käse aus verschiedenen Gründen: 1. Für ihn wurden die Kühe erfunden. 2. Er ist köstlich. 3. Kinder lieben es, ihn zu reiben, und der Käse wird gern gerieben. 4. Es gibt eine unüberschaubare Vielfalt an Käse, und wenn Kinder ihn kosten und Vergleiche anstellen, trainiert das ihren

SAISONALE, REGIONALE UND BIOLOGISCHE PRODUKTE

Bio-Produkte

Wenn es geht, kaufen wir biologisch produzierte Lebensmittel. Dabei sind wir uns durchaus bewusst, dass das ein Privileg ist, denn Bio-Lebensmittel sind nicht billig und für viele Familien unerschwinglich. Wenn Sie immerhin ein paar Bio-Produkte kaufen können, dann erkundigen Sie sich zunächst, welche Obst- und Gemüsesorten aus konventionellem Anbau am stärksten mit Pestizidrückständen belastet sind – hilfreich sind hierbei die Berichte des Bundesamts für Verbraucherschutz und Lebensmittelüberwachung oder anderer mit dem Thema befasster Organisationen, die aufzeigen, welche Sorten problematisch sind. So können Sie entscheiden, bei welchen Produkten es sich lohnt, die Mehrkosten für Bio-Ware in Kauf zu nehmen – und bei welchen nicht.

Saisonale Produkte

Haben Sie im Januar schon einmal eine Tomate aus dem Supermarkt gegessen? So eine blasse, harte, geschmacklose Frucht, die mit einer reifen, aromatischen Sommertomate nichts mehr viel gemeinsam hat? Aus diesem Grund haben wir angefangen, Tomaten, Grünkohl und Salat im eigenen Garten anzupflanzen. Unsere Kinder lieben es, Tomaten direkt vom Strauch zu pflücken, und es gibt kaum etwas Besseres als eine frisch geerntete Tomate mit etwas Salz und Olivenöl. Doch auch wenn wir davon träumen, all unsere Nahrung selbst anzubauen, ist dies im wirklichen Leben nicht realisierbar. Aber wir bemühen uns immerhin, jahreszeitengemäß zu essen, und halten im Supermarkt oder auf dem Bauernmarkt Ausschau nach saisonalem Obst und Gemüse. Und wir ziehen Kräuter wie Salbei und Rosmarin selbst – sie sind so robust, dass sie vermutlich auch auf einem verlassenen Parkplatz gedeihen würden.

Geschmackssinn. Orangefarbener Käse enthält oft künstliche Farbstoffe, Stabilisatoren und Konservierungsstoffe. Zudem wird er gern mit Kindergerichten und verarbeiteten Lebensmitteln in Verbindung gebracht, und wir möchten nicht, dass unsere Kinder denken, nur orangefarbener Käse wäre essbar. Daher haben wir ihn nicht zu Hause. Wenn ihn die Kinder unterwegs essen, ist das kein Problem. Es gibt so viel zu entdecken im Käse-Universum. Wir haben zu Hause grundsätzlich Parmesan, milden Cheddar und Provolone am Stück (sodass die Kinder den Käse reiben können), zudem eine wechselnde Auswahl anderer Sorten, die die Kids kosten können. Wir kaufen keinen schon fertig geriebenen Käse, da er Trennmittel enthält und nicht so gut schmilzt. Unsere Kinder stören sich noch am Geruch von intensiv riechenden Sorten, nähern sich aber Bissen für Bissen der Faszination Käse.

FRISCHE KRÄUTER: Frische Kräuter haben bei uns einen Ehrenplatz. Wir ziehen selbst ein paar wie Rosmarin, Schnittlauch und Salbei. Wir halten auch beim Spazierengehen gern Ausschau nach frischen Kräutern, die in der Nachbarschaft wachsen. Verraten Sie uns nicht, doch manchmal klauen wir auch ein paar Zweiglein, wenn wir annehmen, dass sie niemand vermissen wird. Damit sie länger frisch bleiben, kürzen wir die Stiele etwas ein und stellen die Kräuter im Kühlschrank in ein Glas mit Wasser.

TK-FRÜCHTE UND TK-GEMÜSE: Zu unserem Lieblings-Tiefkühl-Obst gehören Blaubeeren, Mangos, Ananas, Erdbeeren und Himbeeren. Beim TK-Gemüse mögen wir am liebsten Erbsen, Mais, Edamame, Möhren und Spinat. Aus tiefgekühlten Früchten und TK-Spinat mixen wir gern Smoothies, TK-Erbsen, -Mais und -Möhren verarbeiten wir in gebratenem Reis und Shepherd's Pie. Und Edamame sind einer unserer liebsten, schnellen Snacks.

ZITRONEN UND LIMETTEN: Wir verwenden jeden Tag frisch gepressten Limetten- oder Zitronensaft. Es gibt so viele Lebensmittel, die durch ein wenig Säure erst so richtig zum Leben erwachen – und das Auspressen von Zitrusfrüchten ist ein perfektes Projekt für unsere Nachwuchsköche.

Grundvorrat: Speisekammer

ZWIEBELN & CO: Zwiebeln, Knoblauch und Schalotten müssen nicht in den Kühlschrank, wir heben sie in einer Schüssel auf der Arbeitsfläche auf.

LEBENSMITTEL IN DOSEN UND GLÄSERN: Auf den Regalbrettern der Speisekammer stehen bei uns Pasta-Sauce (es ist nicht einfach, eine ohne zugesetzten Zucker aufzutreiben), Dosentomaten, Tomatenmark, Gemüsebrühe und Hühnerbrühe, außerdem Gemüse aus der Dose oder dem Glas wie Kichererbsen, Pinto-Bohnen (Wachtelbohnen), Schwarze Bohnen und Bohnenpüree. Diese Konserven sind praktisch, und das Öffnen einer Dose ist der perfekte Kinderspaß.

KALT GEPRESSTES OLIVENÖL EXTRA VERGINE UND BALSAMICOESSIG: West kippt Balsamico über alles, von rohem Spinat bis hin zu Pasta. Er hat ihn sogar schon einmal aus der Flasche getrunken und sich dann über seine raue Zunge beklagt. Wenn Ihr Kind den Essiggeschmack gern mag, gibt es jede Menge Varianten zum Ausprobieren: Neben Balsamico haben wir Apfelessig und Weißweinessig im Schrank. Wir verbrauchen auch ziemlich viel kaltgepresstes Olivenöl extra vergine. Zum Sautieren und Braten nehmen wir gern Erdnuss-, Sesam-, Distel-, Raps- oder Kokosöl. Oliven- und Rapsöl haben einen relativ hohen Rauchpunkt, mit ihnen kann man daher gut bei mittlerer bis starker Hitze braten. Öle mit einem noch höheren Rauchpunkt (wie Kokos-, Distel-, Mais-, Erdnuss- und Sesamöl) sind ideal, um etwas bei starker Hitze anzubraten oder unter Rühren gar zu braten.

GETROCKNETE HÜLSENFRÜCHTE: Wir haben immer (gekaufte) Trockenbohnen im Vorrat. Zu unseren Lieblingen gehören Kichererbsen, Linsen, Mungbohnen, Spalt- oder Schälerbsen, Pinto-Bohnen und Schwarze Bohnen.

GETROCKNETE KRÄUTER UND GEWÜRZE: Zu unserem Inventar gehören Vanilleschoten, ganze Muskatnüsse (es macht Spaß, sie mit einer Stabreibe fein zu reiben), Zimtstangen und gemahlener Zimt, Kardamomkapseln, ganze Nelken, Kreuzkümmel, Basilikum, Kurkuma, Oregano und Paprikapulver. Kleinere Kinder haben einen Heidenspaß dabei, die Gewürzgläser zu öffnen und am Inhalt zu riechen. Zum Anrühren ihrer speziellen Mixturen haben wir West und Maison kleine Mengen an Gewürzen und Kräutern gege-

WESTS TIPP

Schaut euch die Aufkleber auf eurem Obst an. Woher kommen die Äpfel? Könnt ihr auf der Landkarte erkennen, wie viele Kilometer die Äpfel zurücklegen mussten, bis sie bei euch angekommen sind? Meint ihr, dass für den Transport Schiffe, Flugzeuge oder Züge notwendig waren?

ben, die schon Ewigkeiten im Schrank lagen – es ist nicht leicht, dabei zuzusehen, wie Kräuter in eine ungenießbare Paste verwandelt werden. Aber wir haben uns damit beruhigt, dass unsere Kinder wertvolle Erfahrungen sammeln, wenn sie Aussehen und Aroma verschiedener Gewürze kennenlernen. Dann regen sie sich hoffentlich nicht so schnell auf, wenn sie auf ihrem Teller ein Körnchen Kreuzkümmel entdecken … Aber auch wenn die Kinder beim Experimentieren einfach nur Spaß in der Küche haben, ist das ein Gewinn.

TROCKENFRÜCHTE: Wir haben zu Hause gern einen Vorrat an Trockenfrüchten, die wir lose auf dem Markt kaufen. Wussten Sie, dass bei Trockenobst oft Konservierungsstoffe und Süßungsmittel wie Maissirup zugesetzt werden? Getrocknete Früchte sind von Natur aus supersüß – es gibt also eigentlich keinen Grund, die Variante mit zusätzlichem Zucker zu wählen. Greifen Sie zu ungesüßten, ungeschwefelten Trockenfrüchten: Sie haben nicht die gleiche schöne Farbe, dafür aber auch keine zugesetzten chemischen Konservierungsstoffe. Zu unseren Lieblingstrockenfrüchten zählen Aprikosen, Datteln, Rosinen, Mangos, Blaubeeren und Ananas.

MEHL: Weizenmehl Type 405 ist in der Küche vielseitig einsetzbar. Es eignet sich für Brot, Pizzateig,

Pies, Muffins, Kuchen, Biskuitteig, Waffeln, Pfannkuchen, selbst gemachte Knetmasse, Pappmaschee – und dafür, die Kinder damit zu bewerfen.

NÜSSE UND SAMEN JEGLICHER ART: Mit am liebsten mögen wir Chiasamen, Leinsamen, Kürbiskerne, Sesamkörner und Mohnsamen, außerdem Mandeln, Cashewkerne, Haselnüsse, Pekannüsse, Pinienkerne, Pistazien, Erdnüsse und Walnüsse. Nüsse halten sich im Vorratsschrank bis zu drei Monaten, im Kühlschrank kann man sie länger aufheben. Da wir aber mit Leidenschaft Nüsse und Samen knabbern, werden sie bei uns in der Regel nicht alt.

NUSSBUTTER: Wir finden es sehr praktisch, Nussbutter zur Hand zu haben. Heutzutage ist Erdnussbutter meist mit Zucker und Konservierungsstoffen angereichert – halten Sie besser Ausschau nach der guten alten Variante, die nur aus zwei Komponenten besteht: Erdnüssen und Salz. Ganz oben im Glas befindet sich eine Schicht Öl, und beim ersten Öffnen müssen Sie erst einmal gründlich umrühren. Das mag unbequem sein und mitunter ist das Ganze auch etwas klebrig, doch es lohnt sich, da diese Erdnussbutter viel gesünder ist und auch besser schmeckt. Wir lieben auch Mandelbutter.

NUDELN: In unserem Vorrat haben wir Nudeln in verschiedenen Formen und Varianten. Die traditionelle italienische Pasta besteht aus Hartweizen. Wir mögen aber auch Nudeln aus braunem Reis und Quinoa und sorgen so für Abwechslung.

SALZ: Es ist ein gut gehütetes Geheimnis, dass Salz der Schlüssel zu leckeren Mahlzeiten ist. Gleich neben dem Herd steht bei uns ein großes Gefäß mit Salz. Daraus bedienen wir uns, wenn wir das Wasser für die Pasta erhitzen. Wir haben erst kürzlich entdeckt, wie viele verschiedene Arten von Salz es im Handel gibt … etwa rosa Himalaja-Salz, schwarzes Rauchsalz oder Trüffelsalz. Wir haben uns in das Maldon-Meersalz mit seinen pyramidenförmigen Salzkristallen verliebt, ein Würzsalz, das nicht mitgekocht werden sollte. Es handelt sich dabei um ein echtes Luxus-Salz, behandeln Sie es also wie Gold und würzen Sie das Essen erst unmittelbar vor dem Servieren damit. Es macht Spaß, verschiedene Salze auszuprobieren – wie wäre es mit schwarzem Rauchsalz auf Popcorn? In unserer Familie haben wir zwei Salz-Fanatiker: Misha und Maison. Misha liebt sein Essen ziemlich salzig, und für Maison ist Salz ein Lebensmittel, das sie gern direkt aus der Verpackung essen würde. (Sollten wir uns Sorgen machen?)

SÜSSUNGSMITTEL: Melassesirup, reiner Ahornsirup (wir alle mögen Ahornsirup – am liebsten Grad B, weil diese Variante dicker und dunkler ist als Grad A und mehr nach Ahorn schmeckt), Stevia-Pulver oder Stevia-Flüssigsüße (glykämischer Index = 0), Honig (für Kinder unter 1 Jahr gefährlich), brauner und weißer Zucker.

> *Wenn Kinder Gesundes essen sollen, muss die Nahrung schmackhaft und gut zubereitet sein. Damit das Essen schmeckt und gut zubereitet ist, muss Fett enthalten sein. [...] Nahrungsfette tragen zum leckeren Geschmack bei und geben dem Essen eine Konsistenz, die kleinen Kindern das Kauen und Schlucken erleichtert. [...] Fett verstärkt den Eigengeschmack des Essens, Zucker verschleiert ihn.*
>
> ELLYN SATTER,
> Therapeutin und internationale Autorität für Kinderernährung

LEBENSMITTEL,

DIE WIR NICHT ZU HAUSE HABEN

Obwohl wir gelegentlich gern Kartoffelchips und Hot Dogs essen, haben wir entschieden, diese Nahrungsmittel nicht zu Hause zu bevorraten. Wenn wir Dinge wie TK-Pizza und Hot Dogs griffbereit in der Küche hätten, wäre die Versuchung einfach zu groß, sie den Kleinen als schnelles Abendessen vorzusetzen. Also haben wir eine mutige Entscheidung getroffen – wir haben all diese Dinge aus der Speisekammer verbannt. Wir sind keine Puristen, diese Lebensmittel sind für uns nicht komplett tabu, wir wollen sie nur nicht ständig im Vorrat haben.

Es gibt noch weitere Lebensmittel, die wir nicht zu Hause haben, weil sie Konservierungsstoffe, zugesetzten Zucker und andere Zutaten enthalten, die wir gern vermeiden möchten: Kartoffelchips, Cracker, Schokomilch, Fruchtsaft, Limo, Müsliriegel, Proteinriegel, gesüßte Trockenfrüchte, abgepackte Fruchtsnacks, gesüßte Frühstückscerealien, Fertiggerichte, Joghurt mit Geschmackszusätzen und verarbeiteten Käse, etwa Scheiblettenkäse.

Generell meiden wir verarbeitete Lebensmittel mit einer Fülle von Inhaltsstoffen, die wir kaum aussprechen können. Auch kaufen wir keine Produkte wie gesüßte Bananenchips und getrocknete Cranberrys, die angeblich gut für uns sind, aber meist Maissirup oder andere Zucker-Spielarten beinhalten. Dabei geht es nicht um grundsätzliche Einschränkungen oder Verzicht. Manchmal *muss* man als Familie eine Pizza einfach mit Geleebohnen belegen. Da sind wir voll und ganz dabei. Aber unserer Erfahrung nach bringt es Vorteile, wenn man zu Hause nur das vorrätig hat, was die Familie essen sollte: Hierdurch entfallen viele anstrengende Diskussionen zum Thema Essen, und wir geraten auch nicht so schnell in Versuchung, in die bequeme Gewohnheit zurückzufallen, den Kleinen irgendwelche Fertiggerichte vorzusetzen.

Die Entscheidung, was eingekauft wird, ist einer der Lebensbereiche, den Eltern kontrollieren können – immerhin! Wir wissen dieses Privileg zu schätzen. Und finden es einfacher, nur die nahrhaften, unverfälschten Lebensmittel einzukaufen, die bei uns auf den Tisch kommen sollten, anstatt ständig daran herumzunörgeln, was sich die Kinder in den Mund stecken.

Wenn Sie bis jetzt zu Hause Ihren Kindern Fertiggerichte serviert haben und künftig gesündere, vollwertige Lebensmittel auf den Tisch bringen möchten, dann sollten Sie sich zu einem mutigen Schritt entschließen: Lassen Sie Ihren Vorrat an Fertiggerichten ausgehen. Man verliert sich sicher leicht im Dickicht der ganzen Diskussionen darüber, was gesund ist und was nicht – aber lesen Sie doch wieder einmal die Zutatenliste eines Fertiggerichtes durch. Wussten Sie, dass die meisten Hersteller dafür auf künstliche Farbstoffe, Konservierungsstoffe und Stabilisatoren zurückgreifen? Auch Nahrung, die unter dem Label »natürlich« vermarktet wird, muss nicht gesund sein. Schauen Sie sich die Zutatenliste an, wahrscheinlich können Sie vieles darauf nicht einmal aussprechen. Wenn Ihnen das alles zu kompliziert ist, gibt es eine einfachere Methode. Kaufen Sie Lebensmittel, die aus nur einer Zutat bestehen. Brokkoli besteht einfach aus Brokkoli.

Einkaufen mit Kindern

Alle Eltern wissen, dass der Lebensmitteleinkauf mit Kindern Spaß machen oder zum Höllentrip geraten kann. Die positive Seite: Kinder lernen dadurch das gesamte Lebensmittelspektrum kennen. Manchmal veranstalten wir im Supermarkt eine Schnitzeljagd. Die Aufgaben sehen dann etwa so aus: »Schnell West, schnapp dir fünf Bananen. Maison, such zwei grüne Gemüsesorten aus und leg sie in unseren Einkaufswagen.« An einem guten Tag ist das witzig. An einem nicht so guten finden wir uns in einem Machtkampf wieder. Denn die Marketing-Teams der Nahrungsmittelindustrie sind ja nicht dumm. Sie sorgen dafür, dass die ungesündesten Lebensmittel – von zuckerhaltigen Cerealien bis hin zu Schokoriegeln – im Regal genau in Augenhöhe der Kinder positioniert werden. Wenn Sie jemals *Cooking Fast & Fresh with West* angeschaut haben, wissen Sie, welche Schätze im Einkaufswagen landen, wenn Sie einen Zweijährigen im Supermarkt frei laufen lassen. Zuerst fanden wir es witzig, West durch den Laden stromern und all das aussuchen zu lassen, was das Herz eines Kleinkindes nun einmal begehrt – doch dann wurde es weniger lustig. (Natürlich haben wir diese Situation heraufbeschworen, ganz klar.) Er biss in einen rohen Rotkohl und steigerte sich in einen Wutanfall hinein, als wir uns weigerten, zehn (ja, zehn) 450-g-Tüten mit Fruchtgummi zu kaufen (die er natürlich alle sofort haben wollte).

Um allen möglichen Süßigkeiten zu entgehen, mussten wir vor jedem Einkaufstrip feste Regeln aufstellen. Und wir müssen sie ständig wiederholen. Jedes. Einzelne. Mal. Es liegt in unserem Verantwortungsbereich, welche Lebensmittel zu uns nach Hause kommen – und klare, im Vorfeld besprochene Regeln tragen dazu bei, das Einkaufserlebnis für jeden angenehmer zu machen.

KAPITEL 5

WIE SIE DIESES BUCH BENUTZEN SOLLTEN

ES GIBT ZWEI SORTEN von Menschen auf der Welt – diejenigen, die Rezepte buchstabengetreu befolgen, und den Rest von uns. Wir geben Ihnen in diesem Kochbuch natürlich Mengenangaben und Anleitungen an die Hand, möchten Sie aber darauf hinweisen, dass unsere Rezepte zum Improvisieren gedacht sind. Sie sollen die Familie zusammenbringen – und wenn das für Sie bedeutet, vergnügt jeder Anweisung zu folgen, dann machen Sie das. Wenn Sie es aber vorziehen, munter vom Rezept abzuweichen, möchten wir Sie auch dazu ermutigen. Solange Ihre Familie dabei Spaß hat und Inspiration beim Kochen daraus zieht, machen Sie mit dem Buch genau das, was wir uns vorgestellt haben.

MENGENANGABEN: Alle Rezepte enthalten genaue Mengenangaben, die jedoch nur als Richtschnur dienen sollen. Die Rezepte in diesem Buch sind einfach und verzeihen vieles. Zerbrechen Sie sich nicht den Kopf darüber, ob Sie alles exakt richtig gemacht haben. Warum sollten Sie einen Messlöffel benutzen, wenn Sie dafür auch die Hände nehmen können? Geben Sie einfach eine Handvoll von Zutat A hinein. Eine Prise von Zutat B. Ein paar Tropfen … einen Hauch … einen Klecks.

LEBENSMITTEL ERSETZEN: Was tun, wenn Ihnen eine Zutat fehlt? Ersetzen Sie sie einfach. Haben Sie keinen Joghurt? Nehmen Sie Sauerrahm. Der Cheddar ist aus, aber Parmesan ist noch da? Greifen Sie dazu. Worauf wir hinauswollen: Sie können die Rezepte verändern, etwas weglassen oder hinzufügen, wie es zu den Vorlieben, Abneigungen und Launen Ihrer Familie passt. Es ist in Ordnung, wenn Sie Ihre Kinder etwas ergänzen oder austauschen lassen. Auch müssen Ihre Kreationen nicht genauso aussehen wie unsere. Ihre Gerichte dürfen gern eine individuelle Note aufweisen.

HINWEISE ZU DEN ZUTATEN: Obst und Gemüse muss grundsätzlich gewaschen und geputzt werden und evtl. auch geschält (z.B. Knoblauch, Zwiebel, Rote Bete, Kartofeln). Wenn das Rezept Eier verlangt, meinen wir große Eier. Sie haben aber nur kleine Eier, die das Huhn Ihrer Nachbarn gelegt hat? Macht nichts – das Essen wird dadurch nicht ungenießbar. Sprechen wir von Brot, können Sie jedes geschnittene Brot nehmen. Wir selbst lieben Vollkornbrot und das frische Brot unseres lokalen Bäckers. Bei Milch verwenden wir meist Bio-Vollmilch, manchmal nehmen wir auch einen pflanzlichen Ersatz wie Mandeldrink.

BACKOFEN: Die angegebenen Temperaturen sind für einen Ofen mit Ober-/Unterhitze gedacht.

TEIL II

REZEPTE FÜR ABENTEUERLUSTIGE

DER FRÜHSTÜCKS-CLUB

Wenn Sie einem Kleinkind schon einmal eine Schachtel Choco Krispies entwinden mussten, wissen Sie, wie groß die Liebe von Kindern zu zuckrigen Cerealien ist. Und natürlich sind Kinder verrückt nach diesen süßen Dingern. Die Hersteller beschäftigen schließlich Heerscharen von Lebensmittelforschern, um genau die chemische Mischung zu finden, die den Frühstücksflocken die perfekte Konsistenz, die perfekte Süße, das perfekte Aussehen und das perfekte Mundgefühl verleiht. Welches Kind soll dieses unwiderstehliche, im Labor perfektionierte Frühstück denn dann ablehnen können?

Bei den mit Zucker ummantelten Cerealien und der entsprechenden Werbung besteht folgendes Problem: Den Kindern wird vermittelt, dass Lebensmittel so wie Süßigkeiten schmecken müssen, und der leckere (aber dezentere) Geschmack echter Getreidekörner wird ihnen vorenthalten. Wenn sich Kinder aber zu sehr an den Geschmack und die Konsistenz dieser stark verarbeiteten Lebensmittel gewöhnen, werden sie wahrscheinlich keine echte Hafergrütze mögen.

Als wir unsere Vorratskammer mit fertigem Knuspermüsli und anderen Schachteln mit Frühstücksflocken bestückt haben, dachten wir eigentlich, wir hätten etwas Gesundes gekauft. Doch als wir die Zutaten überprüften, stellten wir fest, dass viele als »gesund« beworbene Cerealien nur so vor Zucker und Konservierungsstoffen strotzen. Unsere Kinder schienen dann auch langsam süchtig danach zu werden. Schon bald verlangten sie jeden Tag zum Frühstück, zum Mittagessen, zum Abendbrot und als Snack solche Flocken. Schließlich haben wir diese Produkte aus unserer Küche verbannt und haben stattdessen ungesüßte Cerealien besorgt. Die gibt es, wenn wir ein superschnelles Frühstück brauchen, aber unsere Kinder sind nicht süchtig danach.

MISHA ERZÄHLT: Mein Großvater leitete die Domino-Zuckerfabrik in New York City und entwickelte dort das, was für jeden US-Amerikaner eine lebensverändernde Erfindung war, nämlich *brownulated sugar* – »braunen Zucker, der rieselfähig ist«. Fortan rühmte er Zucker als »pure Energie«. Wenn wir bei ihm zu Besuch waren, durften mein Bruder und ich unbegrenzt Zucker essen – was wir auch taten. Zum Frühstück kippten wir so viel Zucker in unsere Schüssel mit Cornflakes, dass der Löffel aufrecht in der Milch stehen blieb.

Wir möchten hier wirklich niemanden vor den Kopf stoßen. Wir wissen genau, welches Wunder Frühstückscerealien vollbringen – sie verschaffen den Eltern Zeit. Es handelt sich dabei um ein blitzschnelles Frühstück, das die Kinder mit kalter Milch selbst anrühren können. So haben die Eltern 13 Sekunden länger Zeit zum Duschen, Zähneputzen oder Schlafen. Wenn sich die Morgenroutine Ihrer Familie wie eine Feuerwehrübung anfühlt, was bei uns oft der Fall ist, kann dies lebensrettend sein. »Nein, das ziehe ich *nicht* an!!« »Wo ist meine Socke?« »Warum fangt ihr *jetzt* mit dem Puzzle an?« »Wir kommen schon wieder zu spät zur Schule!«

Wäre es nicht genial, morgens eine Stunde mehr Zeit zu haben, um ein fantasievolles Frühstück zuzubereiten und dann zivilisiert miteinander am Tisch zu sitzen? Na klar. Den meisten von uns ist das jedoch vermutlich nicht vergönnt. Aber sind mit kalter Milch angerührte Frühstücksflocken wirklich die einzige Lösung?

Vielleicht nicht.

In diesem Kapitel stellen wir die beliebtesten Frühstücksoptionen unserer Familie vor. Viele sind rasch zubereitet und auch fürs schnelle Frühstück unter der Woche geeignet. Und alle laden Kinder zum Improvisieren, Mitmachen und Ausprobieren ein – wenn dafür Zeit ist

KONFETTI-FRITTATA

4 BIS 6 PORTIONEN

1 Blatt Mangold (ja nur ein Blatt – das Ziel ist, dass Kinder die grünen Flecken im Essen akzeptieren, sich aber Textur und Geschmack nicht verändern)

6 Eier

240 ml Milch

Meersalz nach Belieben

2 EL Butter

90 g milder Cheddar, gerieben

90 g Emmentaler oder Gruyère, gerieben

Als Misha ein Kind und das Geld in einem Winter wirklich knapp war, lebte seine Familie in einem Zelt im Wald. Da es keinen Kühlschrank gab, lagerten sie die Lebensmittel in einer Camping-Kühlbox mit Eis. Damit verderbliche Lebensmittel nicht schlecht wurden, mussten sie rasch gegessen werden. Wenn Milchprodukte dringend verbraucht werden mussten, bereitete Mishas Mutter eine Quiche zu – über dem Lagerfeuer in einer gusseisernen Pfanne. Misha liebte dieses Gericht. Als wir jedoch unseren eigenen Kindern zum ersten Mal eine Quiche vorsetzten, hielt sich die Begeisterung in Grenzen. West betrachtete sie misstrauisch und wollte nicht einmal mit seiner Gabel hineinstechen. »Was *ist* das? Was ist das Grüne darin?« Er ließ sich trotz aller Bemühungen nicht dazu überreden, die Quiche wenigstens zu kosten. Also vereinbarten wir, dass er uns bei der Kreation einer einfacheren Variante ohne Boden (also einer Frittata) helfen sollte. Nachdem er jede einzelne Zutat kritisch beäugt hatte, war er bereit, einen Bissen zu versuchen – mit äußerster Vorsicht. »Schmeckt ziemlich gut«, war dann sein Urteil. Der Vorteil von Frittatas ist, dass sie mit fast jeder Gemüse-Kombi funktionieren. Und jetzt, da sie akzeptierter Teil unseres Familien-Kochrepertoires sind, nutzen wir die Frittata, um neue Gemüsesorten einzuführen. Das Gericht ist zum einen supereinfach, zum anderen ein wunderbares Experimentierfeld für die ganze Familie. Die hier vorgestellte Variante kommt mit nur einem Blatt Mangold aus, das in kleine Stücke (Konfetti!) zerteilt wird – so finden Kinder Geschmack an den grünen Flecken.

Den Ofen auf 180 °C vorheizen.

Kinderleicht! Das Mangoldblatt waschen und trocken tupfen. Den Stiel mit einer Hand festhalten, so wie man einen Griff hält. Mit der anderen Hand das Blatt mit einem Ruck vom Stiel abreißen. Den Stiel beiseite legen – oder in einem spielerischen Zweikampf verwenden. Mit einer Kinderschere das Blatt in winzige Stücke wie grünes Konfetti schneiden. Mangold-Konfetti beiseite stellen.

In einer mittelgroßen Rührschüssel Eier, Milch und Salz gut mit dem Schneebesen verrühren.

Die Butter in einer mittelgroßen, ofenfesten Pfanne (vorzugsweise aus Gusseisen) bei mittlerer Hitze schmelzen lassen. Durch Schwenken die Butter gut verteilen, auch an den Seiten. Wenn die Pfanne gleichmäßig mit Butter überzogen ist, die überschüssige geschmolzene Butter zur Eier-Mischung geben und alles gut verrühren. Die Mixtur dann zur Seite stellen.

Fortsetzung auf der nächsten Seite

Das Mangold-Konfetti in die Pfanne geben und unter Rühren zusammenfallen lassen. Sollte sich dabei Wasser in der Pfanne bilden, das Gemüse mit einem Pfannenwender etwas zusammendrücken und die Pfanne leicht schräg über das Spülbecken halten, damit das überschüssige Wasser ablaufen kann.

Anschließend die Eier-Mischung in die Pfanne gießen. Die eine Hälfte der Frittata mit Cheddar und die andere mit Emmentaler oder Gruyère bestreuen. Die Pfanne in den Ofen schieben und die Frittata darin 20 Minuten backen. Mit einem Zahnstocher in die Mitte stechen und die Garprobe machen: Kommt er sauber heraus, ist die Frittata fertig und kann aus dem Ofen.

Die Frittata ein paar Minuten abkühlen lassen, dann in Stücke schneiden und servieren.

LUST AUF EIER MIT INSEKTEN?

Liebe Eltern, machen Sie doch einmal folgendes Gedankenspiel. Wenn Sie frustriert sind von dem Aufstand, den Ihr Kind jedes Mal macht, wenn etwas Unbekanntes auf den Tisch kommt (wie zum Beispiel eine Frittata), dann stellen Sie sich vor, Sie würden sich ein unbekanntes Stück Fleisch in den Mund schieben, das anders schmeckt und sich anders anfühlt als alles, was Sie bisher gegessen haben. Sie haben keine Ahnung, was das sein könnte und wie es zubereitet wurde. Wäre es dann nicht auch schwer, so etwas herunterzuschlucken? Denken Sie jetzt an ein Lebensmittel, vor dem Ihnen graut – irgendetwas, das Sie nie kosten würden, weil sie allein der Gedanke daran ekelt.

Bei kleinen Kindern könnte es sich bei solchen ekelerregenden Lebensmitteln um Rührei oder Möhren handeln. Kinder finden es oft schwierig, neue Lebensmittel zu akzeptieren – insbesondere, wenn diese irgendwie aus dem Nichts auf den Tisch kommen und die Kleinen keine Ahnung haben, woher das Essen stammt oder wie es zubereitet wurde.

Selbst bei uns Erwachsenen kann es eine Weile dauern, bis wir uns an ein neues Lebensmittel gewöhnt haben. Studien zeigen, dass kleine Kinder bis zu 15-mal mit einem Lebensmittel in Kontakt kommen müssen, bevor sie bereit sind, es zu probieren. Es kann jedoch sein, dass Ihr Kind Neues schneller annimmt, wenn es beim Kochen dabei sein kann, ein bisschen über das neue Lebensmittel weiß oder die Möglichkeit hat, daran zu riechen oder damit zu spielen. Die kindliche Wahrnehmung braucht Zeit, um sich an Geruch, Aussehen, Textur, Geschmack und sogar an den Namen neuer Lebensmittel zu gewöhnen – erst dann ist die Bereitschaft da, davon zu essen. Wenn Kinder sagen: »Ich mag das nicht!«, heißt das oftmals übersetzt »Ich bin dazu noch nicht bereit« oder »Ich bin davon im Moment überfordert«.

EIER-KÄSE-CUPCAKES

6 CUPCAKES

Butter zum Fetten
der Form

6 Scheiben Brot

150 g Parmesan oder
Cheddar, gerieben

6 Eier

1 Prise Meersalz

Cupcakes sind das perfekte Essen – vor allem, weil sie super in kleine Hände passen. Hier kommt eine pikante Variante, die voller Proteine steckt und ein geniales Frühstück für unterwegs ergibt.

Den Ofen auf 190 °C vorheizen. 6 Mulden eines Muffinblechs einfetten.

Kinderleicht! Ein stabiles Trinkglas mit dem Rand in die Mitte 1 Brotscheibe drücken, um einen Brotkreis auszustechen. Dasselbe mit allen Brotscheiben machen. Die Brotreste in kleine Stücke zerreißen, die etwa so groß sind wie ein 5-Cent-Stück. Diese Brotstücke zu einem Haufen zusammenschieben.

120 g geriebenen Käse gleichmäßig auf die Mulden im Muffinblech verteilen – beim Backen wird der Käse knusprig und bildet am Boden eine Kruste. Nun jeweils 1 ausgestochenen Brotkreis fest auf den Boden der mit Käse bestreuten Mulden drücken.

Kinderleicht! Eier und Salz in einem großen Messbecher (oder einer großen Schüssel mit Ausgießer) gut mit dem Schneebesen verquirlen. Das Ei gleichmäßig auf die Muffinmulden verteilen. Vorsichtig gießen, sodass alle Mulden fast bis zum Rand gefüllt sind, aber nichts überläuft.

Die Brotstückchen auf das Ei in den Muffinmulden geben und den restlichen Käse (30 g) darüberstreuen. Muffins 25 Minuten im Ofen backen. Vor dem Servieren ein paar Minuten abkühlen lassen.

KIDS ▸ KÄSE REIBEN OHNE VERLETZUNGEN

Bringt euren Eltern den folgenden Trick zum Käsereiben bei: Anstatt die Vierkant-Käsereibe aufzustellen, legt ihr sie auf einem Arbeitsbrett einfach auf die Seite, die großen Schlitze zeigen dabei nach oben. (Beim Reiben müsst ihr darauf achten, eure Finger in sicherer Entfernung von den Schneiden zu halten und nur große Stücke zu reiben. Durch das Hinlegen der Käsereibe geraten eure Finger nicht so schnell an die scharfen Lochkanten – außerdem macht das seitliche Reiben viel mehr Spaß.) Nehmt ein großes Stück Parmesan in die Hand, mit der ihr auch schreibt. Mit der anderen Hand haltet ihr den Griff der Reibe fest, damit diese nicht hin- und herrutschen kann. Jetzt schiebt ihr den Käse immer wieder über die Seite der Reibe, so lange, bis sich im Inneren ein kleiner Berg aus geriebenem Käse gebildet hat.

PIRATENAUGE
(ALIAS VOGEL IM NEST)

2 PORTIONEN

2 Scheiben Brot

1–2 EL Butter

2 Eier

Meersalz nach Belieben

Misha könnte jeden Morgen Eier essen. Jedes neue Eierrezept versetzt ihn in Entzücken. In unserer Familie lieben wir dieses klassische Frühstücksgericht, weil es die Kinder im Grunde selbst zubereiten können. West isst am liebsten nur das Eiweiß, am besten superkross gebraten und fast angebrannt – nichts für normale Eier-Fans. Aber wir erlauben ihm, die Eier genau so zuzubereiten, wie er sie mag. Natürlich lassen wir ihn dabei nicht aus den Augen (immerhin hantiert er am heißen Herd), aber da die Zubereitung nur 4 Minuten dauert, ist das Ganze ein perfektes schnelles Frühstück. Manchmal nehmen wir das Piratenauge auch mit und essen es auf dem Weg zur Schule.

Kinderleicht! Aus jeder Brotscheibe in der Mitte mit einer Kinderschere einen etwa 5 cm großen Kreis ausschneiden oder den Rand eines stabilen Trinkglases auf die Brotscheibe drücken und den Kreis ausstechen. Oder einfach mit den Händen ein Loch in die Brotscheiben reißen und dabei knurren wie Captain Sparrow.

Die Butter in einer kleinen Pfanne auf mittlerer Stufe schmelzen. Wenn sie zu blubbern beginnt, die erste durchlöcherte Brotscheibe in die Pfanne geben. 1–2 Minuten anrösten, bis sie schön braun ist, dann wenden. Nun 1 Ei in das Loch aufschlagen und mit Salz bestreuen. Den Pfannendeckel auflegen und das Ei etwa 3 Minuten garen. Den Deckel abnehmen und das Piratenauge mithilfe eines Pfannenwenders auf einen Teller gleiten lassen. Mit der zweiten Brotscheibe ebenso verfahren.

Wenn Ihre Kinder die Eier am liebsten gut durchgebraten mögen, lassen Sie den Deckel nach dem Ausschalten des Herdes einfach noch 1 oder 2 Minuten auf der Pfanne. In der Restwärme garen die Eier nach, ohne dass das Brot verbrennt.

WESTS

TIPP

Hier kommt mein Lieblings-Piratenwitz (mit Piratenakzent ist er noch lustiger):

F: Warum weinen Piraten nicht?

A: Weil sie lieber Rum heulen.

POPOVERS MIT GRÜNEN EIERN UND SCHINKEN

12 POPOVERS

5 EL geschmolzene Butter
+ mehr zum Servieren

360 ml Milch

10 g Babyspinat

4 Eier

2 Prisen Meersalz

190 g Mehl

120 g gekochter Schinken,
klein geschnitten

Das erste Buch, das West uns laut vorgelesen hat, war *Grünes Ei mit Speck* von Dr. Seuss. Von dieser fantastischen Frühstücksgeschichte inspiriert, entwickelten wir unser eigenes Rezept für grüne Eier mit Schinken. So bekommen die Kids ein spinatgrünes Frühstück mit einer leicht zu akzeptierenden brotähnlichen Konsistenz. Maison sagt: »Ich liebe grüne Eier mit Schinken!«

Den Ofen auf 230 °C vorheizen. Einen Ofenrost einschieben (untere Schiene).

Kinderleicht! In alle 12 Mulden eines Muffinblechs jeweils ½ TL geschmolzene Butter träufeln. Auch die Oberfläche des Muffinblechs mit Butter einstreichen, damit die Popovers nicht daran festkleben, wenn sie aufgehen.

Milch und Spinat in einen Mixer geben und so lange pürieren, bis sich die Milch grün färbt.

Kinderleicht! Eier in eine Schüssel aufschlagen, grüne Milch und Salz dazugeben. Das Mehl auf einmal in die Schüssel kippen und alles so lange mit dem Schneebesen durchrühren, bis sich alle großen Klumpen aufgelöst haben. Dann die restliche geschmolzene Butter und den Schinken unterrühren. Die Mischung in einen hohen Krug gießen.

Den Teig gleichmäßig auf die gefetteten Mulden verteilen.

Teig 20 Minuten im Ofen backen, ohne die Ofentür zu öffnen, dann die Hitze auf 180 °C reduzieren. Popovers weitere 15–20 Minuten backen, bis sie oben schön braun sind. Warm mit einem Klecks Butter darauf servieren.

WESTS TIPP

Das Witzige an Popovers ist, dass sie beim Backen aufgehen. Ihr dürft die Ofentür dann aber nicht aufmachen, weil sie sonst zusammenfallen. Da das Licht im Ofen an ist, könnt ihr auch so beobachten, was die Popovers machen.

WESTS SPEZIAL-PORRIDGE

4 PORTIONEN

180 g Haferflocken

1–2 EL Butter

1 Banane, geschält, in Scheiben geschnitten

60 g Pekannusskerne, halbiert

Milch zum Servieren

Ahornsirup zum Servieren

Dieses warme Frühstück mögen wir sogar an hektischen Tagen gern. Glücklicherweise muss das Porridge nur wenige Minuten auf dem Herd köcheln. Hier kommt unsere Spezialvariante des gesunden Frühstücksbreis.

Aus den Haferflocken in einem Topf nach Packungsanweisung einen Haferbrei zubereiten.

Während der Haferbrei kocht, die Butter in einer Pfanne schmelzen lassen. Die Bananenscheiben zufügen und auf beiden Seiten leicht bräunen lassen.

Kinderleicht! Die Pekannusskerne mit dem Fleischklopfer, Nudelholz oder im Mörser mit dem Stößel zerkleinern, ganz nach Belieben.

Den gekochten Haferbrei auf Schüsselchen verteilen, dann mit den Bananenscheiben und den zerkleinerten Pekannüssen garnieren. Mit einem Schuss Milch und mit Ahornsirup beträufelt servieren.

PORRIDGE-TOPPINGS NACH WAHL

Manchmal bauen wir eine Porridge-Topping-Theke auf: Wir füllen kleine Förmchen mit unterschiedlichen Dingen wie Sonnenblumenkernen, frischen Beeren, klein geschnittenen Äpfeln, zerkleinerten Walnusskernen, Chiasamen und Mandelblättchen. Nicht fehlen dürfen hier auch Honig und Milch. Die Erwachsenen bestimmen, welche Zutaten bereitgestellt werden, und die Kinder entscheiden, womit sie ihren Haferbrei krönen.

DAS BESTE GRANOLA DER WELT

ETWA 750 G

120 g Mandelkerne

120 g Pekannusskerne

120 g Walnusskerne

220 g Haferflocken

60 g Kürbiskerne

½ TL gemahlener Zimt

1 Prise Meersalz

80 g getrocknete Mango, ungesüßt und ungeschwefelt

2 Eiweiß

4 EL Kokosöl

4 EL Ahornsirup

4 EL Honig

1 TL Vanille-Extrakt

Naturjoghurt oder Milch zum Servieren

Wir bereiten sehr gerne Granola zu, weil wir die Kinder in fast jeden Arbeitsschritt einbinden können. Die Kids dürfen ihre ganz persönliche Note hineinbringen oder gleich eine eigene Variante kreieren. Dieses Rezept ist einer unserer Favoriten. Wir verwenden wenig Süßungsmittel und bringen mithilfe von Eiweiß zusätzlich Proteine und mehr Biss in die Mischung.

Den Ofen auf 180 °C vorheizen.

Kinderleicht! Mandeln, Pekannüsse und Walnüsse in einen verschließbaren Gefrierbeutel füllen, die überschüssige Luft herauspressen und die Nüsse mit einem Nudelholz zerkleinern. Wenn ihr kein Nudelholz habt, könnt ihr auch den Boden einer schweren Pfanne dafür hernehmen.

Kinderleicht! Mandeln, Pekannüsse, Walnüsse, Haferflocken, Kürbiskerne, Zimt und Salz in einer großen Schüssel vermischen. Mit einer Kinderschere die Mangostücke in kleinere Stückchen schneiden und dann beiseite stellen.

Das Eiweiß in einer Schüssel leicht mit dem Schneebesen verquirlen.

Kinderleicht! Mit einem Holzlöffel oder sauberen Händen alles gut vermischen. Anschließend die Mischung gleichmäßig auf 2 mit Backpapier ausgelegte Backbleche verteilen.

Granola 20–25 Minuten im Ofen rösten, dabei nach der Hälfte der Backzeit einmal durchrühren. Dann die Mangostückchen zugeben und alles nochmals 3–5 Minuten im Ofen backen, bis sich das Granola schön braun gefärbt hat. Bleche aus dem Ofen nehmen, Granola komplett abkühlen lassen und mit Naturjoghurt oder Milch servieren. In einem luftdicht verschließbaren Behälter hält sich das Granula bis zu 3 Wochen.

BIRNEN-BEEREN-FRÜHSTÜCKSKÜCHLEIN

6 KÜCHLEIN

1 Dose (à 420 g) ungesüßte Birnenhälften oder -stücke

4 EL Butter

4 Eier

60 g Mehl

1 Prise Meersalz

240 g frische Himbeeren oder Brombeeren

Diese Frühstücksküchlein sind nur leicht süß. Sie schmecken wunderbar fruchtig und sind mit gesunden Eiern vollgepackt. Warm serviert sind sie cremig und knusprig zugleich.

Den Ofen auf 190 °C vorheizen.

Die Birnen durch ein Sieb abgießen, dabei den Saft auffangen. Die Birnen grob zerkleinern und beiseite stellen.

Die Butter in einer kleinen Kasserolle auf niedriger bis mittlerer Stufe schmelzen. Sobald sie geschmolzen ist, 6 Förmchen (à 180 ml Fassungsvermögen) damit einfetten. Die restliche Butter für den Teig beiseite stellen.

Eier, Birnensaft, Mehl, die restliche geschmolzene Butter und das Salz in einen Mixer oder eine Küchenmaschine geben. Ein paar Sekunden durchmixen, bis ein glatter Teig entsteht.

Kinderleicht! In jedes eingefettete Förmchen ein paar Birnenstücke geben und ein paar Beeren darüberstreuen. Die Förmchen gleichmäßig mit dem Teig auffüllen und auf ein Backblech stellen.

Küchlein 25–30 Minuten im Ofen backen.

Etwa 3 Minuten abkühlen lassen und warm servieren.

LECKERER BEEREN-JOGHURT

4 PORTIONEN

80 g frische Erdbeeren,
klein geschnitten

80 g frische Himbeeren

½ EL Honig

500 ml Naturjoghurt

100 g Granola,
hausgemacht (Rezept auf
Seite 78) oder gekauft

1 EL Sonnenblumenkerne

Stellen Sie doch mal Ihren eigenen Frühstücksjoghurt her, anstatt auf die viel zu süßen Joghurtprodukte aus dem Supermarkt zurückzugreifen. Unsere Variante geht schnell, ist gesund, und die Kinder können gut mitmachen. Und die Beerenschicht ist sooo wunderbar fruchtig.

Erdbeeren, Himbeeren, Honig und 2 EL Wasser in einen Mixer geben und cremig pürieren.

Kinderleicht! 4 Marmeladengläser, die jeweils 120 ml fassen, und nach belieben schichtweise füllen. Zum Beispiel auf den Boden der Gläser eine dünne Schicht Beerencreme geben. Dann etwa 4 EL Joghurt in jedes Glas füllen. Darauf etwas Granola löffeln und einige Sonnenblumenkerne dazugeben. Das Ganze so lange wiederholen, bis alle Zutaten aufgebraucht sind. Ihr könnt es auch so machen, wie ihr wollt!

NOCH MEHR IDEEN?

Welche Samen oder Nüsse würden in eurem Joghurt auch gut schmecken?

AUSGESCHLAFENE HAFERFLOCKEN

4 PORTIONEN

180 g Haferflocken

480 ml Milch (je nach
Bedarf auch etwas mehr
oder weniger)

2 TL Honig

8 Prisen gemahlener Zimt

2 TL Vanille-Extrakt

32 Rosinen

Als Eltern kennen Sie den wahren Grund für die Vorliebe von mit kalter Milch angerührtem Müsli – die Kinder können sich ihr Frühstück selbst zubereiten, während Sie sich noch die Zähne putzen. Genau diesen Vorteil bieten auch Haferflocken, die über Nacht im Kühlschrank »schlafen« durften, denn sie müssen nicht mehr gekocht werden. Wir bereiten dieses Müsli schon in portionsgerechten Gläsern zu, die die Kinder am Abend selbst füllen und am nächsten Morgen aus dem Kühlschrank nehmen können. Dieselecker nach Zimt und Milch schmeckende Köstlichkeit ist gesünder als Fertigmüsli und für die Kids fast genauso einfach zuzubereiten. Am besten eignen sich Marmeladengläser mit Schraubverschluss und einem Fassungsvermögen von etwa 240 ml – die perfekte Portionsgröße für Kinder.

Kinderleicht! Die Haferflocken gleichmäßig auf 4 Marmeladengläser à 240 ml verteilen. In jedes Glas 120 ml Milch (die Haferflocken sollen von der Milch gerade so bedeckt werden) gießen und dann je ½ TL Honig, 2 Prisen Zimt und ½ TL Vanille-Extrakt zugeben. Die Rosinen gleichmäßig daraufstreuen und dann die Haferflocken gut umrühren. Ihr könnt das Haferflocken-Müsli auch mit anderen Zutaten individuell anreichern – habt ihr eine Idee dafür? Die Deckel zuschrauben und die Haferflocken über Nacht (oder mindestens 6 Stunden) im Kühlschrank durchziehen lassen.

FRÜHSTÜCKSEIS

300 g
Ananasstücke

1 Grünkohlblatt
ohne Stiel

1 Scheibe Bacon,
gebraten

2 Rühreier,
abgekühlt

360 ml
Orangensaft

1 EL Ahornsirup

Als West und Maison überlegten, Eis aus Rührei zu machen, hielten wir den Mund und ermutigten die beiden, es auszuprobieren. Natürlich wissen wir, dass kein vernünftiger Mensch auf diese Idee kommen würde, aber unserer Erfahrung nach ist es klüger, den Kindern zu erlauben, in der Küche nach Herzenslust zu experimentieren. Auf jeden Fall hat diese Taktik das Verhältnis unserer Familie zum Essen von Grund auf erneuert und bereichert. Falls Sie diesen Weg beschreiten wollen, müssen wir Sie jedoch warnen: Einige Lebensmittel sind dann reif für den Müll, und es wird durchaus kulinarische Flops geben. Vermutlich werden Ihre Kinder Pfannkuchen produzieren, die schwer wie Blei, schwarz-grün und alles andere als essbar sind. Gleichzeitig lernen sie aber auch eine Menge über Zutaten, Konsistenz und Geschmack – und bestenfalls werden sie mutiger, wenn es darum geht, neue Lebensmittel zu probieren.

West und Maison hielten ihre Frühstückskreation für absolut fantastisch. Wir fanden sie abstoßend. Und wir können Ihnen nicht dazu raten, dieses Frühstückseis zu Hause auszuprobieren – es sei denn, Sie sind scharf auf ein Frühstück, das Sie Ihr Leben lang nicht vergessen werden.

Alle Zutaten in einem Mixer pürieren, bis eine glatte Masse entstanden ist. Die Masse in Eisförmchen füllen und 4–5 Stunden im Gefrierschrank durchfrieren lassen.

NUR EIN GEMÜSE
AUF EINMAL

Warum erscheint es vielen Eltern so unrealistisch, dass ihre Kinder Lust auf Blattgemüse oder gebratene Beten haben? Möglicherweise sind viele dem Mythos auf den Leim gegangen, dass Kinder ausschließlich »Kindergerichte« wie Burger oder Käsetoast mögen. Vielleicht erinnern sich einige von uns auch mit Schrecken an die matschigen Erbsen aus der Dose, die uns in der Kindheit vorgesetzt wurden. Wer will so etwas schon essen?

In Wahrheit schmeckt Gemüse einfach lecker, und auch Kinder mögen es gern. Wir sind fest davon überzeugt, dass man Gemüse nicht in Muffins schmuggeln oder in Ranch-Dressing ertränken muss, damit die Kleinen es essen. Frisch geerntete, saisonale Ware ist heute fast überall verfügbar, und es gibt unzählige Arten, Gemüse zuzubereiten. Natürlich stehen die Kids nicht auf faden, zu lange gekochten und wässrigen Brokkoli. Aber vielleicht auf eine blanchierte Möhre, die frisch aus dem Garten kommt.

Nehmen wir als Beispiel ein höchst kontrovers diskutiertes Mitglied der Kreuzblütler-Familie: den Blumenkohl. Wenn man ihn zu lange kocht, wird er zu einer klebrigen weißen Pampe und schmeckt wie nasse Pappe. Aber es geht auch anders. Als Misha zum ersten Mal mit etwas Olivenöl beträufelten und mit Meersalz gewürzten Blumenkohl zubereitete, nahm er die fertigen Röschen aus dem Ofen und stellte sie auf die Arbeitsfläche. Dann ging er aus der Küche, um einen Telefonanruf entgegenzunehmen. Als er zurückkam, hatten die Kids ihre Hocker an die Arbeitsfläche geschoben und schnupperten am Blumenkohl.

Als Eltern bringen wir unseren Kindern die wundervolle Welt des Gemüses nahe, indem wir das Ganze möglichst einfach halten. Ein zu reichhaltiges Gemüse-Potpourri kann kleine Kinder überfordern. Geben Sie den jungen Gemüse-Novizen die Chance, die Gemüsesorten nacheinander kennenzulernen – eine sinnvolle Strategie, um den Gaumen zu trainieren. Bringen Sie am Anfang immer nur ein Gemüse mit einem klaren, deutlichen Aroma auf den Tisch. Wir würzen nur wenig, sodass der Eigenschmack gut durchkommt. Oft geben wir nur etwas Butter oder Olivenöl, Salz und Zitronensaft zum Gemüse.

Genau darum dreht sich dieses Kapitel: um das Entdecken verschiedener Gemüsesorten – und zwar immer nur eine auf einmal. Wir hoffen, dass diese Rezepte Ihre Familie dazu inspirieren, mit Gemüse zu experimentieren – probieren Sie es roh, gebraten, gedämpft, gekocht oder püriert. Wir verraten Ihnen einige unserer Lieblingsrezepte mit jeweils nur einer Gemüseart, die alle Familienmitglieder mögen.

DIE MACHT DER GESCHICHTEN

Die Dinge, die wir unseren Kindern über Essen erzählen, zeigen große Wirkung. Eine Studie verdeutlicht den Einfluss des Erzählten auf die Reaktionen der Kinder. Drei Gruppen von Kindern bekamen zum ersten Mal ein ihnen unbekanntes Gemüse präsentiert, nämlich Kohlrabi. Der ersten Gruppe erzählte man dazu eine Geschichte über ein Kind, das kein Gemüse mochte. Darin enthalten war der Satz: »Wenigstens musste der Junge keinen Kohlrabi essen.« Die zweite Gruppe bekam dieselbe Geschichte zu hören, diesmal jedoch mit einem positiven Satz: »Fast so gut wie Kohlrabi.« Der dritten Gruppe erzählte man gar keine Geschichte. In Gruppe zwei mochten zwei Drittel der Kinder, die den Kohlrabi kosteten, das Gemüse. Die einzigen Kinder, die sich weigerten, den Kohlrabi zu probieren, waren die Probanden der ersten Gruppe, die den negativen Satz gehört hatten. Fazit: Reden Sie positiv über Nahrungsmittel. Es gibt leider auch viele Kinderbücher, in denen Gemüse negativ dargestellt wird. Verbannen Sie Bücher, in denen Gemüsehasser vorkommen, aus dem Regal. Geschichten sind mächtige Instrumente. Fällt Ihnen ein Lebensmittel ein, das Sie heute gern essen, an das Sie sich aber erst gewöhnen mussten? Erzählen Sie Ihren Kindern davon.

ERBSEN-PASTA HOCH DREI

4 PORTIONEN

400 g frische gepalte Erbsen (etwa 900 g Erbsenschoten) oder aufgetaute TK-Erbsen

470 g Nudeln (wir nehmen gern Farfalle)

3 EL frisch gepresster Zitronensaft

180 ml Olivenöl

Meersalz nach Belieben

120 g Parmesan, gerieben + mehr zum Servieren

90 g frische Erbsensprossen, grob gehackt (optional)

½ Knoblauchzehe

Die meisten Kinder lieben Nudeln. In diesem Rezept dient die Pasta als Begleiter für ein grünes Gemüse, das gleich in drei Spielarten eingeführt wird: als Erbsen, Erbsensprossen und Erbsenpüree. Bei uns wächst die grüne Leckerei im Garten, und unsere Kinder verbringen Stunden damit, die Schoten abzupflücken und die Erbsen zu naschen. West und Maison finden frische Erbsen unwiderstehlich. Dieses einfache Rezept bringt den Geschmack des Gemüses so zur Geltung, dass auch junge Esser ihn mögen. Am besten schmeckt das Gericht, wenn frische Erbsen Saison haben.

Kinderleicht! Hier sind kleine Hände gefragt: die Erbsen aus den Schoten lösen.

Inzwischen einen großen Topf Salzwasser zum Kochen bringen. Die Pasta nach Packungsanweisung darin al dente kochen, dann mit einer Schaumkelle aus dem Topf heben und in eine große Schüssel geben. Das Nudelwasser weiter kochen lassen!

Die noch warme Pasta mit 2 EL Zitronensaft und 60 ml Olivenöl vermischen und großzügig mit Salz bestreuen.

Die frischen Erbsen etwa 1 Minute im Nudelwasser blanchieren – sie sind fertig, wenn sie sich leuchtend grün gefärbt haben und an der Oberfläche schwimmen. (TK-Erbsen schwimmen nicht nach oben – sie sind fertig, wenn sie warm sind.) Erbsen durch ein Sieb abgießen, dann ⅓ der Erbsen mit dem Parmesan und den Erbsensprossen zur Pasta geben.

Restliche Erbsen, 1 EL Zitronensaft, das restliche Olivenöl, Knoblauch und 60 ml Wasser und Salz in einen Mixer geben und pürieren.

Das Erbsenpüree unter die Nudeln mischen. Mit Parmesan servieren.

ES DARF SICH NICHTS VERMISCHEN!

Nehmen Sie das Gericht einfach auseinander. Es lässt sich gut in einzelnen Komponenten servieren: Dann haben die Kinder die Möglichkeit, selbst zu mischen (oder auch nicht) – zaudernde kleine Esser bekommen hierdurch etwas mehr Kontrolle. Geben Sie die Erbsen nicht zur fertigen Pasta, sondern servieren Sie sie getrennt, etwa in einem kleinen Saucenschälchen (siehe Seite 38) mit etwas Butter obendrauf. So können die Kinder die Erbsen erst kosten und dann, wenn sie wollen, mit den Nudeln mischen. Das Püree kommt ebenfalls in ein eigenes Schälchen neben den Teller – dann können die Kids nach Wunsch davon nehmen bzw. die Nudeln eindippen. Auch die Erbsensprossen werden separat angerichtet, so können die Kleinen kosten und sie aufs Essen streuen. Schlussendlich gibt es noch ein Schälchen mit geriebenem Parmesan zum Bestreuen oder Untermischen.

PURPUR-SUPPE

6 PORTIONEN

2 EL Butter

60 g Zwiebel, grob gehackt

2 mittelgroße Rote Beten (etwa 220 g), grob zerkleinert

2 mittelgroße Kartoffeln (etwa 340 g), grob zerkleinert

1 große Möhre, grob zerkleinert

Meersalz, nach Belieben

960 ml Wasser

1–2 EL frisch gepresster Zitronensaft

Sauerrahm zum Garnieren

Werbeagenturen setzen auf leuchtende Farben, um Kinder für Junk-Food-Verpackungen zu begeistern. Als Eltern können wir dieselbe Strategie nutzen und die Kids durch die kräftigen natürlichen Farben von frischem Gemüse verführen. Diese purpurfarbene Suppe ist ideal, um Kinder, die eine cremige Konsistenz schätzen, mit Roten Beten vertraut zu machen. Außerdem schaut es toll aus, wenn die Suppe mit weißem Sauerrahm verziert wird.

Die Butter bei mittlerer Hitze in einem mittelgroßen Topf schmelzen. Zwiebel zufügen und 5–6 Minuten dünsten. Das zerkleinerte Gemüse, Salz und Wasser zugeben und alles bei großer Hitze zum Kochen bringen. Den Deckel auflegen, die Temperatur reduzieren und Suppe 25–30 Minuten köcheln lassen, bis die Beten sehr weich sind.

Die Suppe etwas abkühlen lassen, dann in einen Mixer gießen und pürieren.

Die Suppe wieder in den Topf geben und den Zitronensaft einrühren. Eventuell mit Salz nachwürzen. Die Suppe in Tassen oder Auflaufförmchen (à 180 ml) servieren.

Kinderleicht! Sauerrahm so in die Suppe rühren, dass ein hübscher Wirbel entsteht.

NOCH MEHR IDEEN?

Experimentieren Sie mit Nur-ein-Gemüse-Suppen

Karen Le Billon, Autorin und Mutter von zwei Kindern, verbrachte ein Jahr in Frankreich und versuchte in dieser Zeit, den Gaumen ihrer Kids zu trainieren. Sie stellte fest, dass pürierte Suppen mit nur einer Gemüsesorte ideal waren, um ihre kohlenhydrat-verliebten Kinder mit Gemüse bekannt zu machen. Für ihre einfachen Suppen verwendete sie nur ein oder zwei Grundzutaten, damit sich der Geschmack des Gemüses entfalten konnte, und servierte sie mit etwas gesalzener Butter und Toast. Lassen Sie Ihre Kinder das Gemüse aussuchen, das sie gern als Suppe essen würden, und erfinden Sie gemeinsam ein Rezept dafür.

WINZIGE BÄUME IN EINER RIESENSCHÜSSEL

4 BIS 6 PORTIONEN

2 Brokkoli (etwa 950 g), in Röschen zerteilt

½ TL Meersalz

1 TL Fischsauce

4 EL Butter

Als wir Maison zum ersten Mal Brokkoli vorsetzten, legten wir ihn in eine riesige Servierschüssel und nannten die Röschen winzige Bäumchen. Das weckte Maisons Neugier. »Essen Riesen eigentlich Bäume?« Fröhlich tat sie so, als sei sie eine Riesin, und verschlang einen ganzen Wald kleiner Bäume. Seit damals wird Brokkoli immer als kleine Bäume in einer Riesenschüssel serviert. Maison liebt mittlerweile Brokkoli. Ein befreundeter Vater, der ein Lokal in der Nachbarschaft betreibt, verriet uns kürzlich das Geheimnis einer besonders leckeren Zubereitung. Wenn wir jetzt Brokkoli auf den Tisch bringen, verschlingen alle Kinder zwischen drei und zwölf Jahren einen ganzen Brokkoli-Dschungel und wollen danach noch mehr. Kennt Ihr Kind noch keinen Brokkoli, fangen Sie am besten mit einem winzigen Brokkoli-Bäumchen an.

Einen großen Topf etwa 2½ cm hoch mit Wasser füllen und dieses zum Kochen bringen. Den Brokkoli zufügen, dann die Hitze reduzieren. Den Deckel auflegen und die Röschen 5–6 Minuten köcheln, bis sie leuchtend grün sind und die Stängel so weich sein, dass man gut mit einer Gabel hineinstechen kann. Durch ein Sieb abgießen und gut abtropfen lassen.

In der größten Schüssel, die Sie haben, den heißen Brokkoli mit Salz, Fischsauce und Butter mischen. Die Schüssel hin- und herschwenken, bis die Butter geschmolzen ist und der Brokkoli damit überzogen ist. Dann servieren.

WESTS TIPP

Mit dem Besteck eines Riesen essen!

Am meisten Spaß macht es, wenn ihr die kleinen Bäumchen mit riesigem Werkzeug esst. Wie wäre es mit großen Servierlöffeln aus Holz? Oder extragroßen Küchenzangen? Dann könnt ihr so tun, als wärt ihr ein Riese.

HERAUSFORDERUNG FÜR DIE GANZE FAMILIE

Einen Regenbogen essen

Der Familie geht es gut, wenn sie jeden Tag Lebensmittel in fünf Farben isst. Kinder: Was ist eure Lieblingsfarbe? Könnt ihr euch ein Abendessen ausdenken, das nur aus Zutaten in eurer Lieblingsfarbe besteht (ohne zugesetzte Lebensmittelfarben)? Schreibt auf, was euch zu jeder Farbe des Regenbogens einfällt.

FINGER WEG VON MEINEM ROSENKOHL!

3 Scheiben Bacon

220 g Rosenkohl

Meersalz, nach Belieben

½ TL Ahornsirup

In der schlechten alten Zeit wurde Rosenkohl gern totgekocht. Heute wird er oft in die Kategorie »mögen Kinder nicht« verbannt. Aber unsere Kinder schwimmen gegen den Strom – und Ihre wahrscheinlich auch, wenn der Rosenkohl mit Bacon verfeinert wird wird.

Den Ofen auf 190 °C vorheizen.

Den Bacon auf ein mit Alufolie ausgelegtes Backblech legen und 15–20 Minuten im Ofen braten. Anschließend auf einen mit Küchenpapier ausgelegten Teller legen und auskühlen lassen. Das Blech mit dem ausgetretenen Fett beiseite stellen.

Während der Bacon im Ofen ist, die Rosenkohlröschen vom Strunk befreien und halbieren. Das Gemüse dann auf das Backblech legen, auf dem zuvor der Bacon gebraten wurde, und in dem Fett wenden. Mit Salz bestreuen, dann das Blech in den Ofen schieben. Nach 12 Minuten sollte der Rosenkohl weich sein.

Den Rosenkohl aus dem Ofen nehmen. Den Bacon zerbröckeln und über das Gemüse streuen. Den Ahornsirup darüberträufeln. Alles gut durchmischen und ggf. mit Salz nachwürzen. Nochmals durchmischen und Rosenkohl servieren.

KÖNIG GRÜNKOHL

4 BIS 6 PORTIONEN

2 Bund Grünkohl
(vorzugsweise
Dinosaurier-Grünkohl),
Stiele entfernt, in
Streifen geschnitten

1 Knoblauchzehe

2–3 EL Olivenöl

1 EL Balsamicoessig

¼ TL Ahornsirup

¼ TL Meersalz

Wir sagen es frei heraus: Unsere Familie ist definitiv ein Fan von Grünkohl. Wir haben schon Hüte aus Grünkohlblättern gebastelt und Grünkohlgärten auf unseren Bäuchen entworfen. Unsere Liebe zum Grünkohl geht tief. Es gibt ihn in vielen Spielarten, von dunklem Violett bis zu strahlendem Grün. Am häufigsten ist die mild schmeckende Sorte Halbhoher Grüner Krauser. Zu unseren Lieblingssorten gehört der Palmkohl oder Dinosaurier-Grünkohl. Er hat schmale, tiefgrüne Blätter mit runzeligen Beulen und Dellen. Red-Russian-Kohl stammt ursprünglich aus Russland und zeichnet sich durch rote Rippen und grüne Blätter aus, er schmeckt süßwürzig. Dieses einfache Rezept ist ideal für erste Grünkohl-Erfahrungen.

Kinderleicht! Den Grünkohl waschen und trocknen. Den Stiel der Blätter jeweils am unteren Ende mit einer Hand festhalten. Mit der anderen Hand die Blätter in einer schnellen Bewegung abreißen. Die harten Stiele eignen sich gut für ein spielerisches Duell nach dem Kochen. Der Souschef (ein Elternteil) darf die Grünkohlblätter in dünne Streifen schneiden. Die Knoblauchzehe zerdrücken– fein hacken sollte sie ein Erwachsener!

Das Olivenöl in einer großen Pfanne bei mittlerer Hitze erwärmen. Den Knoblauch zufügen und unter Rühren braten. Der Knoblauch sollte nicht braun werden – dann wird er bitter und schmeckt nicht mehr –, daher sollte er in der Pfanne immer in Bewegung bleiben.

Sobald der Knoblauch angebraten ist, Grünkohl, Balsamico, Ahornsirup und Salz zufügen. Unter ständigem Rühren alles etwa 7 Minuten garen, bis der Grünkohl zusammengefallen ist.

Warm servieren.

BLUMENKOHLPÜREE

4 BIS 6 PORTIONEN

1 kleiner Blumenkohl

1 EL Butter, geschmolzen

2 EL warme Milch

Meersalz, nach Belieben

60 g Cheddar oder
Parmesan, gerieben

Wenn es darum geht, ein neues Lebensmittel einzuführen, sollten Sie daran denken, dass die Konsistenz für Kinder wichtig ist – fühlt es sich im Mund auch nur ein klitzekleines bisschen seltsam an, verweigern sie das Gericht, bevor sich der Geschmack überhaupt entfalten konnte. Dieses Blumenkohlpüree schmeckt allen Kindern, die eine cremige Konsistenz schätzen.

Den Blumenkohl von Blättern und Strunk befreien. Den Kopf in Röschen zerteilen bzw. zerschneiden, sodass die Stücke einheitlich groß sind, damit sie gleichzeitig gar werden.

In einen Topf mit Dämpfeinsatz und dicht schließendem Deckel 2½ cm hoch Wasser einfüllen. Das Wasser zum Kochen bringen, dann den Blumenkohl in den Dämpfeinsatz legen und den Deckel schließen. Die Hitze reduzieren und den Blumenkohl 5–7 Minuten köcheln, bis er weich ist.

Blumenkohlröschen mit einem Schaumlöffel aus dem Wasser heben und mit, Butter, Milch und Salz in einen Mixer oder eine Küchenmaschine geben und cremig pürieren. Dazwischen immer wieder Mixer ausschalten und Reste an den Wänden mit einem Spatel nach unten schieben, dann weitermixen. Wenn das Püree die richtige Konsistenz hat, abschmecken und ggf. nachwürzen. In Schalen füllen, mit geriebenem Käse bestreuen und warm servieren.

EXPERTENTIPP

LADEN SIE DIE GANZE FAMILIE ZUR VEGGIE-PARTY EIN

- Holen Sie die Kids in die Küche. Lassen Sie sie Möhren reiben oder Grünkohl von den Stielen befreien. Wenn Kinder beim Kochen eingebunden werden, weckt das in ihnen Neugier sowie Stolz, und es entsteht eine Beziehung zum Essen – gute Voraussetzungen dafür, dass sie das Essen auch probieren.

- Servieren Sie neue Lebensmittel in wirklich winzigen Portionen (vier Erbsen zum Beispiel), damit die Kleinen nicht überfordert werden. Sie können ja jederzeit mehr davon bekommen.

- Kombinieren Sie ein neues Lebensmittel mit Zutaten, die die Kinder schon kennen. Ein Abendessen besteht dann zum Beispiel aus einem neuen Gemüse und zwei bis drei bekannten Nahrungsmitteln. Wollen Ihre Kinder das Neue nicht essen, machen Sie keine große Sache daraus. Wenn die Kleinen das Gemüse, seinen Geruch und seine Konsistenz immer wieder erleben, wächst ihre Vertrautheit damit – und irgendwann vermutlich auch die Bereitschaft, es zu kosten (und zu lieben).

- Seien Sie geduldig und beharrlich – bieten Sie Ihren Kindern immer wieder verschiedene Gemüsesorten an, auch wenn die Kids zunächst ablehnend reagieren. Hören Sie nicht auf ihre Kommentare und nehmen Sie sich die Ablehnung nicht zu Herzen. Mitunter sind bis zu 15 Versuche notwendig, damit ein Kind ein neues Lebensmittel akzeptiert – viele Eltern geben aber schon nach zwei Versuchen auf.

- Jetzt kommt der wirklich schwierige Teil … üben Sie im Interesse von allem, was grün und knackig ist, keinen Druck aus und verkneifen Sie sich jeden Kommentar darüber, ob Ihr Kind das Gemüse überhaupt bis an die Lippen führt. Bringen Sie Ihr Kind auf keinen Fall durch Druck, Schmeicheleien, Bestechungen oder Drohungen dazu, etwas zu probieren, für das es noch nicht bereit ist. Und preisen Sie auf keinen Fall den Gesundheitswert des neuen Gemüses an. Alle diese Formen von Druck sind zwecklos und verstärken nur unbeabsichtigt die Ablehnung von Gemüse.

- Bieten Sie das Gemüse warm oder kalt und in verschiedenen Zubereitungsarten an. Wenn Ihr Kind eine frische grüne Bohne nicht einmal anfassen will, heißt das nicht, dass es alles ablehnt, was grün ist. Beispielsweise riecht grüner Spargel roh ganz anders als gekocht. Reagiert Ihr Kind empfindlich auf Gerüche, versuchen Sie es mit rohem Blumenkohl, oder Brokkoli – da ist der Geruch deutlich milder.

- Hat Ihr Kind ein Gemüse akzeptiert, experimentieren Sie mit anderen Zubereitungsarten. Mag es rohe Möhren, schneiden Sie die Möhre an einem Tag in Stäbchenform und am anderen in Spiralen. Allein durch das Spiel mit den Formen kann die Akzeptanz für neue Lebensmittel steigen.

- Sorgen Sie dafür, dass sich Ihre Kinder hungrig an den Tisch setzen. Ein sattes Kind hat keine Lust, beim Essen irgendetwas Neues auszuprobieren. Zwei Stunden vor dem Essen sollte es keine Snacks mehr geben.

- Servieren Sie Gemüse als Vorspeise. Dem *American Journal of Clinical Nutrition* zufolge aßen Vorschulkinder, denen man als Vorspeise Gemüse anbot, 47 Prozent mehr davon.

KNUSPRIGE SHIITAKE-PILZE

4 BIS 6 PORTIONEN

110 g Shiitake-Pilze (etwa 25 kleine)

60 ml Olivenöl

1 gute Prise Meersalz

Viele Eltern machen den Fehler, ihren Kids weiche Pilze vorzusetzen. Für uns bedeutet das nur, dass sie gebraten sind und mit Öl, Knoblauch und Zwiebeln richtig lecker werden. Kindern erscheinen sie aber oftmals nur als glibberig. Wie so oft geht es den Kindern in erster Linie um die Konsistenz – und die Zubereitung kann darüber entscheiden, ob sie Pilze zukünftig lieben oder hassen. Wenn Sie Ihren Kindern zum ersten Mal Pilze anbieten, sollten Sie versuchen, sie wirklich gut an- und trocken zu braten. Sogar Pilz-Neulinge können dann der Versuchung wohl kaum widerstehen.

Den Ofen auf 200 °C vorheizen.

Kinderleicht! Ein bisschen Schmutz hat noch nie geschadet … Pilze mit einem feuchten Küchenpapier säubern und sichtbaren Dreck einfach abreiben.

Die Stiele abschneiden und entsorgen, die Pilzhüte in sehr dünne Scheiben schneiden. Die Pilze mit Olivenöl und Salz in eine große Schüssel geben und gut vermischen, bis sie vollständig mit dem Öl überzogen sind.

Die Pilze nebeneinander auf ein mit Backpapier ausgelegtes Backblech legen. Sie sollten nicht übereinander und nicht zu eng beieinander liegen, da sie sonst nicht wirklich knusprig, sondern eher gedämpft werden.

Die Pilze 20 Minuten im Ofen backen, dabei nicht wenden. Etwas abkühlen lassen und dann direkt vom Backblech naschen.

ARTISCHOCKEN MIT SCHNEEKAPPE

4 PORTIONEN

4 mittelgroße frische
Artischocken

1 Zitrone, halbiert

120 g Semmelbrösel

60 ml Olivenöl

1 Prise Meersalz

30 g Cheddar, gerieben

30 g Gouda, gerieben

30 g Parmesan, gerieben

50–100 g Brie, in Scheiben
geschnitten, ohne Rinde

Butter, geschmolzen,
zum Dippen

Natürlich mögen Kinder auch frische Artischocken. Vielleicht, weil es Spaß macht, die Blätter abzuziehen? Oder weil es gar nicht so leicht ist, ihnen ihr leckeres Inneres zu entlocken und es einige Mühe kostet, um an ihr Herz zu kommen? Um das Ganze noch spannender zu machen, krönen wir die Artischocken mit diversen Käsesorten – perfekt für eine Meinungsumfrage in Sachen geschmolzener Käse!

Die Spitzen der Artischocken abschneiden, um eine flache Oberfläche zu bekommen.

Einen ofenfesten Topf (er sollte so groß sein, dass die Artischocken darin aufrecht nebeneinanderstehen, aber nicht umfallen können) 1½ cm hoch mit Wasser füllen. Die Artischocken mit dem Boden nach unten in den Topf stellen und die Zitronenhälften über ihnen auspressen. Die ausgepresste Frucht ebenfalls in den Topf geben. Deckel auflegen und die Artischocken bei mittlerer bis starker Hitze 35–45 Minuten (je nach Größe) garen, dabei ab und zu kontrollieren, ob das Wasser nicht verdampft ist – falls nötig, Wasser nachfüllen.

Nach 35 Minuten ein Blatt abziehen und das Fleisch kosten. Es sollte sehr weich sein – bei Bedarf Artischocken in 5-Minuten-Intervallen weitergaren.

Wenn die Artischocken weich sind, den Topf vom Herd nehmen und Artischocken etwas abkühlen lassen. Die Grillfunktion am Backofen einschalten.

Kinderleicht! Semmelbrösel, Olivenöl und Salz in einer kleinen Schüssel vermischen. Auf jede der abgekühlten Artischocken ein paar Löffel dieser Mischung geben und diese mit den Fingern zwischen die Blätter drücken – es ist in Ordnung, wenn ihr dabei eure Finger schmutzig macht.

Die erste Artischocke mit Cheddar, die zweite mit Gouda, die dritte mit Parmesan und die vierte mit dem Brie krönen. Nun den Topf 2–3 Minuten lang in den Backofen unter den Grill stellen, bis der Käse geschmolzen ist.

Das Gemüse mit einem Schälchen geschmolzener Butter zum Dippen der Blätter servieren. Welcher geschmolzene Käse schmeckt am besten? Stimmen Sie am Tisch darüber ab.

AUS KÜRBISKERNEN EINEN KNACKIGEN SNACK ZAUBERN

Wenn ihr einen frischen und halbierten Kürbis vor euch liegen habt, könnt ihr mit den Fingern die Kerne und Fasern herausziehen. Raus mit dem harten Zeug! Dann legt ihr alles in eine Schüssel mit Wasser. Mit den Fingern trennt ihr nun die Kerne von den Fasern, die Kerne sinken auf den Schüsselboden, und das faserige Zeug schwimmt obenauf. Mit Adleraugen prüft ihr noch mal, ob irgendwo Kerne an Fasern hängen, und pflückt sie ab. Holt die Kerne aus der Schüssel und lasst sie auf einem sauberen Küchenhandtuch trocknen. Dann breitet ihr die Kürbiskerne nebeneinander auf einem Blech aus und gebt Olivenöl und Salz darauf.

Jetzt muss euer Souschef ran: den Ofen auf 160 °C vorheizen. Das Blech mit den Kürbiskernen in den Ofen schieben und Kerne 20–30 Minuten im Ofen backen, dabei alle 10 Minuten durchrühren. Wenn die Kerne trocken und knackig sind, das Blech aus dem Ofen nehmen. Kerne mit Salz bestreuen und servieren.

KÜRBISSCHIFFCHEN

4 PORTIONEN

1 Delicata-Kürbis
(etwa 670 g)

2 EL Olivenöl

2 EL Butter

2 EL Ahornsirup

Meersalz nach Belieben

Am liebsten backen wir diesen gestreiften Kürbis im Ofen, damit sich der Geschmack und die natürliche Süße optimal entfalten – und helfen mit ein wenig Ahornsirup nach. Haben Ihre Kinder erst einmal beschlossen, Kürbis zu mögen, können Sie die ausgehöhlten Hälften mit verschiedenen Zutaten füllen. Für den Anfang probieren Sie es mit diesem einfachen Rezept.

Den Ofen auf 200 °C vorheizen.

Den Kürbis waschen und abtrocknen. Anschließend längs halbieren und Kerne sowie Fasern herauskratzen. Jede Kürbishälfte rundum mit Olivenöl einreiben, dann mit der Schnittfläche nach unten auf ein mit Backpapier ausgelegtes Backblech setzen. Den Kürbis 40 Minuten im Ofen backen.

Wenn die Kürbishälften weich sind, aus dem Ofen nehmen und so umdrehen, dass der ausgehöhlte Bereich oben liegt. In jede Hälfte 1 EL Butter und 1 EL Ahornsirup geben, dann mit Salz bestreuen. Nun jede Hälfte noch einmal längs halbieren. Die Kürbisschiffchen mit einem Löffel (und vorsichtshalber mit einem Lätzchen) servieren.

RUHE BEWAHREN UND WEITERHIN GEMÜSE SERVIEREN

Was auch immer Sie tun, wenn Sie Ihren Kindern Gemüse vorsetzen – bleiben Sie ruhig. Eltern wissen, dass Kinder Angst förmlich riechen können. Wenn sie auch nur einen Hauch von Anspannung spüren, haben sie Sie in der Hand. Denken Sie immer daran: Sie kochen Gemüse mit Ihrem (und für Ihr) Kind – Sie ziehen nicht in die Schlacht. Essen kann Freude machen, den Entdeckergeist wecken und Verbundenheit erzeugen. Doch oft verleihen wir Eltern der Frage, was unsere Kinder essen oder eben nicht essen, viel zu viel Gewicht. Anstatt uns in dem spannungsgeladenen Drama »Wird mein Kind das essen?« zu verlieren, sollten wir uns einfach darauf konzentrieren, ein köstliches Essen mit der ganzen Familie zuzubereiten. Kosten Sie das Gemüse. Muss mehr Butter dran? Mehr Salz? Vielleicht ein Spritzer Zitronensaft? Wie bereits gesagt: Ihr Job ist es, etwas zu essen auf den Tisch zu bringen. Will Ihr Kind das Gemüse nicht probieren, dann ärgern Sie sich nicht darüber. Ob das Kind das Gericht isst oder nicht, ist seine Entscheidung. Ihnen gebührt ein dickes Lob dafür, dass Sie ein neues Gemüse auf den Speisezettel gesetzt haben. Genießen Sie Ihr Gemüse und servieren Sie es weiterhin. Eines Tages wird Ihr Kind das Gemüse vielleicht ebenfalls mit Freude verzehren.

WURZEL- UND KNOLLENGEMÜSE AUS DEM OFEN

Wenn man Gemüse bei hoher Temperatur im Ofen gart, verändern sich Geschmack, Konsistenz und Geruch. Unsere Kinder lieben es, Wurzel- und Knollengemüse zu schrubben und ihre Lieblingskräuter zu pflücken, um das Gemüse damit zu würzen. Gern verwenden wir frischen Rosmarin, Lavendel und Estragon. Wenn das gebackene Gemüse aus dem Ofen kommt, naschen die Kinder oft gleich vom Blech – noch bevor wir die Teller aus dem Schrank geholt haben. Lassen Sie die Kinder entscheiden, welches Gemüse sie kosten wollen. Wurzel- und Knollengemüse kann zaudernde kleine Esser vielleicht am schnellsten überzeugen. Hier ein paar Ideen für den Anfang.

BETEN-KARTOFFEL-HERZEN

4 PORTIONEN

2–3 mittelgroße Rote Beten, geschält und in etwa 1 cm dicke Scheiben geschnitten

2–3 mittelgroße blaue Kartoffeln, geschält und in etwa 1 cm dicke Scheiben geschnitten

2–3 Blätter frischer Salbei, gehackt

1 EL Olivenöl

Meersalz nach Belieben

Kinderleicht! Die Beten und Kartoffeln waschen und schälen. Bittet einen Erwachsenen, das Gemüse in Scheiben zu schneiden. Aus den Scheiben mit Ausstechformen Herzen, Sterne oder was auch immer euch gefällt ausstechen.

Den Ofen auf 190 °C vorheizen.

Beten, Kartoffeln und Salbei in einer großen Schüssel vermischen. Mit Olivenöl beträufeln und großzügig mit Salz würzen. Alles gut durchmischen, sodass das Gemüse ganz mit Öl überzogen ist, und auf einem Backblech nebeneinander verteilen. 35–45 Minuten im Ofen backen, dabei das Gemüse nach der Hälfte der Zeit einmal wenden.

WÜRZ-MÖHRCHEN

4 PORTIONEN

400 g Möhren, in etwa 1 cm dicke Scheiben geschnitten

400 g Pastinaken, in etwa 1 cm dicke Scheiben geschnitten

2–3 Stängel Dill

1 TL gemahlener Zimt

1 EL Olivenöl

Meersalz nach Belieben

Den Ofen auf 190 °C vorheizen.

Möhren, Pastinaken, Dill und Zimt in einer großen Schüssel vermischen. Mit Olivenöl beträufeln und großzügig mit Salz bestreuen. Alles gut durchmischen, sodass das Gemüse ganz mit Öl und Gewürzen überzogen ist, und auf einem Backblech nebeneinander verteilen. 35–45 Minuten im Ofen backen, dabei das Gemüse nach der Hälfte der Zeit einmal wenden.

MISHA WIRD ROMANTISCH – MIT WURZEL- UND KNOLLENGEMÜSE

Als ich Vicki vor Jahren bat, mich zu heiraten, wählte ich für meinen Antrag einen windigen Strand in Maine. Es war Anfang Oktober, und ich servierte ihr ein Picknick mit gebratenem Kürbis und gebackenen Pastinaken. Der Duft von gebratenem Wurzel- und Knollengemüse erinnert mich heute noch an diese romantische Stunde zurück. Ich verrate Ihnen, wie es ausging – sie hat Ja gesagt..

LECKERER LAUCH
MIT KARTOFFELN

4 PORTIONEN

3 große Stangen Lauch
(nur das Weiße)

420 g junge Kartoffeln,
halbiert

2 EL frisch gehackter
Rosmarin

1 Knoblauchzehe,
fein gehackt

1 EL Olivenöl

Meersalz nach Belieben

Den Ofen auf 190 °C vorheizen.

Kinderleicht! Wenn die grünen Bereiche vom Lauch entfernt und die Stangen längs halbiert sind, Lauch in eine Schüssel mit kaltem Wasser legen. Die Stangen gut hin und her schieben, bis der ganze Schmutz herausgespült ist. Sauber schmeckt Lauch einfach besser.

Lauch in gut 1 cm dicke Streifen schneiden.

Lauch, Kartoffeln, Rosmarin und Knoblauch in einer großen Schüssel vermischen. Mit Olivenöl beträufeln und großzügig mit Salz bestreuen. Alles gut durchmischen, und auf einem Backblech nebeneinander verteilen. 35–45 Minuten im Ofen backen, dabei das Gemüse nach der Hälfte der Zeit durchrühren.

GEHEN SIE POSITIV MIT GEMÜSE UM – UND VERSTECKEN SIE ES NICHT

Für unseren Sohn waren Avocados ein absolutes No-Go. Sie waren die erste Beikost, die er als Baby bekam, und er erbrach sich danach. Bis heute mag er keine Avocados. Aber irgendwann wird West vielleicht auch von Avocados begeistert sein – wer weiß? Momentan mag er sie nicht, das wissen wir, und deshalb drängen wir ihn auch nicht dazu – eigentlich.

Doch eines Tages bereitete ein Freund einen wunderbaren Smoothie mit Avocado zu. Da es schon sehr, sehr lange her war, dass West freiwillig eine Avocado probiert hatte, beschlossen wir, ihn den Smoothie trinken zu lassen, ohne die verpönte Zutat zu erwähnen. Aber er erkannte den für ihn unangenehmen Geschmack sofort. Als wir zugaben, dass der Smoothie Avocado enthielt, war er wirklich sauer. Um uns zu bestrafen, bestand er während der nächsten Wochen darauf, eine umfassende Zutatenliste für alles zu bekommen, was auf seinem Teller lag. Wir schworen Stein und Bein, ihm nie wieder Avocado unterzujubeln. Er ist aber davon überzeugt, dass wir weiterhin minimale Mengen von Avocado in sein Essen schmuggeln.

»Wenn Sie gegenüber Ihren Kindern in Bezug auf das Essen nicht ehrlich sind, werden sie misstrauisch, vorsichtig und zögerlich, etwas Neues zu probieren«, sagt der Guru für Kinderernährung, Ellyn Satter. Die meisten Experten raten davon ab, Gemüse im Essen der Kinder zu verstecken. Das wird von den Kids nämlich schnell als Vertrauensbruch interpretiert. Im Idealfall sollte das Essen in der Familie Vertrauen stärken. Wenn Sie aber pürierten Spinat zwischen Keksen verstecken, wird das kaum dazu beitragen, dass Ihre Kinder sich gegenüber neuen Lebensmitteln öffnen oder plötzlich Gemüse mögen. Besser ist es, positiv mit dem Gemüse umzugehen – spielen Sie damit, machen Sie witzige Hüte daraus oder singen Sie ihm etwas vor.

ZWIEBEL-ABENTEUER

Viele Eltern glauben, dass ihre Kinder keine Zwiebeln oder Ähnliches mögen – daher haben wir diesem Gemüse ein eigenes Mini-Kapitel gewidmet. Um ehrlich zu bleiben: Auch unsere Kinder haben Zwiebeln und Schnittlauch nicht sofort euphorisch angenommen. Sie begegneten Zwiebeln jeglicher Art voller Misstrauen, sogar Zwiebelringe waren ihnen suspekt. West untersuchte jedes Gericht auf verdächtige Zutaten – mit nie erlahmender Wachsamkeit und einer Gründlichkeit, die einer kriminaltechnischen Analyse Ehre gemacht hätte. Akribisch fischte er jedes kaum sichtbare Zwiebelstückchen aus dem Essen, das vielleicht in Kontakt mit einem Reiskorn gekommen war. Wir machten das, was alle Eltern in dieser Situation tun: Wir eilten zur Rettung herbei, entfernten die beanstandete Zwiebel und hofften, sie würde schnell in Vergessenheit geraten und die Mahlzeit ohne weitere Katastrophen zu Ende gehen.

Im Frühling 2018 veränderte sich etwas. Endlich. Der Schnittlauch, den wir im Garten gepflanzt hatten, war die einzige Pflanze, die den Winter im Pazifischen Nordwesten überlebt hatte. Wir erklärten West und Maison, dass die lilafarbenen, bauschigen Blüten an der Spitze der Pflanzen essbar wären – sie blieben aber skeptisch. Dann ernteten sie den Schnittlauch mit ihren Kinderscheren. Maison fand, dass die abgeschnittenen Stängel wie grüne Elfenarmreifen aussahen. Wir breiteten die frisch geernteten lilafarbenen Blüten und die grünen Schnittlauchstängel auf dem Tisch aus und stellten kleine Teller mit Frischkäse, Crackern, Sauerrahm und Parmesanspänen dazu. Maison fragte sich todesmutig, wie denn wohl Elfenarmbänder auf Frischkäse schmecken würden. Hmmm … Die Kids waren neugierig. West knabberte eine Schnittlauchblüte. Das war ein Meilenstein: Im Alter von acht Jahren aß West freiwillig etwas, das zur Familie der Lauchgewächse gehörte.

Mittlerweile naschen West und Maison rohen Schnittlauch aus dem Garten und erzählen ihren Spielkameraden, wie gut das schmeckt. Als Atticus, ein Freund von West, einmal auf Zwiebeln schimpfte, meinte West: »Warum eigentlich? Zwiebeln sind doch lecker.« Atticus beugte sich dem Gruppenzwang, kostete die Zwiebeln und kam zu dem Schluss: »Hmm. Ziemlich gut.« Maison hat sogar einmal Schnittlauch in den Waffelteig gegeben – was wir guten Gewissens nicht empfehlen können –, aber wir waren glücklich, dass die Kids auf einem guten Weg waren, Zwiebeln anzunehmen und zu mögen.

Unsere Lieblingszwiebelrezepte stellen wir hier nach Schwierigkeitsgrad gestaffelt vor. Wir fangen mit Schnittlauch an – für uns der beste Türöffner zur Welt der Zwiebeln.

PARTY-KARTOFFELN

4 PORTIONEN

4 große Kartoffeln
(etwa 550 g), ungeschält,
gewaschen

2 EL Olivenöl

Meersalz nach Belieben

TOPPING

4 EL Butter

4 EL Sauerrahm

2 EL frisch gehackter
oder klein geschnittener
Schnittlauch

8–10 frisch geerntete
Schnittlauchblüten
(optional)

4 EL Popcorn (optional)

In unserer Kindheit (vor Urzeiten in den lang vergangenen 1980er-Jahren) waren Ofenkartoffeln aus dem Speiseplan nicht wegzudenken. Dann schlug die Furcht vor Kohlenhydraten zu und verbannte die köstlichen Knollen vom Esstisch. In Wahrheit sind Kartoffeln lecker und gesund (Kalium, Ballaststoffe, Eiweiß!). Sie passen auch gut mit Zwiebeln oder Schnittlauchzusammen und ermöglichen es den Kids, deren Geschmackswelt vorsichtig zu erkunden. Geben Sie einfach etwas Sauerrahm, Butter und frischen Schnittlauch auf eine Ofenkartoffel – ein wunderbarer Genuss.

Den Ofen auf 220 °C vorheizen.

Kinderleicht! Wasser marsch: Kartoffeln unter fließend kaltem Wasser waschen. Schrubben, schrubben, schrubben! Am meisten Spaß macht das mit einer kleinen Gemüsebürste. Augen an den Kartoffeln mit der kleinen Spitze des Pendelschälers ausstechen. Kartoffeln mit Küchenpapier trocken tupfen.

Mit einer Gabel Löcher in die Kartoffeln stechen und die Knollen ringsum mit Olivenöl einreiben. Die Kartoffeln gut festhalten, da sie dadurch glitschig werden, und die Oberfläche mit Salz bestreuen.

Die Kartoffeln auf den Backofenrost setzen und ungefähr 50 Minuten im Ofen backen, dabei alle 20 Minuten wenden. Um zu prüfen, ob sie gar sind, mit einer Gabel in die Knollen stechen – sie sollten innen sehr weich sein.

Die Kartoffeln längs einschneiden und den Einschnitt jeweils mit 1 EL Butter bestreichen. Die Butter mit einer Gabel etwas in die Kartoffeln einarbeiten, sodass sie schmilzt. Die Knollen anschließend mit Salz bestreuen. Sauerrahm, Schnittlauch und Schnittlauchblüten (und das Popcorn, falls verwendet) in kleinen Schälchen auf den Tisch stellen. So kann jeder seine Kartoffel nach Herzenslust garnieren.

KNOBLAUCH:
DER COUSIN DER ZWIEBEL

Knoblauch kann sehr unterschiedlich schmecken, je nachdem, wie man ihn zubereitet. Roh schmeckt er durchdringend und würzig, wird er langsam gegart, verliert er viel von seiner Schärfe und wird süßer, ähnlich wie karamellisierte Zwiebeln. Für Knoblauch-Neulinge empfehlen wir, die Zehen bei der Zubereitung zu zerdrücken, das mildert den Geschmack ab.

Wenn die Kids die Gelegenheit bekommen, Knoblauch zu riechen, anzufassen und mit ihm zu arbeiten, gewöhnen sie sich an ihn. Ermuntern Sie Ihre Kinder, mit verschiedenen Zubereitungsmethoden zu experimentieren.

Kinderleicht! Der Knoblauchknolle mit dem Fleischklopfer einen beherzten Schlag versetzen. Nun so viele Zehen wie benötigt auf die Arbeitsfläche legen und mit einer kleinen Bratpfanne kräftig auf jede einzelne Zehe schlagen. Schale abziehen und Knoblauchzehen mit dem Kindermesser in kleine Stücke schneiden.

Alternativ gibt es eine Methode, mit der West am liebsten Knoblauch schält: Mit dem Fleischklopfer auf eine Knoblauchknolle schlagen, um die Zehen voneinander zu trennen. Dann die Zehen in eine Metallschüssel legen und eine zweite Metallschüssel mit der Öffnung nach unten auf die erste setzen. Die beiden Schüsseln an den Rändern mit beiden Händen fest zusammenhalten und wild schütteln. Und siehe da: Der Knoblauch ist wie von Zauberhand geschält!

BRAUNER KÄSE-REIS
MIT LAUCH UND PAK CHOI

4 PORTIONEN

3 Köpfe Baby-Pak-Choi
(etwa 340 g)

1 EL Olivenöl

1 Stange Lauch (nur das
Weiße), in dünne Ringe
geschnitten

1 Knoblauchzehe, fein
gehackt

Meersalz nach Belieben

460 g Rundkornreis
(brauner Reis oder
Arborio-Reis), gekocht

1 EL Butter

60 g Parmesan, gerieben

Lauch ist wie Schnittlauch, Knoblauch und Zwiebel ein Mitglied der Familie der Lauchgewächse. Er zeichnet sich durch einen milden, zwiebelähnlichen Geschmack aus – nicht zu scharf, nicht zu unheimlich – und eignet sich daher als zweiter verlässlicher Kandidat, um die Reise ins Reich der Zwiebeln zu erleichtern. Dieses Rezept erinnert an ein Risotto und punktet durch den milden Geschmack und die Cremigkeit. Man könnte meinen, die Zubereitung hätte Stunden gedauert (dabei ist es wirklich schnell fertig). Wir haben als weitere Zutat Pak Choi verwendet, ein mildes Gemüse mit schönem Biss.

Salzwasser in einem großen Topf zum Kochen bringen. Den Pak Choi hineingeben und etwa 1 Minute blanchieren, bis er sich leuchtend grün färbt. Mit einem Schaumlöffel oder einer Küchenzange aus dem Topf nehmen und in einem Sieb abtropfen lassen (das Kochwasser im Topf lassen). Wenn das Gemüse so weit abgekühlt ist, dass man es anfassen kann, mit den Händen überschüssiges Wasser aus dem Pak Choi drücken. Dann Gemüse grob zerkleinern und beiseite stellen.

Das Olivenöl in einer großen Pfanne auf mittlerer Stufe erhitzen, bis es heiß ist, jedoch nicht raucht. Lauch und Knoblauch zufügen und mit Salz würzen. Unter ständigem Rühren 2 Minuten garen, bis das Gemüse weich ist und aromatisch duftet. Den Knoblauch nicht anbrennen lassen – bei Bedarf die Hitze verringern.

Pak Choi, Reis, Butter und 360 ml des Kochwassers in die Pfanne zur Lauch-Knoblauch-Mischung geben und bei mittlerer bis hoher Hitze unter Rühren ein paar Minuten garen, bis der Reis schön cremig ist. Nun den geriebenen Käse unterrühren. Mit Salz abschmecken und servieren.

KIDS ▶ **SCHÖNER SINGEN DURCH LAUCH?**

Ein römischer Kaiser namens Nero aß jeden Tag Lauch, da er der Meinung war, dass er dann schöner singen würde. Überprüft seine Theorie doch mal beim Abendessen. Singt euer Lieblingslied, dann esst ihr etwas Reis mit Lauch und singt noch einmal. Und? Klingt es jetzt besser?

FRANZÖSISCHE ZWIEBELSUPPE À LA WALLA WALLA

4 PORTIONEN

12 EL Butter (etwa 180 g)

4 große Walla-Walla-Zwiebeln oder andere süße Zwiebeln (etwa 1 kg), in dünne Ringe geschnitten

Meersalz nach Belieben

2 EL Balsamicoessig

2 EL Sojasauce

Knapp 2 l Rinderkraftbrühe

GERÖSTETE WEISSBROTSCHEIBEN

4 Baguettescheiben, getoastet

4 Scheiben Käse (à 30 g), etwa Gruyère, Gouda, Cheddar oder Emmentaler

Der Name der wegen ihrer Süße beliebten Walla-Walla-Zwiebel geht auf einen Ort im US-Bundesstaat Washington zurück, in dem sie angebaut wird. Walla-Walla-Fans behaupten, man könne in diese milde Zwiebel beißen wie in einen rohen Apfel. Da unsere Familie noch nicht ganz so weit ist, verwenden wir diese Zwiebeln lieber für unserer Spezialsuppe. Gelingt auch mit einer anderen süßen Zwiebelsorte, z. B. der Globo (ungarische Sorte).

Die Butter in einem großen Topf bei mittlerer bis hoher Hitze schmelzen. Die Zwiebeln und Salz zufügen und etwa 20 Minuten dünsten, dabei ab und zu umrühren. Wenn die Zwiebeln zu bräunen beginnen, die Hitze reduzieren – die Zwiebeln sollen glasig, weich, süß und goldbraun sein.

Sobald die Zwiebeln so weit sind, Balsamico, Sojasauce und Brühe zugießen. Abschmecken und ggf. nachwürzen, dann die Suppe zum Köcheln bringen.

In der Zwischenzeit jede Brotscheibe mit 1 Scheibe Käse belegen und in einem Mini-Backofen gratinieren, bis der Käse geschmolzen und gebräunt ist.

Die heiße Suppe in Schüsseln füllen, die überbackenen Weißbrotscheiben hineinsetzen und Suppe sofort servieren.

EXPERIMENT: ZWIEBELN SCHNEIDEN OHNE TRÄNEN

Habt ihr schon bemerkt, dass viele Erwachsene heulen wie Babys, wenn sie Zwiebelsuppe zubereiten? Das liegt daran, dass beim Zwiebelschneiden Sulfoxide freigesetzt werden – ein gasförmiger Stoff, der die Augen reizt. Natürlich ist es lustig zu beobachten, wenn die Erwachsenen beim Zwiebelschneiden Tränen vergießen – aber als echte Küchenhelden nehmt ihr jetzt mal eure Kindermesser in die Hand und findet heraus, wie man das große Heulen vermeiden kann.

Bittet einen Erwachsenen, eine Zwiebel für euch zu halbieren. Legt die Hälften mit der Schnittfläche nach unten auf ein Schneidebrett. So bleiben sie gut liegen und ihr könnt in Ruhe experimentieren.

Strategie 1. Setzt beim Schneiden eine Schwimmbrille oder eine Sonnenbrille auf. Hilft das? Sind Tränen geflossen? (Im Handel gibt es sogar Spezialbrillen zum Zwiebelschneiden, aber mal ehrlich, wer hat schon so was?)

Strategie 2. Legt die Zwiebel vor dem Schneiden ein paar Minuten in eine Schüssel mit kaltem Wasser. Dann reibt ihr sie trocken und fangt mit dem Schneiden an. Ist es jetzt besser?

Strategie 3. Beißt beim Schneiden auf eine Scheibe Brot. Funktioniert das?

Wenn gar nichts richtig klappt, überlegt euch einfach eine eigene Strategie.

FAMILIEN-INTERVIEW

NEUE LEBENSMITTEL KÖNNEN UNHEIMLICH SEIN (UND AUFREGEND)

Bereit für das Abenteuer Essen? Es braucht eine ganze Menge Mut, um neue Lebensmittel zu probieren. Hat aus eurer Familie irgendjemand kürzlich etwas Neues gegessen? Ein ganz dickes Lob an alle, die sich an unbekannte Nahrungsmittel wagen!

KIDS Interviewt eure Eltern

Gibt es etwas, das ihr als Kind gern mochtet, jetzt aber nicht mehr?

Gibt es etwas, das ihr früher nicht mochtet, heute aber gern esst?

Wie alt wart ihr, als ihr dieses Lebensmittel zum ersten Mal probiert habt?

Wie alt wart ihr, als ihr anfingt, es gern zu essen?

Was ist eure Lieblingserinnerung in Sachen Essen?

Was ist eure witzigste Erinnerung in Sachen Essen?

Was war das Ungewöhnlichste, das ihr jemals gegessen habt?

ELTERN Interviewt eure Kinder

Gibt es etwas, das ihr früher nicht mochtet, jetzt aber gern esst?

Was war das Ungewöhnlichste, das ihr jemals gegessen habt? Warum war es so ungewöhnlich?

Gibt es etwas, das ihr zunächst nicht probieren wolltet, dann aber gegessen habt und gern mochtet?

Was ist das Leckerste, das ihr jemals gegessen habt?

Halten Sie die kulinarischen Abenteuer Ihrer Familie in einem Tagebuch fest!

ZWIEBEL-QUICHE

8 BIS 10 PORTIONEN

4 EL Butter

3 süße Zwiebeln, in dünne Ringe geschnitten

Meersalz nach Belieben

2 EL Mehl

3 Eier

120 g Sauerrahm

60 g Gruyère, gerieben

¼ TL Paprikapulver

1 Quiche- oder Tarte-Teig Fertigprodukt)

Dieses Rezept ist ein echter Zwiebel-Klassiker. Doch wenn Ihre Kinder sich erst einmal an Zwiebeln gewöhnt haben, sind sie vielleicht auch bereit für diese leckere Quiche. Die Quiche überzeugt durch karamellisierte Zwiebeln, die so süß sind, dass weder Kinder noch Erwachsene widerstehen können. (Wir verwenden einen fertigen Teig, da wir normalerweise nicht genug Zeit haben, um ihn selbst herzustellen.) In Mishas Kindertagen bereitete seine Mutter dieses Gericht zu, wann immer Zwiebeln im Sonderangebot waren. Für ihn ist es seit jeher ein Wohlfühlessen. »Die ersten Male, als ich Vicki diese Quiche vorgesetzt habe, rümpfte sie die Nase, aber mittlerweile mag sie die Quiche richtig gern, glaube ich – oder sie isst sie aus Mitleid«, sagt Misha.

Den Ofen auf 190 °C vorheizen.

Die Butter in einer großen Pfanne auf mittlerer Stufe schmelzen. Die Zwiebeln und 1 großzügige Prise Salz zufügen. Deckel auflegen und Zwiebeln 15 Minuten dünsten, dabei gelegentlich umrühren. Dann den Deckel abnehmen und unter gelegentlichem Rühren weitere 15 Minuten garen, bis die Zwiebeln weich und schön braun sind. Nun das Mehl über die Zwiebeln stäuben und gut anschwitzen, bis die Masse etwas andickt. Die Pfanne vom Feuer nehmen und die Zwiebeln etwas abkühlen lassen.

In der Zwischenzeit die Eier in eine Schüssel aufschlagen und mit einem Schneebesen verquirlen. Sauerrahm, Käse, Paprikapulver und Salz zufügen und alles gut verrühren, bis sich die Zutaten verbunden haben.

Die Zwiebeln unter die Eiermasse heben. Eine Tarteform mit Backpapier und dem Teig auslegen und die Zwiebelmasse darauf verteilen. Quiche im Ofen 25 Minuten backen, bis die Füllung fest geworden ist (in der Mitte darf sie noch ganz leicht flüssig sein).

GRÜNZEUG AUF DEN TISCH!

Wir alle wissen, dass Salat gut für die Gesundheit ist – aber bei Kindern funktioniert das Argument »Iss das, das ist gesund« nicht. Wissenschaftliche Untersuchungen haben sogar herausgefunden, dass mit dem Label »gesund« versehene Lebensmittel für Kinder eher weniger verlockend sind. Also setzen wir besser nicht auf die Trumpfkarte Gesundheit und sprechen mit den Kids in einer Sprache, mit der sie etwas anfangen können: Kann Salat lecker schmecken?

Wir meinen, ja.

Wann immer wir ein Kind treffen, das keinen Salat mag, werden wir neugierig. Immerhin gibt es eine Million Zubereitungsarten … Setzt man einem Kind aber nur Eisbergsalat aus dem Kühlschrank mit geschmacklosen Tomaten und einem langweiligenDressing vor, ist es kein Wunder, dass sich seine Begeisterung in Grenzen hält. Hat das Kind jemals eine frische Erbsensprosse gekostet? Oder die samtig-weichen Blätter von Kopfsalat? Kinder begeistern sich wahrscheinlich schneller für Salat, wenn er bunt und wunderschön aussieht und aus erntefrischen Produkten besteht.

Doch oft erliegen Eltern der Versuchung, einen vermeintlich kindgerechten Salat drastisch zu vereinfachen – denn sie gehen davon aus, dass die Kleinen geschmacklich nur eine in Ranch-Dressing ertränkte Baby-Möhre akzeptieren. Salate gehören zu den Gerichten, bei denen Kinder am besten mitarbeiten können, da hierfür keine heiße Herdplatte benötigt wird. Auch können sie das Rezept so einfach oder komplex halten, wie sie wollen. Helfen Kinder bei der Salatzubereitung, können sie von den Zutaten naschen und herausfinden, wie die einzelnen Komponenten schmecken. So lernen sie auch, dass durch das Kombinieren von Zutaten kein völlig unbekanntes neues Gericht entsteht.

Wenn West einen anstrengenden Tag hinter sich hat, isst er am liebsten einen Salat: Für ihn ist das ein Lieblingsessen. Es ist schon vorgekommen, dass er ganz allein eine ganze Schüssel davon verputzt hat, die eigentlich für uns vier gedacht war. Und dazu haben wir ihn nicht gezwungen.

Wir möchten, dass Ihre Kinder Salat ebenso lieben wie unsere. Deshalb haben wir einfache Salate an den Anfang des Kapitels gestellt. Die komplizierteren finden Sie am Ende – und wenn Sie dort angekommen sind, haben sich Ihre Kids hoffentlich schon zu Salat-Fans gemausert.

Bevor Sie Ihren Kindern grünes Blattgemüse servieren, sollten Sie jedoch erst einmal ein bisschen Spaß haben. Wie wäre es, aus großen Kohlblättern Hausschuhe für die ganze Familie zu basteln?

Und hier kommt Wests ermutigender Ratschlag für alle Salat-Neulinge: »Wenn ihr keinen Salat mögt, probiert ihn immer wieder und immer wieder und immer wieder – vielleicht schmeckt er euch dann irgendwann. Vielleicht aber auch nicht.«

MACHEN SIE IHR KIND ZUM SALAT-FAN

DO-IT-YOURSELF-Salat

Wenn Salat noch neu für Ihr Kind ist, folgen Sie dem Rat von Kinderernährungsexperten und servieren Sie den Salat in Einzelkomponenten – dann haben die Kids die Chance, jede einzelne Zutat separat zu kosten. Anders ausgedrückt: Besteht Ihr Salat aus geraspelten Beten, Kopfsalat und Dressing, richten Sie ihn folgendermaßen an. Auf den Teller kommt ein Häufchen geraspelte Bete (1EL), ein klein wenig Kopfsalat (2 Blätter) und eine winzige Menge des gemischten Salates. Daneben stellen Sie ein Schälchen mit Dressing zum Dippen. Dieser Ansatz funktioniert bei den meisten Rezepten in diesem Kapitel.

Ist Ihr Kind in Probierlaune, hat es vielleicht Lust, auch ein komplexeres neues Gericht zu kosten, wenn es weiß, dass man es in Einzelkomponenten zerlegen kann. So hat Maison es geschafft, ungewohnte, kompliziertere Gerichte zu probieren. Ihre Strategie: »Ich esse einen Bissen von dem ganzen Gericht, dann entscheide ich, was ich herausnehmen möchte, damit es ein bisschen besser schmeckt.«

SALAT OHNE MESSER UND GABEL

4 PORTIONEN

**Wählen Sie 2
oder 3 Zutaten aus**

1 Handvoll grüne Bohnen

220 g grüner Spargel,
ohne die holzigen Enden

220 g Brokkoli, in Röschen
geteilt

1 Handvoll junge
Kartoffeln

1 Kopf knackiger
Römersalat, in Blätter
getrennt

1 Bund Möhren mit Grün

1 Staudensellerie,
in einzelne Stangen
getrennt

Wir betrachten diesen Salat als Türöffner – perfekt für Salat-Neulinge, da er jungen Essern erlaubt, die Kontrolle zu behalten. Die Kinder können das Gemüse auswählen, das sie kosten möchten. Ein weiterer Vorteil für ängstliche Kids: Alle Zutaten lassen sich ganz einfach auf den ersten Blick identifizieren, da sie nicht in kleine Stückchen geschnitten und im Salat versteckt werden, wie es bei der traditionellen Salatzubereitung häufig der Fall ist. Knackige frische Salatblätter. Ganze Möhren mit frischem Grün, an dem man sie anfassen kann. Dieser Salat ist ganz easy herzustellen: die Zutaten einfach waschen, putzen und auf einer großen Platte anrichten. Überlassen Sie den Kindern die Entscheidung, wie viele oder wie wenige der vorgeschlagenen Zutaten sie essen möchten. Servieren Sie den Salat mit kleinen Dressing-Schüsselchen zum Dippen (siehe Seiten 150 bis 152). Wir steigen bei diesem Salat gern groß ein und richten eine riesige Platte mit Gemüse an, von der sich die ganze Familie bedient. Die Kinder finden darauf in der Regel zumindest einen Bestandteil, der sie reizt – und das vielleicht so sehr, dass sie ihn auch kosten. Oder wenigstens einen Schnurrbart daraus basteln. Noch ein Bonus dieser Kreation: Den Salat mit den Händen zu essen macht Spaß, sogar den Erwachsenen.

Als Erstes machen Sie das Gemüse etwas zarter. Dazu Wasser in einem großen Topf sprudelnd aufkochen lassen. Währenddessen eine große Schüssel mit Eiswasser füllen und beiseitestellen. Die grünen Bohnen 10 Sekunden lang im kochenden Wasser blanchieren – sie sollen nur ein klein wenig zarter werden und sich leuchtend grün färben.

Die Bohnen mit einer Küchenzange oder einem großen Schaumlöffel aus dem Topf nehmen und in das Eisbad gleiten lassen, hierdurch wird der Garprozess gestoppt. Die abgekühlten Bohnen mithilfe einer Küchenzange auf eine mit Küchenpapier bedeckte Platte legen. Mit dem Spargel und dem Brokkoli ebenso verfahren, den Spargel allerdings 30–60 Sekunden und den Brokkoli 45 Sekunden blanchieren. Die Kartoffeln 12–15 Minuten kochen lassen, bis sie gar sind.

Vom Römersalat die knackigsten und größten Salatblätter auswählen. Salatblätter, Möhren und Sellerie auf einer großen Servierplatte anrichten, in die Mitte die Schälchen mit dem Dressing stellen. Wir servieren diesen Salat gern mit Erdbeer-Dressing, Hummus oder einer einfachen Vinaigrette. Die grünen Bohnen, den Spargel, den Brokkoli und die Kartoffeln zwischen dem rohen Gemüse anrichten. Los geht die Salat-Party mit viel Grünzeug zum Dippen.

KIDS **GRÜNZEUG WASCHEN UND TROCKNEN**

Um Blattgemüse oder anderes Gemüse zu waschen, füllt ihr eine große Schüssel oder einen Eimer mit kaltem Wasser. Taucht das Blattgemüse hinein. Schwenkt die Blätter mit den Händen vorsichtig hin und her, um den Schmutz zu lösen. Wartet, bis sich der Schmutz auf dem Boden abgesetzt hat, dann nehmt ihr das Blattgemüse heraus. Ist der Salat superdreckig, wiederholt ihr das Bad in kaltem Wasser noch zweimal – nehmt dafür jedes Mal frisches Wasser, damit das Grünzeug blitzsauber wird. Seid aber vorsichtig, damit ihr die Blätter nicht zerreißt.

Für einen wirklich gelungenen und leckeren Salat müssen die Gemüsezutaten ganz trocken sein, da das Dressing sich nur dann gut mit den Zutaten verbindet – daher müsst ihr das Blattgemüse richtig trocken kriegen. Tupft es mit einem sauberen Geschirrtuch ab oder trocknet es in der Salatschleuder. West ist ganz versessen darauf, die Salatschleuder zu betätigen. Schleudert das Grünzeug, bis es supertrocken ist. Oder probiert unsere altmodische Trocknungsmethode aus: Hängt das Blattgemüse draußen auf die Wäscheleine und lasst es 10 Minuten in der Sonne trocknen.

SALAT-VIELFALT IM EINMACHGLAS

Um sogar die skeptischsten Kinder für Salat zu gewinnen, bieten wir ihnen die freie Auswahl an. Diesen Salat im Einmachglas stellen die Kids ganz nach Belieben selbst zusammen. Wir richten dafür die Zutaten in Schälchen an und stellen sie wie bei einer Salat-Theke auf. Jedes Kind bekommt ein Einmachglas, das etwa 240 ml fasst, und darf es nach Herzenslust mit Zutaten seiner Wahl füllen. Aufgabe: Die Kids müssen die Einmachgläser vor dem Essen durchschütteln, damit sich das Dressing verteilt. Im Folgenden verraten wir Ihnen Zutaten, die wir besonders gern ins Einmachglas packen: Wählen Sie davon für Ihre Salat-Theke so viele aus, wie es Ihnen sinnvoll erscheint. Achten Sie aber darauf, auch Zutaten anzubieten, die Ihr Kind schon kennt und mag – und setzen Sie nicht ausschließlich auf ungewohnte und noch nicht akzeptierte Dinge.

4 PORTIONEN

DRESSING

Wählen Sie aus den Vorschlägen auf Seite 151–154 aus.

BLATTGEMÜSE

(Wählen Sie 2 aus)

1 Handvoll Spinat (etwa 40 g)

1 Handvoll Blattsalat, rot oder grün (etwa 40 g)

1 Handvoll Kopfsalat (etwa 40 g)

1 Handvoll Römersalat (etwa 40 g)

1 Handvoll Grünkohl (etwa 20 g)

1 Handvoll Erbsensprossen (etwa 90 g)

OBST UND GEMÜSE (WÄHLEN SIE 2 AUS)

80 g gekochte Kichererbsen

80 g Trauben, halbiert

70 g Möhren, gerieben

120 g Kirschtomaten, halbiert

50 g Rotkohl, geraspelt

80 g Sprossen

KNACKIGES (WÄHLEN SIE 2 AUS)

4 EL Sonnenblumenkerne

4 EL Kürbiskerne

4 EL Pekannusskerne

4 EL Mandelblättchen

4 EL Croûtons

4 EL knusprige chinesische Teigtaschen (Wan Tan)

4 EL Parmesanspäne

Kinderleicht! Das Gemüse vorbereiten. Gemüse kalt waschen und dann mit Küchenpapier trocken tupfen. Mit einer Bärentatze (siehe Seite 45) reiben und hacken.

Einmachglas füllen. Dafür aus jeder Kategorie 1 oder 2 Bestandteile auswählen und einschichten.

Erst kommt das Dressing. Beim Befüllen des Einmachglases immer mit dem Dressing anfangen. 1 oder 2 EL Lieblings-Salatdressing auf den Boden des Einmachglases löffeln.

Die perfekte Basis. Die unterste Schicht sollte nicht gleich aufweichen, wenn sie mit dem Dressing in Berührung kommt oder sogar darin schwimmt. Daher eher robustes Gemüse einfüllen: Bohnen, Möhren etc. Diese Schicht verhindert es, dass das Blattgemüse durchweicht, wenn ihr euer Einmachglas über Nacht im Kühlschrank aufbewahrt, es in die Schule mitnehmt oder für eine Wanderung als Proviant im Rucksack verstaut.

Schicht für Schicht. Blattgemüse einfüllen. Als Abschluss leichte, knackige Zutaten oder Parmesan obenauf geben.

Das Glas nicht zu voll füllen. Oben sollte noch ein bisschen Platz bleiben, damit sich die Zutaten durchschütteln lassen. Zum Schluss einen dicht schließenden Deckel fest aufschrauben. Kurz vor dem Essen das Einmachglas wie verrückt durchschütteln.

Abenteurer-Rezept
AUF ZUM SALAT-GESCHMACKSTEST

Wussten Sie, dass es so viele verschiedene Arten von Salat gibt, dass Sie fast ein ganzes Jahr lang jeden Tag eine andere Spielart ausprobieren könnten? Jede Sorte hat ein anderes Aussehen und einen anderen Geschmack. West verweigert einen ganzen Salat, wenn er darin auch nur ein einziges Blättchen Rucola entdeckt (»zu scharf«), vertilgt aber eine irre Menge an Babyspinat auf einmal. Wenn Ihr Kind behauptet, keinen Salat zu mögen, empfehlen wir unseren Salat-Geschmackstest. Und wenn Sie schon dabei sind, testen Sie auch anderes Blattgemüse aus. Als wir Kinder waren, fand man in den Lebensmittelgeschäften häufig nur Eisberg- und Römersalat. Heute bieten viele Läden ein Riesensortiment an, das von purpurfarbenem Radicchio bis hin zu zehn Sorten Grünkohl reicht. Wir glauben fest daran, dass es für jedes Kind und jeden Erwachsenen ein Blattgemüse gibt, das ihm schmeckt. Nehmen Sie die Mission in Angriff, das Lieblingsgrünzeug Ihrer Familie aufzuspüren!

KIDS ▶ ## WÄHLT DAS BLATTGEMÜSE AUS

Geht in euren Lebensmittelladen. Wie viele verschiedene Salatsorten gibt es dort? Wir haben euch ein paar Salatsorten aufgeschrieben, die ihr dort wahrscheinlich findet – wählt zwei oder drei aus, die ihr noch nie gekostet habt.

RICHTET EINE SALATPLATTE AN

Zu Hause wascht und trocknet ihr den Salat. Legt ein Blatt von jeder Salatsorte auf einen großen Teller. Stellt drei oder vier Schälchen mit euren Lieblings-Dressings daneben, damit ihr die Blätter eindippen könnt. Kostet jedes einzelne.

Schreibt die Ergebnisse auf:

Heute hat unsere Familie die folgenden neuen Salatsorten ausprobiert:

Dieser Salat war am knackigsten:

Dieser Salat war am süßesten:

Aus diesem Salat konnten wir den besten Hut basteln:

REGENBOGEN-SLAW

4 PORTIONEN

140 g Rote Bete, geraspelt

140 g Möhren, geraspelt

110 g Apfel (Granny Smith), geraspelt

100 g Rotkohl, geraspelt

2 EL Olivenöl

1 EL Balsamicoessig

Meersalz nach Belieben

Rosinen (optional)

Sesamsamen (optional)

Dieser knallbunte Rohkostsalat war der erste Salat, in den West sich verliebt hat – er zählt bis heute zu seinen Lieblingsgerichten. Sein herber Geschmack und die knackige Konsistenz machten West zu einem so begeisterten Kohl-Fan, dass er wild entschlossen ist, Zuckerwatte mit Kohlgeschmack zu erfinden. (Keine Angst, so weit sind wir … noch … nicht.) Lassen Sie Ihre Kinder das Gemüse reiben, damit sie die Chance bekommen, diese bunten Köstlichkeiten kennenzulernen.

Kinderleicht! Reibt wie der Teufel! Rote Beten, Möhren und Apfel mit den großen Löchern der Reibe reiben. Für den Rotkohl die Schlitze verwenden.

Olivenöl und Balsamico in einer separaten Schüssel verquirlen. Salz zufügen.

Jede Zutat in einem eigenen Streifen nebeneinander anrichten und ein Schälchen mit Dressing danebenstellen. So kann jedes Kind entscheiden, welchen Teil des Regenbogens es probieren möchte.

WESTS TIPP

Wie wäre es damit, noch etwas Knackiges über den Regenbogen zu streuen? Etwa gesalzene, geröstete Sonnenblumenkerne? Oder zerkleinerte Erdnüsse? Zerkrümelte Mais-Chips? Ihr habt die Wahl.

SOMMERLICHER MAISSALAT

4 BIS 6 PORTIONEN

3 frische Maiskolben

500 g Kirschtomaten, halbiert

5 EL Olivenöl

Saft von 1 Zitrone

Meersalz nach Belieben

Süßer Mais schmeckt an sich schon köstlich – und dieser Salat setzt das Aroma perfekt in Szene. Wenn Sie die Möglichkeit dazu haben, bereiten Sie diesen Salat am besten draußen zu, denn das Auslösen der Körner aus den Kolben macht einen unglaublichen Dreck. Geben Sie den Kindern ein paar Kolben zum Austoben und widmen Sie sich währenddessen den Aufgaben, die einen sicheren Umgang mit dem Messer erfordern.

Kinderleicht! Den Mais schälen – über dem Spülbecken, auf der Veranda oder wo auch immer. Erst die dicken grünen äußeren Hüllblätter abziehen. Dann von jedem Kolben die harten silbrigen Fäden entfernen. Könnt ihr aus den Hüllblättern einen Rock oder Hut basteln?

Einen großen Topf etwa 5 cm hoch mit Wasser füllen und dieses zum Kochen bringen. Die Maiskolben mit der Spitze nach oben in den Topf stellen, den Deckel auflegen und den Mais 8–10 Minuten garen. Die Kolben anschließend mit einer Küchenzange aus dem Topf nehmen und in eine große, mit kaltem Wasser gefüllte Schüssel legen.

Ist der Mais so weit abgekühlt, dass man ihn anfassen kann, die Spitze jedes Kolbens mit einem Messer abschneiden, um eine gerade Schnittfläche zu bekommen. Nun die Kolben mit der Schnittfläche nach unten auf ein Schneidbrett stellen und am oberen Ende mit einer Hand festhalten. Mit der anderen Hand ein scharfes Messer nehmen und in einer von oben nach unten führenden Bewegung die Körner vom Kolben trennen. Den Kolben dabei immer wieder ein Stückchen drehen, um auch wirklich jedes süße Korn zu erwischen.

Maiskörner und Tomaten in einer großen Schüssel mischen. Mit Olivenöl und Zitronensaft beträufeln und mit Salz würzen. Alles gut durchrühren und die knackige Süße dieser frischen, sommerlichen Mais-Kreation genießen.

GRÜNKOHL, GRÜNKOHL

UND NOCH MEHR GRÜNKOHL

Eine der effektivsten Strategien, zögerliche Neulinge mit der wunderbaren Welt der Salate vertraut zu machen, besteht darin, immer nur zwei oder drei Zutaten auf einmal zu verwenden und das Dressing schlicht zu halten. In unserer Familie besteht der Salat der Wahl aus nur fünf Zutaten: Grünkohl (am liebsten mögen wir Dinosaurier-Grünkohl, aber jeder andere funktioniert genauso), Parmesan, Zitronensaft, Olivenöl und Meersalz. Wir lieben diesen einfachen Salat. West und Maison bereiten ihn ganz selbstständig zu und passen die Menge der Zutaten beim Abschmecken an.

Kinderleicht! Zuerst den Grünkohl waschen, dann die Blätter abzupfen. Dazu die Stiele mit der einen Hand festhalten und mit der anderen Hand die Blätter in einer fließenden Bewegung abreißen. Dabei laut »Heya!« rufen. Dann die Blätter in kleine Stücke reißen und in die Salatschleuder legen. So lange schleudern, bis die Blätter ganz trocken sind.

Die getrockneten Grünkohlblätter in eine große Schüssel legen, einen Zitronenschnitz darüber auspressen und etwas Meersalz darüberstreuen.

Mit sauber gewaschenen Händen die Grünkohlblätter gut durchkneten, bis sie sich dunkelgrün gefärbt haben und weich geworden sind. Lasst dabei die Muskeln spielen! 1 bis 2 Minuten durchhalten. Grünkohl liebt auch Gesangseinlagen. Gibt es ein besonderes Lied, das ihr dem Grünzeug vorsingen möchtet? Na dann los! Wenn sich der Kohl durch die Massage entspannt hat, ein bisschen Olivenöl hinzufügen und etwas Parmesan darüberstreuen. Noch mal alles mit den Händen durchmischen und abschmecken. Was fehlt noch? Was könnte das Ganze noch leckerer machen? Ihr entscheidet.

SO WIRD IHR KIND ZUM SALAT-FAN

Machen Sie einen Salat in Miniatur-Größe

Winzige Portionen sind wichtig, wenn man Kindern neue Lebensmittel nahebringen will, da sie überschaubar sind und das Kind nicht überfordern – so zumindest die Meinung von Experten für Kinderernährung. Bekommt Ihr Kind schon Panik, wenn es ein ganzes Salatblatt essen soll? Schlagen Sie ihm vor, einen Salat für Liliputaner zu machen, der in einen Fingerhut passt. Manchmal greift Maison zu einer Pinzette, um mikroskopisch kleine Möhrenspäne auf ihren Elfen-Salat zu legen. Die Mini-Portion verspeist sie dann in einem Happs.

BROT-SALAT

3 BIS 4 PORTIONEN

220 g Brotwürfel, 5 cm groß, vorzugsweise Baguette oder Landbrot mit Kruste

4 EL Olivenöl

Meersalz nach Belieben

1 Römersalat, in Blätter zerpflückt

1–3 große Tomaten (möglichst saftige, erntefrische Tomaten), grob zerkleinert

90 g Parmesanspäne

DRESSING

4 EL Olivenöl

2 EL Rotweinessig

Meersalz nach Belieben

Brot essen eigentlich alle Kinder gern. Deshalb ist unserer Meinung nach ein schönes Brot mit Kruste die perfekte Nahrungsbrücke für Kinder, die gerade erst anfangen, Salat zu entdecken. Ein Teil dieses Rezeptes ist der Herstellung von Croûtons gewidmet, was gerade Kindern großen Spaß macht. West tendiert dazu, das Brot aus dem Salat zu fischen und nur das Gemüse zu essen. Einer seiner besten Freunde isst dagegen nur das Brot. Dieses Gericht schmeckt am besten im Sommer, wenn die Tomaten sonnengereift sind.

Den Ofen auf 180 °C vorheizen.

Um die Croûtons herzustellen, die Brotwürfel auf einem Backblech verteilen, mit Olivenöl beträufeln und mit Salz bestreuen. Die Würfel hin- und herwenden, damit sie gut mit Öl und Salz überzogen sind. Brot etwa 15 Minuten im Ofen backen, bis es kross und gebräunt ist. Während der Backzeit ein- oder zweimal wenden.

Kinderleicht! Die abgekühlten Brotwürfel in einen verschließbaren Gefrierbeutel füllen. Vor dem Verschließen, die überschüssige Luft herauspressen. Mit einem Fleischklopfer aus Holz oder dem Boden einer schweren Pfanne ein paarmal auf die Brotwürfel einschlagen, um sie zu zerkleinern.

Für das Dressing Olivenöl, Essig und Salz in einer großen Salatschüssel verquirlen.

Croûtons, Salatblätter, Tomaten und Parmesan zufügen. Mit einem Pfannenwender alles gut durchmischen, damit die Brotwürfel gut mit dem Dressing und dem Saft der Tomaten überzogen sind.

Jetzt kommt der schwierige Teil. Den Salat bei Zimmertemperatur (nicht im Kühlschrank) mindestens 30 Minuten durchziehen lassen, damit das Brot die Flüssigkeit aufnehmen kann und sich die Aromen durchmischen. Den Salat ein paarmal umrühren undservieren, wenn das Brot das Dressing aufgenommen hat.

Abenteurer-Rezept

TOMATEN-TEST FÜR NACHWUCHS-BOTANIKER

Es gibt Kinder, die Tomaten nicht auf Anhieb mögen. Aber das Wichtigste zuerst: Nicht alle Tomaten schmecken gleich. Lassen Sie im Winter die Finger davon. Es gibt nur wenig Gemüse, das außerhalb der Saison so enttäuschend schmeckt wie diese geschmacklosen Wassersäcke. Würden Sie vielleicht Tomaten lieben, wenn man Ihnen das erste Mal im Dezember eine fade Fleischtomate präsentiert hätte? Gehören Ihre Kinder noch nicht zum Tomaten-Fanclub, warten Sie getrost ab, bis Tomaten Saison haben. Machen Sie ein Spiel daraus und lassen Sie Ihr Kind im Supermarkt oder auf dem Wochenmarkt fünf verschiedene Tomatensorten auswählen. Dann führen Sie mit den reifen Schönheiten einen Tomatentest durch.

3–5 gelbe Cherrytomaten (die sind so süß, dass wir sie Zuckertomaten nennen)

1–2 rote Fleischtomaten

3–5 rote Kirschtomaten

1 orangefarbene Tomate

1 grüne Tomate

1 Eiertomate (Roma-Tomate)

2 EL Olivenöl

2 EL Balsamicoessig

2 EL Meersalz

2 EL frisch gehacktes Basilikum

2 EL geriebener Parmesan

Bauen Sie eine Tomaten-Teststation auf. Dafür die Tomaten waschen und trocken tupfen. Die Kirschtomaten vierteln, die anderen in gut 5 mm breite Scheiben schneiden. Alle Sorten zum Verkosten auf einer großen Platte in Form eines Regenbogens anordnen.

Kleine Schälchen mit Olivenöl, Balsamico, Meersalz, Basilikum und geriebenem Parmesan danebenstellen. Lassen Sie die Kinder entscheiden, womit sie die Tomaten jeweils anmachen wollen.

Welche Tomatensorte schmeckt euch am besten?
Womit habt ihr sie beträufelt oder bestreut?

SUPER-FRÜHLINGSSALAT: ZART UND KNACKIG, SÜSS UND SALZIG

4 BIS 6 PORTIONEN

2 EL Ahornsirup

60 g Walnusskerne

Meersalz nach Belieben

15 kernlose Trauben oder mehr nach Belieben

90 g grüner Blattsalat, gemischt

1 EL Walnussöl

Unsere Kinder lieben diesen Salat, und Ihre werden es vermutlich auch. Er ist insofern ungewöhnlich, da er überhaupt keine Säure enthält. Keine Zitrone, keinen Essig. So schmecken Sie wirklich nur die Aromen der Zutaten.

MISHA SAGT: »Als ich meinen College-Abschluss in der Tasche hatte, lud mich mein Zimmergenosse in ein Edelrestaurant in Chicago ein. Es war der geschmackvollste Ort, den ich je besucht hatte. Es gab nur vier Tische. Sie servierten dort einen Salat mit geschälten Trauben und kandierten Walnüssen. Ich war hin und weg und habe seit damals diesen Salat immer wieder nachgebaut. Hier kommt unsere Familienversion.«

Ein Backblech mit Backpapier auslegen und beiseite stellen.

Den Ahornsirup in einer kleinen Pfanne auf mittlerer Stufe erwärmen. Walnüsse und Salz zufügen und etwa 3 Minuten karamellisieren lassen, dabei immer wieder mit einem Pfannenwender durchrühren. Nun die Walnüsse mit dem Wender auf das Backblech befördern und dort nebeneinander verteilen. Abkühlen lassen. Wenn sie ausgekühlt sind, werden die Walnüsse so hart wie Bonbons.

Kinderleicht! Einige der Nüsse kleben wahrscheinlich zusammen. Nüsse auseinanderbrechen, sobald sie abgekühlt sind.

Kinderleicht! Trauben schälen. Da müsst ihr euch ein bisschen konzentrieren. Schafft ihr es, die Haut einer Traube ganz abzuziehen? Ja, das erfordert die Konzentration eines Profi-Skifahrers und das Geschick eines Chirurgen. Aber ihr kriegt das hin. Also los: Wenn ihr fünf schafft, ist das klasse. Sind es zehn – noch besser. Habt ihr wirklich Lust, euer Talent als Traubenschäler unter Beweis zu stellen, dann schnappt euch alle 15. Danach Trauben halbieren und beiseite stellen. Aber erst noch eine kosten. Schmeckt sie nicht viel leckerer als eine Traube mit Haut? Wir finden schon.

In einer großen Salatschüssel die Salatblätter mit dem Walnussöl mischen. Trauben und kandierte Nüsse zufügen. Alles durchmischen, salzen, nochmals durchmengen und servieren.

ELFENBLATT-SALAT

4 BIS 6 PORTIONEN

40 g Grünkohlblätter
ohne Stiel (Seite 138)

250–280 g Rosenkohl

1 gute Prise Meersalz

60 g Parmesan am Stück

4 EL Mandelblättchen

4 EL Rosinen

DRESSING

1 EL Balsamicoessig

3 EL Olivenöl

½ EL Ahornsirup

1 gute Prise Meersalz

Kinder (und viele Erwachsene) sind von Rosenkohl nicht gerade begeistert. Doch wenn man die kleinen (Elfen)Blättchen roh mit einem saftigen Dressing serviert, wird daraus ein völlig neues und köstliches Geschmackserlebnis.

Die Grünkohlblätter in dünne Streifen schneiden.

Kinderleicht! Die Blätter vom Rosenkohl abzupfen und den inneren Kern beiseite legen. Nun die Rosenkohlblätter in einer großen Schüssel mit dem Grünkohl vermischen. Salz dazugeben und das Grünzeug gründlich durchkneten.

Kinderleicht! Den Parmesan mit einer Bärentatze (Seite 45) festhalten und über die großen Löcher einer Standreibe reiben. Den geraspelten Käse beiseite stellen.

Die Mandelblättchen in einer kleinen Pfanne ohne Fett auf mittlerer Stufe rösten. In 3–5 Minuten unter Rühren goldbraun braten. Kosten und beiseite stellen.

Für das Dressing Balsamico, Olivenöl, Ahornsirup und Salz in einer kleinen Schüssel verrühren. Abschmecken und ggf. nachwürzen.

Nun die gerösteten Mandeln und die Rosinen in die Schüssel mit Rosenkohl und Grünkohl geben. Etwas von dem Dressing über die Blätter gießen und alles gut vermischen. Dann den Parmesan zugeben und nochmals alles vermengen. Abschmecken. Bei Bedarf weiteres Dressing zugeben. Servieren.

ROSINEN-GESCHMACKSTEST

Dieser Salat ist die perfekte Gelegenheit, um Mishas Theorie zu überprüfen, dass Rosinen jedes Gericht verbessern. Unsere Familie ist in dieser Frage alles andere als einig. (Vicki ist der festen Überzeugung, dass Rosinen nicht dazu beitragen, jedes Gericht leckerer zu machen. Oder was bevorzugen Sie – Muscheln mit oder ohne Rosinen?) Teilen Sie den Salat auf zwei Schüsseln auf. In die erste Schüssel kommen zusätzlich Rosinen hinein. Jetzt kosten Sie beide Salatvarianten. Wird der Salat durch Rosinen besser? Ja/Nein. Stimmen Sie ab.

Abenteurer-Rezept

UNKRAUT-SALAT

Mit ziemlicher Sicherheit wachsen in Ihrem Garten oder am Gehwegrand in der Nachbarschaft jede Menge verschiedene Salatkräuter. Vieles, was für Unkraut gehalten wird, schmeckt erstaunlich lecker – und ist ganz umsonst zu haben. Hier eine Auswahl von weit verbreiteten essbaren Wildkräutern, die einen leckeren Salat ergeben.

Löwenzahn: gängiges »Unkraut« mit essbaren gelben Blüten und Blättern.

Portulak: Sukkulente mit rötlichen Stängeln, schmeckt leicht nach Zitrone.

Brunnenkresse: bekommt man auch für teures Geld beim Lebensmittelhändler, ist aber häufig an Bachläufen zu finden.

Rotklee: essbare pinkfarbene Blüten.

Sauerklee: Kleeblätter und winzige Blüten mit zitronigem Geschmack.

Weißer Gänsefuß: schmeckt wie eine Kreuzung aus Spinat und Mangold.

Kapuzinerkresse: große, leuchtend orange oder gelbe Blüten an einer Ranke, würzig-scharfer Geschmack.

Strahlenlose Kamille: fruchtig schmeckende, essbare Pflanze, die auf Feldern, Spielplätzen und im Garten wächst – wenn man die Blüte zerdrückt, duftet sie nach Ananas.

Nehmen Sie Ihre Kinder mit auf einen Spaziergang durch den Garten oder die Nachbarschaft. Welche essbaren Wildkräuter haben Sie gefunden? Die Blüten und die grünen Pflanzenteile, die Sie geerntet haben, gründlich in kaltem Wasser waschen. Anschließend mit einem Küchenpapier trocken tupfen oder in die Salatschleuder füllen. Zum Schluss das ganze »Unkraut« in eine große Salatschüssel geben und mit Ihrem Lieblings-Dressing anmachen.

Hinweis zum Pflanzensammeln: Vergewissern Sie sich mindestens dreimal, dass Sie eine Pflanze richtig bestimmt haben, bevor Sie sie essen. (Vergessen Sie nicht, dass es in der Natur auch giftige Pflanzen gibt!) Im Handel finden Sie jede Menge Bestimmungsbücher für Wildpflanzen, außerdem gibt es hilfreiche Apps zum Identifizieren essbarer Pflanzen (etwa *Wilde Beeren und Kräuter* 2). Wenn Sie wirklich Lust haben, essbare Wildpflanzen rund um Ihr Haus zu sammeln, sich aber unsicher fühlen, gehen Sie mit einem Experten auf Tour – entsprechende Angebote finden Sie sicherlich in Ihrer Region.

Halten Sie sich fern von Arealen, die mit Pestiziden oder Chemikalien behandelt sein könnten. Wenn Sie bei Nachbarn ernten möchten, fragen Sie nach, ob dort Pestizide versprüht wurden – dann sollten Sie dort keine Pflanzen sammeln.

Forschen Sie im Rathaus oder bei Parkbetreibern nach, ob auf den öffentlich zugänglichen Flächen Pestizide eingesetzt werden. Vermeiden Sie auch Bereiche, in denen häufig Hunde ausgeführt werden.

Erklären Sie Ihren Kindern ganz klar, dass sie eine Wildpflanze nur dann essen dürfen, wenn sie zuvor das Einverständnis eines Erwachsenen eingeholt haben.

REZEPTE,
VON DENEN
NUR KINDER
TRÄUMEN

Wests Santa-Monica-Wintersalat

1 Rotkohl

1 Weißkohl

1 Chinakohl

1 Eisbergsalat

1 Handvoll Erdnüsse mit Schale

1 Dose Maissuppe

Schale von 1 roten Zwiebel

Truthahnsauce (Fertigprodukt)

West kreierte diesen Salat im Alter von drei Jahren während einer Episode von *Cooking Fast & Fresh with West*. Er ist absolut nicht empfehlenswert – weder für Kinder noch für Erwachsene.

Den Kohl raspeln und den Salat zerpflücken. Alles in einer großen Salatschüssel mischen und die Erdnüsse (mit Schale) zufügen. Die kalte Maissuppe als Dressing über den Salat gießen. Mit der Zwiebelschale garnieren und servieren, dazu ein Schälchen mit Truthahnsauce auf den Tisch stellen. Guten Appetit.

... oder auch nicht.

SALAT-DRESSINGS

Das Dressing kann eine wichtige Rolle spielen, wenn man widerstrebende Kinder als Salat-Fans gewinnen möchte. Entgegen der landläufigen Meinung bedeutet das nicht, dass Sie Salat in Ketchup oder Ranch-Dressing ertränken müssen, um ihn für Kids attraktiv zu machen. Überlassen Sie es Ihren Kindern, das Dressing anzurühren. Geben Sie ihnen die Chance, nach eigenem Gusto abzuschmecken und nachzuwürzen. Einige Kinder bevorzugen ein eher säuerliches Dressing, andere mögen mehr Süße oder mehr Öl. Wenn die Kids in die Zubereitung eingebunden sind, werden sie den Salat wahrscheinlich auch essen.

WESTS DRESSING FÜR JEDE GELEGENHEIT

ERGIBT 8 ESSLÖFFEL

4 EL Balsamicoessig

½ TL Honig

4 EL Olivenöl

Meersalz nach Belieben

Balsamico und Honig in einem kleinen Glas mit dicht schließendem Deckel mischen. Deckel zuschrauben und das Glas ein paar Sekunden wild durchschütteln – hierdurch verbinden sich die Zutaten am besten. Nun Öl und Salz zufügen und nochmals kräftig durchschütteln. Abschmecken. Was fehlt noch?

Das Dressing hält sich im Kühlschrank bis zu 10 Tage. Vor dem Servieren immer gut durchschütteln.

VINAIGRETTE

ERGIBT 8 ESSLÖFFEL

½ Schalotte, fein gehackt

2 EL Rotweinessig

Meersalz nach Belieben

6 EL Olivenöl

Schalotte, Essig und Salz in einer kleinen Schüssel vermischen. Etwa 15 Minuten durchziehen lassen, dann das Olivenöl zufügen und alles verquirlen, damit sich die Zutaten gut verbinden.

Das Dressing hält sich im Kühlschrank bis zu 10 Tage. Vor dem Servieren immer gut durchschütteln.

SAFT-DRESSING

ERGIBT 4 ESSLÖFFEL

2 EL frisch gepresster Zitronensaft

½ TL Honig

2 EL Olivenöl

Meersalz nach Belieben

Zitronensaft und Honig in einem kleinen Glas mit dicht schließendem Deckel mischen. Deckel zuschrauben und das Glas ein paar Sekunden wild durchschütteln. Nun Öl und Salz zufügen und nochmals kräftig durchschütteln. Abschmecken. Das Dressing hält sich im Kühlschrank bis zu 10 Tage. Vor dem Servieren immer gut durchschütteln.

DAS »ERDBEEREN SIND LECKER«-DRESSING

Maison hat dieses Dressing erfunden und ihm seinen Namen gegeben. Aber es schmeckt uns allen gut. Es ist auch die erste Salatsauce, die unser fünfjähriges Nachbarskind jemals probiert – und gemocht hat. (Natürlich hat es kein einziges Stückchen Salat ins Dressing getaucht, aber das ist Nebensache.)

ERGIBT 16 ESSLÖFFEL (240 ML)

160 g frische Erdbeeren, entstielt, grob zerkleinert

2 EL frisch gepresster Limettensaft

1 EL Balsamicoessig

4 EL Olivenöl

1 TL Honig

Meersalz nach Belieben

Alle Zutaten in einen Mixer geben. 1 EL Wasser zufügen und alles ein paar Sekunden lang durcharbeiten, bis eine glatte Sauce entstanden ist. Das pinkfarbene Dressing über Ihren Lieblingssalat oder -krautsalat träufeln. Maison findet, dass dieses Dressing zu jedem Salat passt, es hält sich im Kühlschrank ein paar Tage lang.

WESTS TIPP

WIE MAN EINEN SALAT RICHTIG ANMACHT: Wenn ihr euch ein eigenes Dressing ausgedacht habt, könnt ihr jeden Salat damit beträufeln. Erst die Blätter waschen und trocknen, sie müssen richtig trocken sein! Denn das Dressing bleibt dann besser kleben. Welke oder matschige Blätter aussortieren. Niemand will schließlich ein welkes Blatt essen! Die trockenen Salatblätter danach in eine große Schüssel geben. Sie muss richtig groß sein, damit eure Hände darin noch Platz haben. Jetzt etwas von dem Dressing über den Salat träufeln. Mit einer Hand Salatblätter und Dressing gut vermischen. Ich liebe Balsamico in Salatsaucen, Maison nimmt gern viel Salz. Was schmeckt euch am besten? Probiert euren Salat. Wodurch würde er noch besser schmecken? Mehr Salz? Mehr Zitronensaft? Ahornsirup? Das könnt ihr entscheiden. Jetzt könnt ihr den Salat noch ein bisschen aufhübschen. Dazu ein paar lila Rosmarinblüten daraufstreuen. Sofort servieren – und mit Essstäbchen, einer Küchenzange oder auch mit den HÄNDEN essen. Ihr könnt auch eine Gabel verwenden, aber wieso?

Abenteurer-Rezept
TOMATENKERN-VINAIGRETTE

**ERGIBT 8 BIS 16 ESS-
LÖFFEL (120 BIS
240 ML) – ABHÄNGIG
VOM SAFTGEHALT DER
TOMATEN**

500 g Kirschtomaten

2 EL frisch gepresster
Zitronensaft

1 TL Honig

8 EL Olivenöl

Meersalz nach Belieben

Uns allen wurde beigebracht, dass man mit Essen nicht spielt. Doch wir möchten Sie dazu ermutigen, genau das zu tun und alle Benimmregeln über den Haufen zu werfen. Manche kleinen Kinder meiden Tomaten, weil die Kerne in alle Richtungen spritzen können, wenn man hineinsticht. Wenn die Kleinen mit dem Gemüse herumspielen dürfen, verlieren sie die Angst vor wild gewordenen Kernen und gewöhnen sich daran, dass manche Lebensmittel eben spritzen. Selbst wenn Ihr Kind dieses Dressing nicht probieren möchte, kann die Herstellung es dazu bringen, irgendwann doch den Mut zu finden, in eine Tomate zu beißen. Bereiten Sie dieses Abenteurer-Rezept unbedingt im Freien zu, sonst kratzen Sie noch Monate später versprengte Kerne von der Decke.

Kinderleicht! Kerne aus den Tomaten drücken! Stellt dazu eine große, breite Schüssel ein paar Zentimeter von den Tomaten entfernt auf. Wenn ihr wollt, könnt ihr eine Schwimmbrille aufsetzen. Jetzt mit den Fingern die Kerne aus den Tomaten pressen. Dazu eine Tomate zwischen Zeigefinger und Daumen nehmen, kräftig darauf drücken und zusehen, wie die Kerne herausspritzen. Schafft ihr es, so zu zielen, dass die Kerne in der Schüssel landen? Sind einige Tomaten saftiger als andere? Es gibt nur einen Weg, um das herauszufinden – die Tomaten kräftig zusammendrücken und die Kerne herausschießen lassen. Wenn ihr Lust habt, dürft ihr Schale und Fruchtfleisch kosten: Für unser Dressing können wir nur die Kerne und den Saft gebrauchen.

Wenn ihr eine Schüssel voller Saft und Kerne habt, Zitronensaft und Honig zufügen. Alles gut verquirlen, dann das Olivenöl untermischen und Salz zugeben.

HERAUSFORDE-RUNG FÜR DIE GANZE FAMILIE

KINDER ALS VERANTWORTLICHE KÜCHENCHEFS

Was passiert, wenn sich Eltern darauf ein-lassen, dass die Kinder in der Küche das Kom-mando übernehmen und nach eigenem Gusto kochen – mit allen wunderbaren Konsequenzen? Wir beschlossen, das herauszufinden. Als West zwei Jahre alt war, machten wir ein Experiment. Wir ließen ihn im Supermarkt frei umherstiefeln und ganz allein die Zutaten für ein Abendessen auswählen. Das Ergebnis war ... unkonventionell. West, in Sachen Geschmack völlig durchgedreht, erfand ein paar faszinierende (und definitiv un-genießbare) Gerichte, darunter Pasta mit Marme-ladensauce (Seite 184). Unter den Zutaten waren gekochte Schokoladenchips, ein halb aufgeges-sener Apfel, Cracker und Nudeln.

Tauschen Sie die Rollen mit Ihrem Kind. Für die Zubereitung der nächsten Mahlzeit ist es der Küchenchef. Es muss die Zutaten einkaufen und darf sie so zubereiten, wie es will.

Schritt 1: Der Einkaufs-Trip

Geben Sie Ihrem Kind ein paar Regeln vor und legen Sie ein Budget für den Einkauf im Super-markt fest. Zum Beispiel soll das Kind etwas von der Frischtheke kaufen, etwa Fleisch oder ein Milchprodukt. Vielleicht stellen Sie auch die Regel auf, als Dessert nur eine einzige kleine Sü-ßigkeit einzuplanen – sonst endet das alles mit einem Berg von Gummibärchen, die in eine Was-sermelone gestopft werden.

Schritt 2: Kochen auf andere Art

Ist der Einkauf erledigt, wird Ihr Kind zum Kü-chenchef – und bereitet das Abendessen auf sei-ne Weise zu. Ihre Rolle als Eltern besteht darin, Ja zu allen kulinarischen Einfällen Ihres Kindes zu sagen, ganz gleich, wie diese aussehen. Das Kind möchte den Handmixer benutzen, um trockene Nudeln in einem Krug mit Orangensaft zu mi-schen? Aber selbstverständlich. Die Verantwor-tung in der Küche abzugeben kann richtig be-freiend sein. Und die Kids dazu inspirieren, neue Geschmackskombinationen auszuprobieren und sich in der Küche erwachsen zu fühlen.

Warnung: Wenn Sie Ihr Kind in der Küche frei schalten und walten lassen, müssen Sie wirklich loslassen können. Wahrscheinlich entstehen da-bei ungewöhnliche Geschmackskombinationen. Machen Sie dieses Experiment nur, wenn Sie da-nach ein paar Stunden Zeit zum Aufräumen haben und wenn Ihnen die Kombination von süß und pi-kant keine Schauer über den Rücken jagt. Es gibt keinen einzigen Experten für Kinderernährung, der diese Strategie empfehlen würde. Und auch wir lassen nur zu ganz besonderen Gelegenheiten auf diese Art kochen.

Halten Sie die kulinarischen Kreationen Ihrer Kinder schriftlich fest.

HAUPTGERICHTE

Die meisten Gerichte in diesem Kapitel sind schnell (in maximal 30 Minuten) fertig und natürlich gesund – aber so richtig begeistert uns bei diesen Rezepten, dass sie für Nachwuchsköche eine perfekte Plattform zum Ausprobieren und Herumexperimentieren bieten. Unsere Familie hat viele dieser Rezepte kreiert, indem wir zusammen in der Küche improvisiert, neue Gewürze getestet, Cantaloupe-Melonen gekocht – und viel gelacht haben. Wir stellen Ihnen hier Gerichte vor, die wir gern zusammen zubereiten, und wir hoffen, dass sie auch Ihre Familie dazu anregen, sich in das Abenteuer Essen zu stürzen.

WAGEMUTIGE JUNGE ESSER SAGEN ...

MILES, 6 JAHRE ALT

Lebensmittel, die ich früher nicht mochte, jetzt aber mag: Bananen.

Ich esse gern: Yamswurzel, Sushi, Vanilleschoten, gegrillten Lachs, Pommes, Grünkohl, grüne Bohnen, Schnittlauch, Himbeeren, Salamisticks, Algen und Brokkoli.

Hätte ich ein eigenes Restaurant, würde es so heißen: Ele-mele-mu-Steakhaus.

Das Schrägste, was ich je gegessen habe: Tintenfisch! Ich war vier, als ich das probiert habe. Es hat geschmeckt, war aber auch komisch – vielleicht weil ich es zusammen mit einer Nudel gegessen habe, die ich in Schokoladensauce getaucht habe. Könnte sein.

Mein Vorschlag für ein neues Rezept, das mir bestimmt schmecken würde: Chili-Suppe mit Schokoladengeschmack.

MISHA ÜBER FAMILIENMAHLZEITEN: Ich möchte Ihnen hier keinen Vortrag über die Vorzüge eines selbst gekochten Abendessens im Familienkreis halten. Familienmahlzeiten sind eine gute Sache – so zumindest die vorherrschende Meinung. In meiner Idealvorstellung bin ich jeden Abend zu Hause, würfle gartenfrische Möhren, ernte Kräuter aus dem eigenen Garten und bereite ein wunderbares Essen zu. Vielleicht sollte ich noch ergänzen, dass mein ideales Ich stets präsent, relaxed und supervergnügt ist. Es fühlt sich in keinster Weise von all dem überfordert, was liegen geblieben ist, oder von der unüberschaubaren Flut an E-Mails, die im Postfach warten. Mein Idealbild ist der Supervater, der jede Menge Zeit hat, mit den Kids einen Garten anzulegen, Pinterest-taugliche Aufläufe zaubert und Spielkreisel aus Holz schnitzt. Natürlich ist die Diskrepanz zwischen diesem Idealbild und der Wirklichkeit gewaltig. Aber wenn ich noch Zeit zum Kochen finde, obwohl ich viel zu tun habe und überarbeitet bin, weiß ich, dass ich noch nicht völlig aus der Spur bin. Das Kochen bringt mich auf den Boden der Tatsachen zurück und hilft mir, das Hintergrundrauschen der Außenwelt zu vergessen. Wenn ich in der Küche mit West und Maison das Abendessen zubereite, ist alles gut.

WUNSCHBRUNNEN-SUPPE

4 BIS 6 PORTIONEN

1 Hähnchenbrust (ca. 180 g), ohne Haut und Knochen

Meersalz nach Belieben

80 g Buchstabennudeln

1 EL Butter

2 Möhren, klein geschnitten

2 Selleriestangen, klein geschnitten

30 g rote Zwiebel, fein gehackt

1½ l Hühnerbrühe

2 Lorbeerblätter

2 große Grünkohlblätter (Dinosaurier-Grünkohl), ohne Stiel, in dünne Streifen geschnitten

Im Winter steht bei uns immer ein großer Topf mit Suppe auf dem Herd. Wir probieren gern jede Woche ein neues Rezept dafür aus. Bei Suppen kann man hervorragend improvisieren – genau richtig für unsere Kinder. Außerdem geht die Zubereitung fix, und die Suppe lässt sich schnell für ein Mittagessen aufwärmen. West isst gern einen ganzen Teller davon, indem er ein Stück gebutterten Toast immer und immer wieder in die Suppe taucht – einen Löffel braucht er nicht. Unsere Familie liebt es herzhaft – und diese einfache Suppe, die voller Gemüse und geheimer Wünsche steckt, ist eine superleckere Variante.

Die Hähnchenbrust salzen, dann in sehr kleine Würfel schneiden und beiseite stellen.

Einen Topf mit Wasser zum Kochen bringen und die Nudeln darin nach Packungsanweisung garen. Durch ein Sieb abgießen und beiseitestellen.

In einem mittelgroßen Topf die Butter auf mittlerer Stufe schmelzen. Das Hähnchenfleisch zufügen und etwa 1 Minute anbraten, dann Möhren, Sellerie und Zwiebel zufügen. Unter häufigem Rühren 4–5 Minuten garen, bis das Gemüse anfängt, weich zu werden, und die Zwiebel glasig ist.

Nun Brühe und Lorbeerblätter in den Topf geben und alles zum Kochen bringen. Die Hitze reduzieren und die Suppe 8–10 Minuten köcheln lassen, bis das Fleisch durch und das Gemüse weich ist. Bei Bedarf nachwürzen.

Den Topf vom Herd nehmen, dann Grünkohl und Pasta untermischen. Abschmecken, nachwürzen und noch einmal abschmecken, dann servieren. Wer ein Lorbeerblatt in seinem Suppenteller findet, darf sich etwas wünschen. (Das Lorbeerblatt nicht essen – nur etwas wünschen.)

GEDÄMPFTE GRÜNE FLEISCHTÄSCHCHEN

10 TÄSCHCHEN

220 g Rinderhackfleisch

¼ TL frisch geriebener Ingwer

1 TL fein gehackte Frühlingszwiebel (nur die weißen und zarten grünen Teile)

½ EL Sojasauce

½ EL Ketchup

¼ TL Meersalz

1–2 Bund Kohlblätter (10 kleine Blätter)

SAUCE ZUM DIPPEN

½ Knoblauchzehe, fein gehackt (etwa ¼ TL)

¼ TL frisch geriebener Ingwer

1 TL fein gehackte Frühlingszwiebel

1 EL Himbeermarmelade

2 EL Sesamöl

2 EL Reisessig

1 EL Sojasauce

Jede Nation auf dieser Welt scheint eine ganz individuelle Spielart von Teigtaschen erfunden zu haben – von polnischen Piroggen über italienische Ravioli bis hin zu den taiwanesischen Teigtäschchen für die Suppe. Offenbar liebt man es überall auf dem ganzen Globus, Teig mit köstlichen Dingen zu füllen. Als Misha noch ein Kind war, bereitete die Familie seines besten Freundes häufig tibetische Teigtäschchen zu, die er liebte. Sie hießen *momos*. »Während meines ersten College-Jahres hatte ich Heimweh und bat meinen besten Freund aus Kindertagen, mir zum Geburtstag *momos* zu kochen. Allein schon durch den Duft dieser Teigtäschchen geht es jedem besser – ehrlich«, sagt Misha. Unsere Familie hat das Rezept abgewandelt und die Teighülle durch Kohlblätter ersetzt. Da das asiatische Aroma für einige Kids neu sein dürfte, haben wir einen Hauch Ketchup zugefügt, um eine vertraute Geschmackskomponente einzubauen und den Kleinen so eine Brücke zu schaffen. West meint: »Das schmeckt wie salzige chinesische Suppe!« Maison sagt: »Das mag ich gern.« Wenn die Kohlblätter noch nichts für Ihre Familie sind, dann nehmen Sie stattdessen fertige Wan Tan-Teigplatten, die es in vielen Asia-Läden zu kaufen gibt.

In einen Topf mit Dämpfeinsatz und dicht schließendem Deckel so viel Wasser einfüllen, dass es knapp unter dem Boden des Dämpfeinsatzes steht. Das Wasser – ohne Dämpfeinsatz – zum Kochen bringen. Der Einsatz wird erst mit den Teigtäschchen in den Topf eingehängt.

Kinderleicht! Die Füllung herstellen: Rinderhackfleisch, Ingwer, Frühlingszwiebel, Sojasauce, Ketchup und Salz in eine große Schüssel geben. Mit den Händen alles gut durchmischen. Anschließend *wirklich gründlich* Hände waschen!

Nun die Mittelrippen der Kohlblätter entfernen. Dafür jedes Blatt flach auf ein Arbeitsbrett legen, die dunkle Seite zeigt nach unten, die blassere Unterseite nach oben. Dann mit dem Messer an der Rippe in der Mitte des Blattes entlangfahren, den oberen Teil des Blattes dabei nicht durchtrennen. Anschließend die Mittelrippe entfernen und entsorgen. Die Blätter an den beiden getrennten Enden fassen und diese übereinanderlegen, sodass die Blätter gefüllt werden können.

Kinderleicht! Die Taschen füllen. 1 Löffel der Füllung auf das untere Drittel jedes Kohlblattes legen. Nun den unteren Teil nach oben über die Füllung klappen, dann die Seiten einschlagen und das Blatt eng aufrollen.

Die Täschchen mit den Fingern zusammenhalten und nacheinander in den Dämpfeinsatz legen. So viele Täschchen hineinsetzen, wie in einer Lage hineinpassen – schön dicht nebeneinander, damit sie beim Dämpfen nicht auseinanderfallen. Nun den Dämpfeinsatz in den Topf mit kochendem Wasser einsetzen und den Deckel auflegen. Taschen 10 Minuten garen. Dann den Topf vom Herd nehmen und die Taschen mit einer Küchenzange herausheben.

Während die Täschchen garen, die Sauce zubereiten. Dazu alle Zutaten in einer kleinen Schüssel miteinander verrühren. Die Täschchen hineinstippen und genießen. Das ist definitiv Finger-Food.

PIZZA-PARTY FÜR ERFINDER

4 INDIVIDUELLE PIZZEN MIT 10 CM DURCHMESSER

TEIG

Mehl zum Bestäuben

450 g Pizzateig (Fertigprodukt)

8 EL milde Tomatensauce

75 g Mozzarella, klein geschnitten

BELAG

Grünkohl, klein geschnitten

Erdbeeren, entstielt, in Scheiben geschnitten

Rührei

eingelegtes Gemüse

Kartoffelstampf

Bananen

Bacon

Blaubeeren

Grüne Bohnen

Mini-Pizzen auf der Haupt-Pizza

Reste vom Schnellimbiss

Alles andere, was Ihren Kindern einfällt!

In den USA vertilgen wir jeden Tag rund 40 Hektar Pizza. Aufs Jahr gerechnet macht das drei Milliarden Pizzen, für jeden Einwohner 46 Stücke – belegt mit 114 Millionen Kilogramm Peperoni. Daher ist es kein Wunder, dass die meisten amerikanischen Kinder Pizza kennen. Die Zubereitung dieser Köstlichkeit zu Hause ist eines der größten Küchenabenteuer für angehende Köche. Fangen Sie mit der klassischen Pizza Margherita an und ermutigen Sie die Nachwuchsköche, kreativ zu werden. Sie müssen sich nur in Ihrer Küche umschauen – in der Speisekammer und im Kühlschrank: Dort gibt es eine ganze Fülle von Möglichkeiten, einschließlich der Reste des Abendessens vom Vortag. Unsere Familie stellt sich mit Begeisterung der Herausforderung, etwas zu kreieren, »das noch niemand zuvor gekocht hat«. Fragen Sie Ihr Kind nach der Pizza seiner Träume – und dann legen Sie los. Bananen? Klar. Cerealien? Ja gut. Lassen Sie Ihr Kind ruhig herumblödeln und Zutaten vorschlagen, die Sie normalerweise verbieten würden. Wagen Sie riskante Entscheidungen. Geniale kulinarische Erfindungen entstehen schließlich genau so, oder? Vielleicht lassen Sie sich selbst vom Ideenreichtum der Kids inspirieren und erfinden auch eine neue Pizza. Einige Kombinationen werden sich wohl langfristig kaum durchsetzen (um es mal nett auszudrücken), aber das ist ja nichts Schlechtes. Uns geht es bei diesem Rezept darum, kreativ zu sein und Spaß in der Küche zu haben.

Den Ofen auf 230 °C vorheizen. Für Pizzen muss der Ofen richtig heiß sein.

Kinderleicht! Den Teig durchkneten. Jeder bekommt ein Stück Backpapier als Arbeitsfläche. Das Backpapier mit etwas Mehl bestreuen. Jetzt nimmt sich jeder einen Teigklumpen, der so groß wie ein Hamster ist. Aus dem Klumpen eine flache Scheibe formen, die gut 5 mm dick ist. Dann den Teig mit beiden Händen packen und so lange an den Rändern drücken und ziehen, bis er wie ein Pizzaboden aussieht. Den Teig auf das Backpapier legen und daraus Quadrate oder Herzen formen – ganz, wie ihr wollt.

Die mit Teig belegten Backpapierstücke auf ein Backblech legen. Den Teig mit Tomatensauce und Mozzarella belegen, dann 10–15 Minuten im Ofen backen.

Fortsetzung auf der nächsten Seite

Kinderleicht! Jetzt sind die Erfinder dran! Während die Pizzen im Ofen backen, denkt ihr euch den passenden Belag aus. Um Ideen zu sammeln, schaut euch mal in der Speisekammer um. Ist da irgendetwas dabei, das auf der Pizza gut schmecken könnte? Gibt es vielleicht frisches Gemüse, das ihr verwenden könntet? Wie wäre es mit Grüne-Bohnen-Pizza?

Stellt verschiedene kleine Schälchen in einer Reihe auf und füllt sie mit fünf verschiedenen Zutaten, die ihr noch nie auf einer Pizza gesehen habt. Wir empfehlen dringend Grünkohl und Erdbeeren.

Die Pizzen aus dem Ofen nehmen und nach Belieben belegen. (Wem der Belag warm besser schmeckt, der schiebt die belegte Pizza noch für 1 oder 2 Minuten in den Ofen.) Pizzen etwas abkühlen lassen, mit einem Pizza- schneider zerteilen und servieren.

WESTS TIPP

Ich mag frische Erdbeeren auf meiner Pizza.

MIT REGENBOGEN GEFÜLLTE PFANNKUCHEN

6 PFANNKUCHEN

130 g Mehl

180 ml Wasser

2 Eier

2 TL Sojasauce oder Tamari-Sauce (zum Dippen)

Meersalz nach Belieben

1 Blatt Dinosaurier-Grünkohl, Mittelrippe entfernt und Blätter in Streifen geschnitten (etwa 4 EL)

70 g Möhren, geraspelt

100 g Rotkohl, geraspelt

4–6 TL Rapsöl

Wir haben diese Variante seit Jahren im Repertoire. Es handelt sich dabei nicht um die Art von Pfannkuchen, in denen Eltern Gemüse verstecken. Stattdessen feiern unsere Pfannkuchen das Gemüse – sie punkten durch knackigen Biss und lebhafte Farben. Irgendwann einmal war Maisons beste Freundin, die am liebsten Cracker mit Erdnussbutter isst, zum Abendbrot bei uns. Wir gingen fest davon aus, dass sie die Pfannkuchen auf keinen Fall probieren würde, und boten sie ihr gar nicht erst an. Aber weit gefehlt: Sie war fasziniert davon und klaute sich einen von Maisons Teller. Nachdem sie den Pfannkuchen verschlungen hatte, bat sie um einen weiteren. Wir ließen uns die Begeisterung natürlich nicht anmerken, aber es war ein toller Moment.

Mehl, Wasser, Eier, Sojasauce und Salz in einer großen Schüssel mit dem Handrührgerät glatt rühren. Dann Grünkohl, Möhren und Rotkohl untermischen.

Eine kleine Crêpes-Pfanne auf mittlerer bis hoher Stufe erhitzen. 1 TL Öl in die Pfanne geben, dann 1 Schöpfkelle Teig hineingießen. Den Teig zu einem Pfannkuchen verlaufen lassen und diesen 3–4 Minuten auf einer Seite goldbraun braten. Dann wenden und von der anderen Seite weitere 2–3 Minuten braten. Vorgang wiederholen, bis der Teig aufgebraucht ist.

Nach Belieben noch salzen und mit Sojasauce zum Dippen servieren.

ROSA GEMÜSE-HÄHNCHEN-FRÜHLINGSROLLEN

4 PORTIONEN

4 EL geriebene Rote Bete

4 EL geriebener Apfel, mit Zitronensaft beträufelt (damit er nicht braun wird)

170 g Hähnchenfleisch, gekocht und in kleine Stücke zerpflückt

Meersalz nach Belieben

4 Blatt Reispapier, nach Belieben auch mehr

SAUCE ZUM DIPPEN

1 EL glatte Erdnussbutter

1 EL Sojasauce

1 EL frisch gepresster Limettensaft

1 EL Sesamöl

1 TL Honig

Wir lieben diese einfachen, frischen Frühlingsrollen. Sie lassen sich mit fast jeder Zutat füllen, daher können Sie Ihre Kinder ruhig ermutigen, Kreativität an den Tag zu legen. Die Röllchen lassen sich gut ins Lunchpaket integrieren, und durch die Roten Beten erstrahlen sie in leuchtendem Pink.

Kinderleicht! Für die Füllung Rote Beten, Apfel, Hähnchenfleisch und Salz in eine große Schüssel geben. Mit sauberen Händen alles gut durchmischen. Muss noch mehr Salz rein? Mehr vom geriebenen Apfel? Eure Entscheidung.

Eine flache Schüssel oder eine Tarteform mit warmem Wasser füllen. Behutsam 1 Blatt Reispapier mit den Händen aufnehmen – Vorsicht, es ist hauchdünn. Das Reispapier ein paar Sekunden ins Wasser tauchen, bis es ein wenig weich geworden ist. Das feuchte Reispapier flach auf eine saubere Arbeitsfläche legen. Mit einem kleinen Löffel ein Häufchen der Füllung in die Mitte setzen, die Ränder bleiben frei.

Jetzt aufrollen: Zunächst die beiden Seiten des Blattes über der Füllung einschlagen. Dann das untere Ende des Reispapiers ebenfalls über die Füllung legen und die Rolle mit den Fingern von unten nach oben vorsichtig aufrollen, ähnlich wie bei einem Burrito. Das Reispapier ist ein bisschen klebrig und schließt die Füllung daher gut ein. Den Vorgang mit den restlichen 3 Blättern Reispapier und der restlichen Füllung wiederholen. Die fertigen Frühlingsrollen auf einen mit feuchtem Küchenpapier ausgelegten Teller legen. Sie sollten sich nicht berühren, damit sie nicht zusammenkleben.

Für die Sauce alle Zutaten in einer kleinen Schüssel mit einer Gabel verrühren. Die Sauce mit 1–2 EL Wasser verdünnen, bis die gewünschte Konsistenz erreicht ist. Auf 4 Schälchen verteilen und zum Dippen auf den Tisch stellen.

GRÜNKOHL-BACON-SUSHI

2 ROLLEN

200 g Sushi-Reis

2 Scheiben Bacon

2 Nori-Algenblätter

2 Grünkohlblätter, Mittelrippen entfernt, in dünne Streifen geschnitten

Sojasauce zum Dippen

So sehr wir *sashimi* auch lieben – für rohen Fisch sind unsere Kinder noch nicht bereit. Daher nähern wir uns dem Thema behutsam an und bereiten zu Hause mit Gemüse oder zusätzlich mit Fleisch unsere eigenen Sushi-Röllchen zu. Dies ist Wests Lieblings-Sushi-Erfindung und gleichzeitig eine Vorlage für Ihre eigenen Kreationen. Kinder lieben es, Sushi herzustellen, weil sie dann genau wissen, was drin ist. Erlauben Sie den Kids, die Sushi mit allem zu füllen, was ihnen einfällt – egal, wie komisch Ihnen das auch erscheinen mag. Mit einer Bambusmatte tun Sie sich beim Sushirollen leichter, es geht aber auch ohne.

Den Ofen auf 190 °C vorheizen.

Den Reis in ein Sieb geben und so lange unter fließendem Wasser spülen, bis das Wasser klar wird. Den Reis nach Packungsanweisung kochen. Wir verwenden dafür gern den Reiskocher. Es gibt verschiedene Arten, Reis zu kochen, gehen Sie so vor, wie Sie möchten. Der gekochte Reis soll noch Stärke enthalten und zusammenkleben, wenn Sie eine Handvoll davon nehmen und zusammendrücken – das ist für Sushi-Rollen optimal.

Inzwischen den Bacon auf ein mit Alufolie ausgelegtes Backblech legen und 15 Minuten (oder länger, wenn er sehr knusprig werden soll) im Ofen backen. Das Blech aus dem Ofen nehmen und den Bacon mit einer Küchenzange zum Abkühlen auf einen mit Küchenpapier ausgelegten Teller legen.

Kinderleicht! Die Bambusmatte auf der Arbeitsfläche auslegen. Dann 1 Nori-Blatt auf die Matte legen. Die Hälfte des gekochten Reises daraufgeben und mit sauberen Händen gleichmäßig auf dem Nori-Blatt verteilen, dabei oben und unten einen Streifen frei lassen.

Kinderleicht! Eine Scheibe knusprig gebackenen Bacon auf den Reis legen, dann die Hälfte des Grünkohls obenauf streuen. Jetzt wird gerollt! Die Bambusmatte an dem Ende hochheben, das euch am nächsten liegt, und das Algenblatt straff aufrollen. Das obere Ende des Nori-Blattes ein bisschen anfeuchten, damit alles gut zusammenklebt. Die gefüllte Algenrolle jetzt von einem Souschef mit einem scharfen Messer in Scheiben schneiden lassen. Mit dem zweiten Nori-Blatt ebenso verfahren.

Mit Sojasauce zum Dippen servieren.

Fortsetzung auf der nächsten Seite

NOCH MEHR IDEEN?

Jetzt sind Erfinder gefragt. Hier kommen ein paar Vorschläge für Sushi-Füllungen, die ihr als Anregung nehmen könnt.

Brombeeren	Rotkohl
Blaubeeren	Rührei
Gurke	Möhren
Mango	Cracker, zerkrümelt
Avocado	Frischkäse

WESTS TIPP

Bacon mit Grünkohl zählt zu meinen Lieblings-Kombis. Wenn ihr, nachdem die Sushi-Rollen fertig sind, noch Reis, Bacon oder Grünkohl übrig habt, dann macht einfach ein Pfannengericht daraus. Eine große Pfanne oder einen Wok auf mittlerer bis hoher Stufe erhitzen. Ein bisschen Olivenöl in die Pfanne geben, dann zerkrümelten Bacon, dünn geschnittenen Grünkohl und gekochten Reis zufügen. Ein paar Minuten unter Rühren anbraten. Noch etwas Salz? Mehr Bacon? Mehr Grünkohl? Ich könnte einen ganzen Eimer davon essen.

HÄHNCHEN À LA WEST

4 PORTIONEN

2 Hähnchenbrüste à 170 g, ohne Haut und Knochen

2 EL Olivenöl, mehr zum Servieren

1 EL frisch gepresster Limettensaft

1 EL Tamari-Sauce

1 Kopfsalat, in Blätter zerteilt

Meersalz nach Belieben

Hähnchenfleisch nimmt sehr gut das Aroma der verwendeten Kräuter, Gewürze und Marinaden an. West liebt Tamari-Sauce, daher ist gewürfelte Hähnchenbrust, die in Olivenöl, Limettensaft und Tamari-Sauce gegart wird, für ihn die geniale Eiweißquelle. Man kann dieses Gericht warm oder kalt essen, ein Sandwich damit belegen, es in Salatblätter einwickeln, mit Reis servieren oder einfach mit den Fingern aus einer Schüssel naschen.

Hähnchenbrust würfeln. 1 EL Olivenöl, Limettensaft und Tamari-Sauce in einer Schüssel verrühren und das Fleisch darin 20 Minuten bei Zimmertemperatur marinieren.

Die Salatblätter auf einer Platte anrichten.

Das restliche Olivenöl in einer mittelgroßen Pfanne auf mittlerer bis hoher Stufe erhitzen, bis es heiß ist, aber noch nicht raucht. Das Fleisch in einem Schaumlöffel etwas abtropfen lassen, dann in die Pfanne geben, mit Salz bestreuen und in 3–5 Minuten gar braten, dabei ab und zu umrühren.

Das Hähnchenfleisch auf den Salatblättern anrichten und servieren.

SHEPHERD'S PIE IM EINMACHGLAS À LA MAISON

6 PORTIONEN

8–10 mittelgroße Kartoffeln

Meersalz nach Belieben

240 ml Milch

6 EL Butter

70 g Zwiebel, gehackt

450 g Rinderhackfleisch

360 g gemischtes TK-Gemüse (Möhren, Erbsen und Mais)

120 g Parmesan, gerieben

Dieses Rezept ist die Variante eines Gerichtes, das Misha als Kind besonders geliebt hat – Shepherd's Pie. Bei der Zubereitung können Kinder super mit buntem Gemüse spielen (und es sortieren). Und da Kinder, die mit Gemüse spielen, es dann auch eher essen, sollten Sie die Pinzetten herausholen und Ihre Kids damit die Erbsen sortieren lassen.

Den Ofen auf 190 °C vorheizen.

Die Kartoffeln schälen und vierteln. In einen großen Topf geben, mit kaltem Wasser bedecken und etwas Salz zufügen. Das Wasser zum Kochen bringen und die Kartoffeln in 15–20 Minuten weich garen. Kartoffeln in ein Sieb abgießen, dann zurück in den Topf geben. Die Milch und 4 EL Butter zufügen und alles großzügig salzen. Die Kartoffeln mit einem Stampfer grob zerkleinern, es sollten keine größeren Stücke mehr enthalten sein. Dafür braucht es etwas Muskelkraft! Den Stampf beiseite stellen.

Die restlichen 2 EL Butter in einer großen Pfanne schmelzen. Zwiebeln und Salz zufügen. Unter gelegentlichem Rühren 5 Minuten dünsten, bis die Zwiebeln weich und glasig sind. Nun das Hackfleisch zufügen und in der Pfanne mit einem Pfannenwender zerkleinern. 7–9 Minuten garen, bis das Hackfleisch schön braun ist. Mit Salz abschmecken.

Kinderleicht! Zutaten in die Einmachgläser einschichten. Zunächst das TK-Gemüse auf eine saubere Arbeitsfläche schütten und mithilfe von Pinzetten nach Farben sortieren – ein Häufchen Möhren, ein Häufchen Mais, ein Häufchen Erbsen. Dann 6 Einmachgläser bereitstellen, die jeweils 240 ml fassen. In jedes Glas unten eine Schicht Hackfleisch füllen. Dann folgt eine Schicht Erbsen, eine Schicht Möhren und eine Schicht Mais. Den Kartoffelstampf ganz oben ins Glas geben und mit Käse bestreuen.

Die Einmachgläser auf ein Backblech stellen und im Ofen 20 Minuten überbacken, bis der Käse geschmolzen und gebräunt ist und alle Lagen erhitzt sind. Die Gläser kommen heiß aus dem Ofen, daher erst ein paar Minuten abkühlen lassen, dann den Kids servieren.

GEFÜLLTE BABY-PAPRIKASCHOTEN

16 Baby-Paprikaschoten

220 g Putenhackfleisch

1 Frühlingszwiebel, fein gehackt (weiße und grüne Teile)

½ TL Ingwer, fein gehackt

1 Knoblauchzehe, fein gehackt

1 TL Sojasauce

¼ TL Meersalz

SAUCE ZUM DIPPEN

2 EL Sesamöl

2 EL Reisessig

1 EL Sojasauce

½ kleine Knoblauchzehe, fein gehackt

¼ TL Ingwer, fein gehackt

½ Frühlingszwiebel, fein gehackt (nur die weißen Teile)

Haben Sie sich auch schon mal gefragt, was man mit diesen bezaubernden Mini-Schoten eigentlich machen soll? Klar, sie sind süß, aber was *macht* man damit? Zum Aufschneiden sind sie zu klein, und einfach in den Mund stecken kann man sie wegen der vielen Samen auch nicht. Wir haben beschlossen, sie zu füllen. Für Kinder haben sie genau die richtige Größe. Und als perfekte kleine Gemüsetaschen lassen sie sich mit allerlei leckeren Dingen kombinieren.

In einen Topf mit Dämpfeinsatz und dicht schließendem Deckel so viel Wasser einfüllen, dass es knapp unter dem Boden des Dämpfeinsatzes steht. Das Wasser – ohne Dämpfeinsatz – zum Kochen bringen. Der Einsatz wird erst mit den gefüllten Paprikaschoten in den Topf eingehängt.

Kinderleicht! Paprikaschoten putzen: zuerst das obere Ende mit dem Stielansatz abschneiden. Samen mit einem kleinen Löffel oder den Fingern herauskratzen. Schoten unter fließendem Wasser ausspülen, um auch noch die letzten tückischen Samen zu erwischen.

Die Füllung zubereiten: dafür Putenhackfleisch, Frühlingszwiebel, Ingwer, Knoblauch, Sojasauce und Salz in eine Schüssel geben und gut vermischen.

Die Schoten mit der Fleischmasse füllen und anschließend in den Dämpfeinsatz stellen – am besten schön dicht. Den Einsatz in den Topf mit kochendem Wasser einsetzen und den Deckel schließen. Paprikas 7–8 Minuten dämpfen, bis das Hackfleisch gar ist.

Kinderleicht! Währenddessen die Sauce zum Dippen zubereiten. Alle Zutaten in eine kleine Schüssel geben und mit einer Gabel verquirlen. Sauce auf 4 kleine Schälchen verteilen und mit den Paprikaschoten servieren.

CHIPS AUS LACHSHAUT

2 PORTIONEN

I Lachsfilet (à 340 g), mit Haut, aber ohne Gräten

I TL Meersalz

I EL Pflanzenöl oder Ghee

Mit zwei Jahren war West ein richtiger Lachs-Fan, dann mochte er ihn plötzlich nicht mehr. Aber sogar während des Höhepunktes dieser Anti-Lachs-Phase war er weiterhin scharf auf die salzige, knusprige Haut. Wenn auch Sie Fischverächter zu Hause haben und den Lachs nur für die Erwachsenen zubereiten, versuchen Sie, Ihren Kindern die krosse Haut schmackhaft zu machen.

Den Ofengrill einschalten.

Kinderleicht! Das Geheimnis besteht darin, den Fisch wirklich trocken zu bekommen. Das Lachsfilet vor dem Grillen daher gründlich mit Küchenpapier abtrocken. Dann die Haut großzügig mit Salz und Öl einreiben.

Den Lachs mit der Hautseite nach oben auf ein gefettetes Backblech legen. Unter den Ofengrill schieben und 3 Minuten grillen.

Den Lachs aus dem Ofen nehmen und die Temperatur auf 180 °C einstellen.

Den Lachs 1 Minute abkühlen lassen, dann die Haut abziehen. Die Haut mit der trockenen Seite nach unten auf ein zweites, leicht gefettetes Backblech legen und zurück in den Ofen schieben.

Das Lachsfleisch auf ein separates Blech legen und ebenfalls wieder in den Ofen befördern. Nach etwa 8 Minuten die Haut aus dem Ofen nehmen. Das Fischfleisch noch 2–3 Minuten länger im Ofen lassen und komplett durchgaren.

WESTS TIPP

Wenn ihr die Lachshaut knabbert, müsst ihr mal genau hinhören. Klingt das beim Essen lauter als bei Kartoffelchips? Wusstet ihr, dass Lachshaut viele Nährstoffe enthält, die gut fürs Gehirn sind? Spürt ihr das, wenn ihr etwas davon gegessen habt? Wie schmeckt Lachshaut zusammen mit Kartoffelchips?

ROSA GNOCCHI SIND UNSCHLAGBAR!

4 PORTIONEN

2 mittelgroße Rote Beten (etwa 220 g)

Meersalz nach Belieben

1 EL Olivenöl

190 g Mehl, mehr zum Bestäuben

90 g Parmesan, grob gerieben

1 TL Salz

1 Ei

250 g Ricotta

Butter oder Olivenöl zum Beträufeln

30 g Parmesan, fein gerieben, zum Bestreuen

Wir haben eigentlich immer gedacht, dass Gnocchi so schwierig herzustellen sind, dass dies nur echten Küchenprofis vorbehalten bleibt. Dann haben sich West und Maison allerdings für ein Kinderbuch begeistert, in dem beschrieben wurde, wie die Familie Gnocchi kocht – ganz ohne Fertigprodukte. Unsere Kinder wollten das natürlich unbedingt ausprobieren. Das hat so viel Spaß gemacht, dass wir gleich unsere eigene rosafarbene Variante entwickelt haben.

Die Beten in einen kleinen Topf legen, mit kaltem Wasser bedecken, 1 Prise Salz zufügen und alles langsam zum Kochen bringen. Etwa 10 Minuten garen, bis sich die Beten leicht mit einer Gabel einstechen lassen. (Wenn Sie versuchen, die Beten aus dem Wasser zu heben, sollten sie von der Gabel gleiten.) Die Beten aus dem Wasser holen und abkühlen lassen. Die Schale mit den Fingern abreiben. Die Beten vierteln und in einen Mixer geben. Olivenöl und einen Schuss Wasser zufügen und alles so lange durcharbeiten, bis eine glatte Masse entstanden ist.

Das Mehl auf eine saubere Arbeitsfläche häufen (Arbeitsfläche sollte keinesfalls fleckempfindlich sein.) Eine Mulde in die Mitte des Mehls drücken. Den grob geriebenen Parmesan und das Salz in die Mulde geben und das Ei hineinschlagen. Das Eigelb mit einer Gabel verrühren und dabei nach und nach das Mehl und den Käse mit dem Ei vermengen. Wenn das Mehl zur Hälfte eingearbeitet ist, das Betenpüree und den Ricotta unterheben.

Jetzt alles mit den Händen durcharbeiten. Dafür die Arbeitsfläche mit ein wenig Mehl bestäuben, damit der Teig nicht kleben bleibt. Den Teig so lange kneten und übereinanderschlagen, bis er glatt und gleichmäßig gefärbt ist. Dann noch ein wenig Mehl auf die Arbeitsfläche streuen und den Teig auf das Mehl legen. Eine Schüssel über den Teig stülpen und den Gnocchi-Teig 30 Minuten ruhen lassen.

Kinderleicht! Um die Gnocchi zu machen, den Teig in 4 gleiche Portionen teilen. Aus jedem Teig einen Strang formen, der etwa so dick ist wie der Daumen eines Erwachsenen. Mit einem Kindermesser diesen Strang in gut 1 cm dicke Stücke schneiden. Dann mit den Zinken einer Gabel Rillen in die einzelnen Gnocchi drücken.

Einen großen Topf mit Salzwasser zum Kochen bringen. Die Gnocchi behutsam ins Wasser gleiten lassen und umrühren.

Kinderleicht! Wenn die Gnocchi oben schwimmen, den Timer auf 1 Minute einstellen. Sobald er piepst, die Gnocchi mit einem Schaumlöffel aus dem Wasser heben und in eine Schüssel legen. Mit Butter oder Olivenöl beträufeln, mit Salz würzen und mit Parmesan bestreuen.

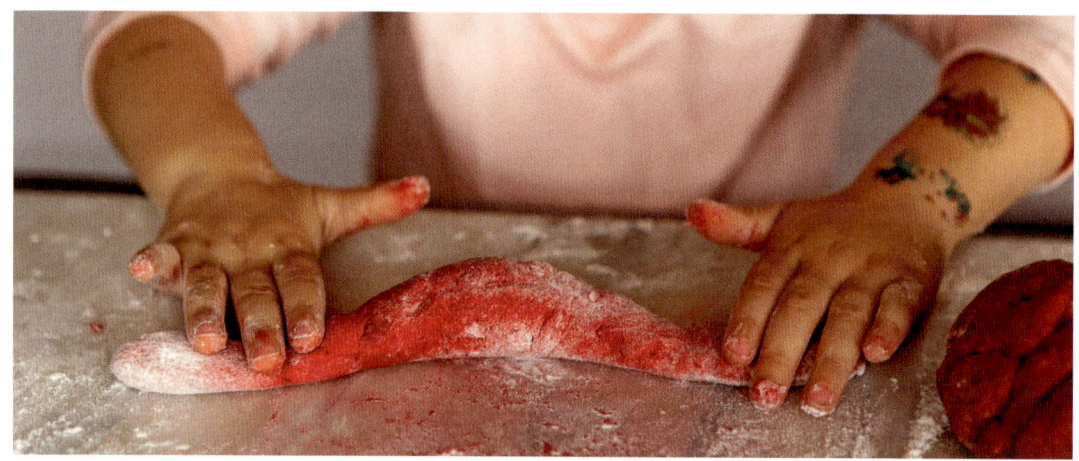

HERAUSFORDE-RUNG FÜR DIE GANZE FAMILIE

ZEIT FÜR EINEN GESCHMACKSTEST!

Unsere Familie ist ganz wild auf Geschmacks-tests. Wir finden sie einfach witzig, aber Experten für Kinderernährung empfehlen sie aus einem weiteren Grund: Durch diese Tests wird Vertrauen aufgebaut, und das Verkosten von Lebensmitteln gestaltet sich positiv und interaktiv.

Wenn beim Abendessen ein neues Lebensmittel auf den Tisch kommt, schlagen Sie Ihren Kindern vor, damit einen Geschmackstest durch-zuführen. Wir vergleichen gern zwei Varianten des neuen Lebensmittels – zum Beispiel Hähnchen mit und ohne Sojasauce. Die Antworten der Kids verraten Ihnen vielleicht etwas darüber, wie die Kleinen auf Lebensmittel reagieren und wie Sie es am besten schaffen, sie mit neuen Gerichten vertraut zu machen. Was beschreiben die Kids am ausführlichsten – das Aussehen, die Farben, die Konsistenz, die Geräusche oder den Duft neuer Gerichte?

Wörter, die verboten sind:

eklig

krass

widerlich

lecker

köstlich

gut

KIDS Versucht mit Wörtern zu beschreiben, wie ihr das Lebensmittel empfindet. Wie fühlt es sich im Mund an? An was erinnert es euch? Fühlt es sich im Mund knackig an?

Wenn ihr in ein Lebensmittel hineinbeißt, ist es:

knackig

glatt

weich

würzig

süß

bitter

herb

sauer

knusprig

zäh

salzig

schön bunt

erdig duftend

nussig

laut

?

GEBACKENES HÄHNCHEN MIT DREIERLEI PANADEN

4 PORTIONEN

Öl für das Blech

2 Eier

90 g Mehl

2 EL Paprikapulver

¾ TL Meersalz

2 EL getrocknete Petersilie

2 EL gemahlener Zimt

4 Hähnchenbrüste (à 125 g), ohne Haut und Knochen

4 EL Butter, geschmolzen

Bei diesem Rezept können Kinder mit drei Gewürzen auf einmal experimentieren. Außerdem können sie nach Herzenslust mit dem Fleischklopfer hantieren und das Fleisch in verschiedenen Zutaten wenden – perfekt für Kids! Und das Ergebnis ist ihnen vertraut, weil es den berühmt-berüchtigten Hähnchen-Nuggets ähnelt. Aber unsere Variante ist mit grünen und braunen Tupfen übersät und überzeugt Kinder davon, dass nicht jedes Lebensmittel mit Flecken (also Gewürzen und Kräutern) grundsätzlich ungenießbar ist.

Den Ofen auf 180 °C vorheizen. Ein Backblech mit Öl einfetten und beiseite stellen.

Nun eine Panier-Station aufbauen: dafür 4 große flache Schüsseln oder Teller bereitstellen. Die Eier in eine Schüssel schlagen und mit dem Schneebesen verquirlen. Das Mehl gleichmäßig auf die 3 restlichen Schüsseln verteilen. Paprikapulver und etwas Salz in die erste Schüssel geben, Petersilie und etwas Salz in die zweite und Zimt und etwas Salz in die Dritte. Die Gewürze jeweils gut mit dem Mehl vermischen.

Jede Hähnchenbrust in 4 Streifen schneiden. Die Streifen zwischen 2 Lagen Frischhaltefolie legen und mit dem Fleischklopfer so lange bearbeiten, bis sie nur noch 2 cm dick sind. Jetzt ist alles bereit zum Panieren.

Kinderleicht! Hähnchenfleisch panieren: Dazu 1 Hähnchenstreifen in dem Mehl von Schüssel 1 wenden, sodass das Fleisch rundum damit überzogen ist. Überschüssiges Mehl abschütteln – schütteln, schütteln, schütteln. Jetzt Hähnchenbrust in der Schüssel mit dem Ei wenden. Das Ei haftet gut daran, weil das Fleisch mit Mehl überzogen ist. Zum Schluss das Fleisch noch einmal in Schüssel 1 legen und in dem Mehl wenden, bis es einen richtig schönen Überzug hat. Dann das überschüssige Mehl wieder vorsichtig abklopfen und das panierte Hähnchenstück auf das gefettete Backblech legen. Dasselbe macht ihr jetzt mit den restlichen Hähnchenstücken. Dabei entscheidet ihr jedes Mal, ob ihr das Fleisch in Schüssel 1, 2 oder 3 paniert.

Bevor das Blech in den Ofen kommt, die panierten Hähnchenstücke mit geschmolzener Butter beträufeln. Dann 25–35 Minuten im Ofen backen.

Abenteurer-Rezept

EIN WIRKLICH CHAOTISCHES SANDWICH

4 PORTIONEN

4 Schöpfkellen (à 200 ml) gekochte Spaghetti mit Tomatensauce

8 Scheiben Sandwichbrot

Die tornadoartigen Verwüstungen, die Kinder in der Küche anrichten, können Eltern zur Verzweiflung bringen. Experten für Kinderernährung zufolge ist es aber wichtig, dass kleine Kinder beim Kochen herumferkeln dürfen, da sie so mit neuen Lebensmitteln vertraut werden. So sehr es auch nervt, hinterher aufzuräumen (Marmelade auf dem Hund? Eigelb auf den Polstermöbeln?) – die pikanten und süßen Katastrophen führen oft zu mehr Bereitschaft, neue Lebensmittel zu kosten. Die Expertin für Kinderernährung Melanie Potock sagt: »Ärgern Sie sich nicht über das Durcheinander, das unweigerlich entsteht, wenn Ihr Kind in der Küche frei schaltet und waltet, denn in diesem (mit Chaos verbundenen) Augenblick lernt Ihr Kind aktiv etwas über das Essen!« Da wir uns diese Worte zu Herzen genommen haben, haben wir – mit einem Gartenschlauch bewaffnet – dieses Sandwich kreiert, das diesen Rat konsequent beherzigt.

Kinderleicht! 1 Schöpfkelle voll Spaghetti mit Sauce auf 1 Brotscheibe gießen und mit einer zweiten Brotscheibe bedecken.

Unbedingt ein weißes T-Shirt anziehen. Spaghetti-Sandwich mit Sauce über einer Abdeckplane oder in der Badewanne essen. Das macht Spaß!

Das Ziel besteht natürlich darin, sich komplett einzusauen.

Kulinarische Wagnisse

Pasta mit Marmeladensauce

Wests Spezialität, Pasta mit Marmeladensauce, ist ein eher unkonventionelles Thanksgiving-Gericht. Er erfand es als Knirps während einer Folge von *Cooking Fast & Fresh with West*. Lassen Sie Ihr Kleinkind in der Küche bestimmen, dann werden Sie vermutlich interessante kulinarische Entdeckungen machen.

110 Mal Erdbeermarmelade

viel Tomatensauce aus der Dose

12 ½ cm Möhrensaft

Der ganze Orangensaft aus dem Kühlschrank

1 Tüte Schokokekse

¾ Tüte Cracker

20 cm frische Brombeeren

1 ganzer Red-Delicious-Apfel, mit Stiel und Kerngehäuse, minus drei kleine Bissen

1 Tüte Wagenrad-Nudeln

1 Krug Tomatensauce

1 Handvoll Popcorn

Alle Zutaten in einer großen Schüssel vermischen. Eine Schwimmbrille aufsetzen und alles kräftig mit dem Handmixer durchrühren, dabei befindet sich ein Quirl in der Rührschüssel, der andere außerhalb. Alles in einen großen Topf schütten und zum Kochen bringen. Nach eigenem Gusto umrühren. So lange kochen, bis eine dicke braune Pampe entstanden ist.

WAS DIE RESTAURANT-KRITIKER SAGEN

Wir forderten bekannte Gastro-Kritiker auf, Wests Pasta mit Marmeladensauce zu verköstigen und zu kommentieren. Gleich mehrere nahmen die Herausforderung an. Jonathan Kauffman, der Gastro-Experte des *San Francisco Chronicle*, bezeichnete das Gericht netterweise als »essbar« – es schmeckte entgegen seinen Erwartungen »gar nicht so sehr nach Erbrochenem«. Er fand es aber »zu intensiv« und klassifizierte es als etwas, »das man nicht wirklich essen muss«. Hier kommen weitere Gastro-Kritiken zu Wests ureigener Kreation …

»Man überlebt es.«

Rick Nelson, Restaurantkritiker des
Star Tribune (Minneapolis)

»Diese Sauce von Collins ist eine auf Amerikas Thanksgiving-Tische zielende Dreckbombe.«

Matthew Amster-Burton, ehemaliger Gastro-
Journalist für *The Seattle Times*

»Womöglich eine Parodie auf Lebensmittel, die niemals, unter keinen Umständen, auf gar keinen Fall miteinander kombiniert werden sollten. Wenn es das überhaupt sein soll.«

Chadwick Boyd, Food- und Lifestyle-
Experte für NBC, ABC, CBS und Food
Network

»Es gibt nur eine vernünftige Reaktion auf dieses fürchterliche Gericht: Mundspülung. […] Anders ausgedrückt: Es schmeckt wirklich zum Kotzen. Nicht so schlimm, dass ich jetzt alle Fünfjährigen hassen würde. Aber doch so ätzend, dass ich empfehle, Fünfjährigen in der Küche keine Carte Blanche zu geben, wenn es um die Kreation neuer Rezepte geht. Hasse ich dieses Gericht? Hass ist ein starkes Wort – aber hierfür nicht stark genug. Dieses Essen ist abscheulich. Ich hoffe, es verfolgt mich nicht bis aufs Sterbebett, aber ich

fürchte, es wird so sein.«

Blair Robertson, ehemaliger
Restaurantkritiker für *The Sacramento Bee*

»Ich möchte keinen ganzen Teller davon essen müssen, aber das resultiert aus dem Geschmack eines Erwachsenen.«

Robin Garr, ehemaliger Gastro- und
Reisejournalist der *New York Times*

»Es ist traurig, wenn so viele wunderbare Zutaten für so etwas Ungenießbares verschwendet werden.«

Betsy Cohen, Bloggerin von
Desserts Required

»Eine fade, ungenießbare Mischung aus harter, zu kurz gekochter Pasta, Schokolade und Marmelade aus Beeren …«

Wynter Holden, Gastro-Kritiker von
Phoenix Magazine

»Mit seinem ungewöhnlichen Kochstil, bei dem er einen angebissenen Apfel, übrig gebliebene Cracker und obendrein Schokokekse in einen Topf wirft, erregt West jede Menge Aufmerksamkeit. Obwohl er sicherlich keinen Preis für Sauberkeit gewinnen würde, muss man sagen, dass auch Jamie Oliver kein Kochpapst geworden ist, indem er vorsichtig mit dem Löffel dosiert und vermischt hat. Es geht doch darum, sich ganz aufs Kochen einzulassen und von Anfang an ein Gefühl für die Lebensmittel zu bekommen. Wests Pasta mit Marmeladensauce ist absolut originell, und obwohl er dafür vermutlichen keinen Michelin-Stern bekommen wird, könnte sich das Gericht doch zu einem kindgerechten Standard mausern …«

Emma McNamara, ehemalige Food-
Rezensentin von *The Urban List*
(Sydney, Australien)

DEN SNACK NEU ERFINDEN ... MÖCHTE JEMAND GEMÜSE-EIS?

Wenn unser Sohn im Kleinkindalter ein paar Stunden lang nichts zu essen bekam, wurde er ausgesprochen missmutig. Aus reiner Notwehr gingen wir dazu über, ihn mit Crackern zu füttern, und zwar vom Aufwachen am Morgen bis zum abendlichen Schlafengehen. Natürlich aß er dann zu den Mahlzeiten nichts mehr und verlor das Interesse an anderen Lebensmitteln.

Dass sich unsere Familie den ganzen Tag irgendwie durchknabberte, ist nichts Ungewöhnliches. Permanentes Snacken gehört zu den weit verbreiteten Essgewohnheiten, und das ganz besonders bei Kindern. So entsteht eine Generation von Snackern. Viele Kids nehmen täglich drei bis sechs Snacks zu sich, und einige naschen sich mehr oder weniger durch den Tag.

Eine Studie mit über 31 000 Kindern hat gezeigt, dass ein durchschnittliches Kind in den USA etwa 600 Kalorien pro Tag durch Snacks aufnimmt – das entspricht knapp einem Drittel des täglichen Kalorienbedarfs. Wenn diese Snacks aus einer Vielfalt natürlicher, kaum verarbeiteter Lebensmittel bestehen würden, wäre dies nicht so schlimm. Aber in erster Linie wird Süßes wie Kekse und Kuchen (die beliebtesten Snacks) gegessen oder salzige, stark verarbeitete Produkte wie Chips und Salzbrezeln (die zweitbeliebteste Kategorie).

Einer der Nachteile dieser verbreiteten Snacks liegt darin, dass sie nur wenig Ballaststoffe und Eiweiß, dafür aber umso mehr Zucker enthalten. Aber wussten Sie, dass mancher Fruchtjoghurt gar nicht so viel weniger Zucker wie ein Schokoriegel enthält? Die Herstellung von Kindersnacks hat sich zu einem Milliardengeschäft entwickelt. Ohne jegliche Gewissensbisse werden da neonbunte stark verarbeitete Lebensmittel für Kinder angeboten und deren Begeisterung für Superhelden ausgenutzt. In den späten 1990er-Jahren brachte der amerikanische Lebensmittelhersteller General Mills testweise einen mit Zucker überfrachteten Joghurt auf den Markt, den man aus der Packung direkt in den Mund quetschen konnte – ein Löffel war überflüssig. Dies war der erste speziell für Kinder entwickelte Joghurt. Das Unternehmen verdiente durch diese kulinarische Meisterleistung bereits im ersten Jahr 100 Millionen Dollar und vermarktet das Produkt seither als Go-Gurt, also als Joghurt für unterwegs, der in keinem Familienhaushalt fehlen darf. Diese Art von Snack – geschmacksoptimiert, verzehrfertig und farbenfroh verpackt – ist in der US-amerikanischen Kultur und auch in vielen anderen Ländern allgegenwärtig.

Viele Eltern klammern sich an derartige Produkte, als hinge ihr Leben davon ab. Sie sind ja auch so praktisch.

Doch wissen Sie, was sich sonst noch als Snack für unterwegs eignet? Ein Apfel. Oder eine Möhre. Oder eine Handvoll Mandeln. Es gibt eine Fülle hausgemachter Dinge, die nicht teuer und ebenfalls rasch zur Hand sind – und Kinder können lernen, diese zu mögen.

In der Regel gelten Snacks bei uns eher als Mini-Mahlzeiten und nicht so sehr als Leckerbissen für zwischendurch. Wann immer es geht, setzen wir dabei auf frisches Obst und Gemüse. Wir richten einfache Snack-Teller mit mehreren Auswahlmöglichkeiten an – und die Kids entscheiden, was sie davon essen. Dass die Kinder einen bestimmten Snack einfordern, gibt es bei uns nicht. Sicher, wenn sie eine Idee für etwas Neues haben, das sich aus unseren Vorräten herstellen lässt, warum nicht. Aber in aller Regel servieren *wir* die Snacks.

Dieses Kapitel bietet Spaß, gesunde Snackvorschläge und Inspiration – dazu gehören auch Knabbereien, die sich gut mitnehmen lassen und genauso unkompliziert sind wie Cracker. Wir haben unsere Rezepte in zwei Kategorien aufgeteilt:

- **SNACKS FÜR ZU HAUSE:** Das heißt Kleckeralarm. Am besten am Tisch essen.

- **SNACKS FÜR UNTERWEGS:** Also einpacken und mitnehmen.

Wir haben uns auf Dinge konzentriert, die gut schmecken, außerdem soll es den Kids Spaß machen, bei der Zubereitung zu helfen und sie zu essen. Diese Snacks versorgen die Kinder über Stunden hinweg gleichmäßig mit Energie, also keine Abstürze mehr, kein völliges Überdrehen, keine Wutanfälle. Na dann: Los geht´s.

Snacks für zu Hause

KNABBEREIEN

Wir können nicht dazu raten, diese Snacks im Kopfstand zu essen oder im Buggy. Stattdessen empfiehlt es sich eher, eine Plane auszubreiten oder ein Lätzchen umzubinden, da es ganz sicher nicht ohne Kleckern abgehen wird.

QUIETSCH-KÄSE
MIT ERDBEER-RHABARBER-SAUCE

4 PORTIONEN

80 g frische Erdbeeren, entstielt und klein geschnitten

70 g frischer Rhabarber, klein geschnitten

4 EL Ahornsirup

4 EL Wasser

2 EL Olivenöl

200 g Halloumi-Käse, in Scheiben geschnitten

Viele Eltern sind überzeugt, dass ihre Kinder nur Butterkäseessen. Vielleicht ist ihr Kind wirklich noch nicht reif für kräftigen Roquefort oder Blauschimmelkäse (unsere sind es jedenfalls nicht), aber dieses Rezept eröffnet einen gangbaren Weg, um auch mal einen anderen Käse kennenzulernen. Anstatt dem Butterkäse das Feld zu überlassen, haben wir beschlossen, ihn nicht in unseren häuslichen Vorrat aufzunehmen und lieber auf andere Käsesorten zu setzen. Jeder Ausflug ins Reich des Käses sollte mit einer wunderbar salzigen Spielart namens Halloumi beginnen, der aus Schaf-, Ziegen- und Kuhmilch besteht. Er stammt ursprünglich aus Zypern, ist aber mittlerweile in jedem Lebensmittelgeschäft zu finden. Halloumi hat eine einzigartige Konsistenz und lässt sich grillen oder braten, ohne zu schmelzen. Ein weiterer Vorteil: Die ganze Familie kann sich über das quietschende Geräusch amüsieren, das der Käse beim Reinbeißen von sich gibt.

Für die Sauce Erdbeeren, Rhabarber, Ahornsirup und Wasser in einen mittelgroßen Topf geben und auf mittlerer Stufe zum Kochen bringen. Die Hitze reduzieren und alles etwa 40 Minuten köcheln lassen, dabei gelegentlich umrühren. Den Deckel auflegen und den Topf vom Herd nehmen. Zwischenzeitlich den Käse vorbereiten.

Das Olivenöl in einer großen Pfanne auf mittlerer bis hoher Stufe erhitzen, bis es heiß ist, aber noch nicht raucht. Die Käsescheiben nebeneinander in die Pfanne legen und braten. Dabei immer wieder prüfen, ob sich die Unterseite schon goldbraun gefärbt hat – das kann ein paar Minuten dauern. Dann den Käse wenden und die andere Seite ebenfalls goldbraun braten. Den Käse etwas abkühlen lassen, bevor Sie in diese leckere, salzige Köstlichkeit beißen. Großzügig in die warme Erdbeer-Rhabarber-Sauce eintunken.

WESTS TIPP

Wenn ihr in diesen Käse beißt, müsst ihr gut aufpassen – hört ihr, wie er zwischen den Zähnen quietscht? Hört sich an wie Sneakers auf einem Basketballfeld!

ÄPFEL AUS DEM OFEN

4 BIS 6 PORTIONEN

4 Äpfel (Fuji und Gala nehmen wir dafür am liebsten)

¼ TL gemahlener Zimt

1 Vanilleschote

Unsere Familie liebt die Zeit, in der die Äpfel reif werden. Wir ernten sie gleich eimerweise. Dann trocknen wir sie als Apfelringe, backen sie oder schneiden sie in Scheiben und dippen sie in verschiedene Nussbuttersorten. Dieses einfache Rezept ist eines unserer Favoriten. Wenn die Äpfel im Ofen brutzeln, durchdringt der heimelige, köstliche Duft unser gesamtes Haus. Diese von Natur aus süße Köstlichkeit ist so einfach zuzubereiten, dass die einzige Schwierigkeit darin besteht, so lange zu warten, bis die Äpfel so weit abgekühlt sind, dass man sie essen kann.

Den Ofen auf 180 °C vorheizen.

Kinderleicht! Mit einem Pendelschäler die Äpfel schälen und dann mit einem Kindermesser entkernen und in 5 cm große Stücke schneiden. Apfelstücke in eine mittelgroße Auflaufform füllen und mit Zimt bestreuen. Die Vanilleschote der Länge nach halbieren. Aus einer Hälfte das Mark herauskratzen, die andere Hälfte für ein anderes Gericht aufbewahren. Vanillemark und die leere Vanilleschote in die Auflaufform geben. Jetzt alles gründlich vermischen.

Die Auflaufform mit Alufolie bedecken und Apfelstücke 1 Stunde im Ofen backen. Die Form aus dem Ofen nehmen und die Folie entfernen. Die Apfelstücke vor dem Verzehr mindestens 5 Minuten abkühlen lassen.

Sind die Äpfel so weit abgekühlt, dass man sie essen kann, werdet ihr feststellen, dass sie ganz weich sind. Los geht´s.

APFEL-NACHOS

2 BIS 4 PORTIONEN

2–3 Äpfel

½ Zitrone

2 EL glatte Erdnussbutter
(die gute alte zuckerfreie
Variante, die man
durchrühren muss)

1 knappe Handvoll
Rosinen

1 knappe Handvoll
Kürbiskerne

1 knappe Handvoll
ungesüßte Kokosflocken

1 knappe Handvoll
Salzbrezeln, zerbröselt

Mit dieser süßen Variante des Snack-Klassikers haben Ihre Kids ebenso viel Spaß wie mit herkömmlichen Nachos – außerdem bekommen sie zusätzlich noch einen nussig schmeckenden Eiweiß-Kick.

Jeden Apfel quer in etwa 8 Ringe schneiden. Die Ringe sollten möglichst dünn, gleichzeitig aber stabil genug für ein Topping sein. Apfelringe mit Zitronensaft beträufeln, damit sie nicht braun werden. Die Kerne aus den Ringen entfernen – so kommt das hübsche, wie ein Stern oder eine Blüte geformte Zentrum der Ringe gut zur Geltung.

Kinderleicht! Erdnussbutter in einer Tasse mit 1 EL Wasser verrühren: Die Erndussbutter sollte so dünnflüssig werden, dass man sie träufeln kann. Jetzt die Apfelringe auf eine große Platte legen und mit Erdnussbutter beträufeln. Apfel-Nachos mit Rosinen, Kürbiskernen, Kokosflocken und Brezelbröseln bestreuen.

FINDET EUREN LIEBLINGSAPFEL

Auf der Welt gibt es über 2500 Apfelsorten. Macht doch während der Erntezeit mal einen Spaziergang über einen Bauernmarkt und kostet jede verfügbare Sorte. Einige sind knackig, andere süß, manche schmecken herb. Macht eine Blindverkostung, um herauszufinden, welches eure Lieblingssorte ist. Wenn ihr sie umtaufen könntet – wie würdet ihr sie nennen?

LÖFFELBROT

6 BIS 8 PORTIONEN

250 g feines Maismehl

2 TL Backpulver

einige Prisen Meersalz

240 ml Milch

1 EL Honig, mehr zum
Beträufeln

2 Eier, getrennt

4 EL geschmolzene
Butter, mehr zum
Servieren

West schwört, dass dieses Brot wie mit Butter bestrichenes Popcorn schmeckt.
Er hat recht. Wir löffeln es noch warm gleich aus der Pfanne und genießen es.

Den Ofen auf 190 °C vorheizen.

Maismehl, Backpulver und Salz in einer großen Schüssel miteinander vermengen.

Die Milch in einem mittelgroßen Topf langsam auf niedriger Stufe erwärmen. Den Topf vom Herd nehmen und den Honig unterrühren, bis er sich aufgelöst hat. Das Eigelb unterziehen, dann die Milch zu den trockenen Zutaten geben und alles mit dem Handrürgerät gut vermengen.

Die Butter in einer mittelgroßen gusseisernen Pfanne (ca. 22 cm Ø) schmelzen und so verteilen, dass Boden und Ränder damit überzogen sind. Überschüssige geschmolzene Butter in den Teig gießen und einarbeiten.

Das Eiweiß in einer Schüssel locker aufschlagen und mit einem Küchenspatel vorsichtig unter den Teig heben. Darauf achten, dass der Teig locker und das Eiweiß schaumig bleibt, damit das Brot im Ofen besser aufgeht.

Den Teig gleichmäßig in der gebutterten Pfanne verteilen. Brot in 20 Minuten im Ofen goldbraun backen. Die Pfanne aus dem Ofen holen und das heiße Brot mit Butter und Honig beträufeln. Warm servieren.

EIWEISS AUFSCHLAGEN À LA WEST

Normalerweise steht im Rezept, dass man Eiweiß mit einem Handrührgerät aufschlagen soll. West zieht es dagegen vor, das Eiweiß in eine Plastikflasche mit dicht schließendem Deckel zu füllen. Die Flasche muss innen ganz trocken sein. Jetzt schnell herumsausen und die Flasche wie wild schütteln. So lange weitermachen, bis Eischnee entstanden ist.

Snacks für zu Hause

DIPS

ROSAFARBENER HUMMUS

4 BIS 6 PORTIONEN

1 kleine Rote Bete

1 Knoblauchzehe, gepresst

1 Dose Kichererbsen (à 425 g), gespült und abgetropft

Schale und Saft von 1 Bio-Zitrone

1 EL Tahini

Meersalz nach Belieben

4 EL Olivenöl

Hummus selbst herzustellen macht Spaß und geht schnell. Ein paar Runden in der Küchenmaschine – das war's schon. Diese Variante entspricht dem ganz normalen Hummus, ist durch die Rote Bete aber rosa gefärbt.

Die Rote Bete schälen, grob zerkleinern und in eine Küchenmaschine geben. Knoblauch, Kichererbsen, Zitronenschale und -saft, Tahini und Salz zufügen. Alles so lange kräftig durcharbeiten, bis sich die Zutaten gut verbunden haben. Dann bei laufendem Motor langsam in einem dünnen Strahl das Olivenöl zugießen. Die Küchenmaschine ausschalten, den Hummus von den Seiten des Behälters nach unten schaben und abschmecken.

BEUTEL-GUACAMOLE

3 BIS 4 PORTIONEN

1 reife Avocado

Saft von 1 Limette oder Zitrone

1 Prise Meersalz

Kinder sind in der Regel ganz wild darauf, etwas zu zerdrücken, zu zerquetschen oder zu zermatschen. Geben Sie ihnen also einfach etwas Avocado in einem verschließbaren Gefrierbeutel. Vielleicht haben die Kids beim Zerquetschen ja so viel Spaß, dass sie geneigt sind, das Ganze dann auch zu kosten.

Die Avocado halbieren, den Kern auslösen und das Fruchtfleisch mit einem Löffel aus der Schale heben. In einen verschließbaren Gefrierbeutel füllen und Limetten- oder Zitronensaft sowie Salz zufügen. Die Luft aus dem Beutel pressen und diesen gut verschließen.

Kinderleicht! Avocadofruchtfleisch zerquetschen. Mit der Hand kräftig drücken, drücken, drücken, bis eine glatte Masse entstanden ist.

Eine der unteren Ecken des Beutels abschneiden und die Beutel-Guacamole in eine Schüssel pressen – so, wie ihr es mit einer Zuckerglasur machen würdet.

Mit Crackern oder auf Toast servieren.

Abenteurer-Rezept
JOGURT-KÄSE-DIP

4 PORTIONEN

900 g Naturjoghurt, vollfett

Meersalz nach Belieben

1 Zweig frischer Dill

An die Herstellung von Käse haben wir uns nie wirklich gewagt. Doch dann haben wir dieses magische Rezept entdeckt, um aus Joghurt eine Art Frischkäse zu machen. Starten Sie mit einem Eimer Naturjoghurt und stellen Sie daraus einen festen Aufstrich oder Dip her, den Sie süß oder pikant würzen können. Die Kinder können bei jedem Arbeitsschritt mitmachen. Die einzige Spezialausrüstung, die Sie hierfür brauchen, ist ein Seihtuch.

Ein Sieb über eine große Schüssel legen, dabei sollten zwischen Siebboden und Schüsselboden ein paar Zentimeter frei bleiben. Ein 45 x 90 cm großes Seihtuch zu einem Quadrat falten und über das Sieb legen. Dieses Quadrat sollte mindestens 2 Lagen haben und auf jeder Seite überhängen. Den Joghurt in das Seihtuch geben und die überhängenden Seiten über dem Joghurt einschlagen. Die Schüssel über Nacht in den Kühlschrank stellen. Am nächsten Morgen ist die Molke aus dem Joghurt herausgeflossen und steht in der Schüssel. Im Seihtuch bleibt ein dicker, streichfähiger Joghurt-Käse zurück. West liebt es, die Molke zu trinken.

Nun die Gewürze zufügen. Den ungewürzten Joghurt-Käse mit Salz abschmecken. Mit einer Schere den frischen Dill in winzige Stückchen schneiden. Ein paar grüne Schnipsel auf den Joghurt-Käse streuen.

Auf Toast oder Crackern, in Wraps, Bowls oder als Füllung für Pfannkuchen servieren.

Snacks für zu Hause

TOASTS

Der Geruch von getoastetem Brot hat etwas Heimeliges. Wir nehmen gern Vollkornbrot mit ganzen Körnern (checken Sie die Zutatenliste – die meisten in Lebensmittelgeschäften verkauften Brote enthalten heutzutage Zucker, Zuckerrohrsirup und zu stark verarbeitetes Mehl). Der Anti-Kohlenhydrat-Hype hat dazu geführt, dass sich viele Erwachsene von Toast abgewendet haben, aber Vollkorntoastbrot ist eine herzhafte und gesunde Köstlichkeit. Außerdem bietet es eine wunderbare Unterlage für neue Aromen und Konsistenzen.

BABT
(BACON-AVOCADO-BLAUBEER-TOAST)

2 Scheiben Bacon

1 Scheibe Brot
(Volkornbrottoast)

¼ reife Avocado,
ohne Kern

1 Handvoll
Blaubeeren

1 Zitronenschnitz

Meersalz nach
Belieben

Den Ofen auf 190 °C vorheizen.

Die beiden Bacon-Scheiben nebeneinander auf ein
Backblech legen und 15 Minuten im Ofen braten
(wenn der Bacon besonders kross werden soll, auch
ein bisschen länger). Die Scheiben mit einer Küchenzange aus dem ausgetretenen Fett heben und
auf Küchenpapier abkühlen lassen.

Kinderleicht! Das Brot toasten. Mit einem
Löffel das Fruchtfleisch aus dem Avocado-Viertel
direkt auf das Brot kratzen. Mit einer Gabel zerquetschen und gleichmäßig bis zu den Rändern
verstreichen. Die beiden Bacon-Scheiben in Form
eines X auf das Avocado-Mus legen und Toast mit
den Blaubeeren bestreuen. Da die Beeren wegrol-
len können, am besten etwas in das Mus drücken,
damit sie an Ort und Stelle bleiben. Toast mit Zitronensaft beträufeln und mit Salz würzen.

GRASHALM-TOAST

1 reife Birne,
ungeschält

3 Blatt Babyspinat

1 Scheibe Brot
(Volkornbrottoast)

1–2 TL Mandelbutter

Ein großes Stück von der Birne abschneiden und
in ganz kleine Würfel schneiden. Es sollte eine
Menge von etwa 4 EL ergeben. Beiseite stellen.

Die Spinatblätter aufeinanderlegen und wie eine
Zigarre fest aufrollen. Die Rolle dann in dünne
Streifen – »Grashalme« – schneiden. Beiseite stel-
len.

Kinderleicht! Das Brot toasten und mit Mandelbutter bestreichen. Grashalme auf die Mandelbutter streuen und Birnenstücke darüberlöffeln.

Abenteurer-Rezept

SELBST GEMACHTE BUTTER

6 PORTIONEN

480 ml Sahne

Meersalz nach Belieben

Wenn Sie einen Toast ohne jeglichen Schnickschnack haben möchten, dann bestreichenSie ihn doch einfach mal mit hausgemachter Butter. Wir lieben es, unsere eigene Butter zu machen. Sie schmeckt nicht nur besser als gekaufte – sie lässt sich auch ganz einfach herstellen. Außerdem haben Kinder (und zugegebenermaßen auch Erwachsene) Spaß daran, wenn aus einer Flüssigkeit etwas Festes wird – und das durch Hüpfen und Schütteln. Sie brauchen nicht allzu große Gefäße mit dicht schließendem Deckel, etwa Gurkengläser, Gläschen für Babynahrung oder Einmachgläser. Je mehr Sahne Sie im Glas haben, desto länger dauert die Verwandlung in Butter. Daher beginnen wir bei sehr kleinen Kindern mit Babygläschen.

Kinderleicht! Das Wichtigste zuerst: Gläser zur Hälfte mit Sahne füllen und dann den Deckel fest zuschrauben.

Gläser gut schütteln. Schütteln, schütteln, schütteln. Hier ist Ausdauer gefragt. Die flüssige Sahne verwandelt sich langsam in feste, zuerst gibt es weiche Spitzen, dann steifere. Vielleicht möchtet ihr zwischendrin mal kosten. Seid ihr schon fertig? Nein. Also weitermachen – shake it, baby. Jetzt auf einem Bein hüpfen und dabei das Glas weiter schütteln. Danach beim Schütteln euer Lieblingslied singen. Keine Lust mehr? Hilft nichts – weiterschütteln. Je länger ihr hüpft und schüttelt, umso besser schmeckt die Butter.

Wenn sich im Glas an den Rändern feste Partikel bilden, habt ihr es fast geschafft. Sobald sich eine klare Flüssigkeit von der Butter trennt, seid ihr fertig. Die klare Flüssigkeit (Buttermilch) in ein Glas gießen und probieren.

Nachdem ihr die Buttermilch abgegossen habt, die Butter mit einem Gummispatel aus dem Glas schaben. Dann daraus mit den Händen unter fließend kaltem Wasser eine Kugel formen – so lange, bis das abfließende Wasser klar bleibt. Das überschüssige Wasser von der Butterkugel abschütteln und diese eine Schüssel legen. Wenn ihr gesalzene Butter haben möchteet, gebt ihr ein bisschen Salz dazu. Butter auf kleine Förmchen verteilen und servieren. In einem Tontopf bleibt hausgemachte Butter auf der Küchenanrichte etwa 5–7 Tage lang frisch, im Kühlschrank 7–10 Tage.

WESTS

TIPP

Ich mische meine hausgemachte Butter gern mit Honig und einer Handvoll frischen Erdbeeren. Die Zutaten rühre ich einfach mit einem Löffel in die Butter. Ihr könnt auch eure Lieblingsmarmelade einrühren, dann wird die Butter marmoriert.

Snacks für zu Hause

GEMÜSE-EIS

À LA MAISON

Als wir Maison fragten, nach was ihr selbst gemachtes Eis schmecken sollte, kam wie aus der Pistole geschossen: nach Gemüse. Wir können uns vorstellen, was Sie jetzt denken, aber das Eis schmeckt wirklich gut. Im Laden gekauftes Fruchteis besteht in der Regel aus einer Mischung aus Saft, Zucker und Konservierungsstoffen. Unsere hausgemachten Varianten enthalten Obst- und Gemüsestücke (inklusive der Ballaststoffe, die in den meisten Fertigprodukten fehlen) und sind gesündere Varianten eines Klassikers.

Jedes Rezept ergibt 6 Stieleis-Portionen à ca. 90 g.

Bei jedem Rezept alle Zutaten in einen Mixer oder eine Küchenmaschine geben und zu einer glatten Masse verarbeiten. Das Püree in Eisförmchen füllen, Eisstiele hineinstecken und Eis 5 Stunden in der Gefriertruhe durchfrieren lassen. Guten Appetit.

MÖHREN-ORANGEN-EISCREME

½ Banane, geschält

½ Möhre, geschält

1 Orange, geschält und ohne Kerne

360 ml Orangensaft

120 ml Naturjoghurt

1 TL Vanille-Extrakt

GRÜNES SALAT-EIS

60 g Gurkenstücke, mit Schale

1 knappe Handvoll (etwa 20 g) Babyspinat

90 g Melonenstücke (Honigmelone)

360 ml Apfelsaft

4 EL Naturjoghurt

ANANAS-KIWI-SPINAT-EIS

90 g Kiwistücke, geschält

1 reichliche Handvoll (etwa 40 g) Babyspinat

75 g Ananasstücke (frisch, gefroren oder aus der Dose)

360 ml Apfelsaft

SALZIGES ERDNUSS-EIS

½ Banane, geschält

8 EL glatte Erdnussbutter (ohne Zucker und Palmöl)

2 EL Sojasauce

4 EL Honig

360 ml Kokosmilch

1 Prise Meersalz

Snacks für zu Hause

SMOOTHIES

Smoothies lassen Ihrer Kreativität jede Menge Spielraum. Auf den folgenden Seiten finden Sie einige eiweißreiche Lieblingssmoothies unserer Familie.

Jedes Rezept ergibt 4 Smoothies.

Bei jedem Rezept alle Zutaten in einen Mixer geben und zu einer cremigen Masse pürieren.

Abenteurer-Rezept

EIN ABENTEURER-
SMOOTHIE NACH WAHL

4 PORTIONEN

**Mit diesen
Zutaten anfangen:**

1 Banane, geschält,
gefroren

3 EL Nussbutter

4 getrocknete Datteln,
entsteint

1 sehr knappe Handvoll
Spinat (etwa 20 g), frisch
oder gefroren

180 ml Milch oder
Nussdrink

Smoothies können fürchterlich süß und sirupartig sein. Oder aber auch wunderbar sättigende Snacks voller Eiweiß, frischer Zutaten und Ballaststoffen. Fangen Sie mit unserem eiweißreichen Basisrezept an. Stellen Sie zusätzliche Zutaten bereit und lassen Sie Ihre Kids nach Herzenslust auswählen und kombinieren. Den Mixer dürfen die Kinder nur unter Aufsicht eines Erwachsenen bedienen. Hilfreich ist ein robuster Mixer – ein Arbeitstier, das mit allem fertig wird, von Nüssen bis hin zu rohem Wurzel- und Knollengemüse. (West hat einmal sogar einen rohen Butternuss-Kürbis in den Mixer gepackt.)

Kinderleicht! Zusätzliche Zutaten auswählen:

Chia-Samen

ungesalzene Pekannusskerne, Mandelkerne, Walnusskerne,
Erdnüsse oder Kürbiskerne

tiefgefrorene Blaubeeren, Mangos oder Erdbeeren

gemahlener Zimt

Blattsalat

Vanille-Extrakt

Joghurt

MISHAS BROMBEER-PIE-SMOOTHIE

3 getrocknete Datteln, entsteint und grob zerkleinert

4 EL frische Brombeeren

4 EL frische Blaubeeren

4 EL Haferflocken

4 EL Walnusskerne

4 EL Pekannusskerne

15 g Spinatblätter

½ TL gemahlener Zimt

Saft von ½ Zitrone

120 ml Naturjoghurt

120 ml Milch

1 Handvoll Eiswürfel

WESTS MINZE-SCHOKOLADEN-SMOOTHIE

3 getrocknete Datteln, entsteint und grob zerkleinert

1 Handvoll (etwa 25 g) Grünkohlblätter, ohne Mittelrippe und zerpflückt

1 reichliche Handvoll (ca. 40 g) Babyspinat

15 g frische

Minzeblätter

4 EL Cashewkerne

1 EL Kakaopulver, ungesüßt

1 TL Vanille-Extrakt

120 ml Naturjoghurt

120 ml Milch

1 Handvoll Eiswürfel

DIE GEHEIMNISSE UNSERES SMOOTHIE-VORRATS

Hier finden Sie einige Zutaten, die wir immer zur Hand haben, falls uns der Smoothie-Wahn überfällt. Mit diesen Vorräten lassen sich wirklich leckere Mischungen kreieren ...

- *Tiefgekühlter Babyspinat (frische, schon gewaschene Ware kaufen und ins Gefrierfach legen)*

- *Tiefgekühlte Grünkohl- oder Mangoldblätter ohne Mittelrippen (frisch kaufen und ins Gefrierfach legen)*

- *Chia-Samen*

- *Sonnenblumenkerne*

- *Kürbiskerne*

- *Pekannusskerne, Walnusskerne, Mandeln, Cashewkerne und Erdnüsse (ungesalzen)*

- *Tiefgekühlte Bananen (schälen, dann ins Gefrierfach legen)*

- *Zuckerfreie Erdnussbutter, die man durchrühren muss*

- *Ungesüßtes Kakaopulver*

- *TK-Beeren jeglicher Art (z. B. Blaubeeren, Erdbeeren)*

- *Naturjoghurt*

Snacks für unterwegs

Diese Snacks brauchen etwas Zeit, lassen sich aber gut mitnehmen und unterwegs essen.

BANANEN-HAFERFLOCKEN-KEKSE

16 BIS 18 STÜCK

Öl für das Blech

2 kleine sehr reife
Bananen, geschält

90 g Haferflocken

1 TL Vanille-Extrakt

60 g Walnusskerne,
gehackt

75 g Rosinen

Erstaunlich einhellig fanden unseren beiden Kindern die Kombination aus cremigen Bananen, Rosinen, Nüssen und Haferflocken absolut unwiderstehlich. Beim Zermatschen der Bananen haben die Kids jede Menge Spaß, außerdem brauchen die Kekse nur ein paar Minuten im Ofen und lassen sich gut mitnehmen.

Den Ofen auf 180 °C vorheizen. Ein Backblech einfetten und beiseite stellen.

Kinderleicht! Die Bananen zerdrücken. Dafür Bananen in eine mittelgroße Schüssel legen und mit einem Kartoffelstampfer oder einer Gabel zu einem Püree verarbeiten. Dann Haferflocken, Vanille-Extrakt, Walnüsse und Rosinen untermischen.

Kinderleicht! Aus der Bananen-Haferflocken-Masse etwa tischtennisballgroße Kugeln formen und auf das gefettete Backblech setzen. Kugeln mit der Hand flach drücken, sodass Fladen entstehen. Kekse 10 Minuten im Ofen backen, dann herausnehmen, abkühlen lassen und in einen luftdicht verschließbaren Behälter packen.

DER BERGSTEIGER-SNACK

8 BIS 10 KUGELN

10 getrocknete Datteln, entsteint

60 g Walnusskerne

60 g Pekannusskerne

4 EL glatte Nussbutter

2 EL ungesüßtes Kakaopulver, nach Belieben auch mehr zum Überziehen

1 EL Chia-Samen

ungesüßte Kokosflocken zum Überziehen (optional)

Das Geheimnis dieser nussigen Kugeln: Man meint, sie wären im Ofen gebacken worden – stimmt aber nicht. Sie sind schön sättigend und lassen sich gut mitnehmen!

Alle Zutaten (bis auf die Kokosflocken) in eine Küchenmaschine geben und zu einem klebrigen Teig verarbeiten.

Kinderleicht! 1–2 EL Teig abnehmen und mit beiden Händen daraus eine Kugel formen. Wenn ihr Lust habt, Kakaopulver und Kokosflocken jeweils auf etwas Backpapier streuen und die Kugel in einem der beiden oder nacheinander in beiden Überzügen wälzen. Mit dem restlichen Teig ebenso verfahren.

MÄUSE-KNABBERMIX

ERGIBT ETWA 320 G

80 g getrocknete Mangostücke, ungesüßt und ungeschwefelt

90 g rohe oder geröstete Pekannusskerne, grob gehackt

90 g rohe oder geröstete Cashewkerne

60 g geröstete Sonnenblumenkerne

1 sehr knappe Handvoll (etwa 5 g) Popcorn

Meersalz nach Belieben

Wir sind nicht scharf auf normales Studentenfutter, das man im Laden bekommt, da oft zu viele zuckerhaltige Zutaten enthalten sind. Dieses Rezept ist leicht nachzumachen, und der Mix eignet sich perfekt als Snack für unterwegs. Wir nehmen dafür rohe oder geröstete Nüsse und Samen ohne Geschmackszusätze oder Gewürze, um chemische Zusätze, Zucker und Konservierungsstoffe zu vermeiden. Bei Trockenfrüchten achten wir darauf, dass sie ungesüßt und ungeschwefelt sind. Kinder können jeden Arbeitsschritt dieses Rezeptes selbst bewältigen – und geraten weniger in Versuchung, sich nur die Rosinen herauszupicken, wenn sie den Knabbermix selbst hergestellt haben.

Kinderleicht! Schnippeln, schnippeln. Mit einer Kinderschere die getrockneten Mangostücke in winzige Schnipsel schneiden. Die Mangostücke sollen ganz klein sein, sodass sie sich gut in der Knabbermischung verteilen und jeder den fruchtigen Geschmack genießen kann.

Die restlichen Zutaten in einer großen Schüssel mischen. Die Mangostückchen zufügen und den Knabbermix gut durchrühren.

NOCH MEHR IDEEN?

Ein ganz spezielles Studentenfutter

Mit diesem Basisrezept können Ihre Kinder ihr ganz eigenes gesundes Studentenfutter zubereiten. Die Erwachsenen stellen verschiedene Zutaten in kleinen Förmchen bereit, und die Kids wählen aus, was in den Mix rein soll. Bieten Sie unterschiedliche Nüsse, Samen und Trockenfrüchte an. Dann sind die Kids dran: Sie können alle Nüsse, Samen und Früchte in ihrer Mischung kombinieren oder eine Auswahl treffen. Geben Sie der individuellen Mischung, die dabei herauskommt, einen Namen!

80 g ungesüßte und ungeschwefelte Trockenfrüchte, z. B. Mango, Aprikosen, Äpfel oder Rosinen

90 g Nüsse, z. B. Pistazienkerne, Pekannusskerne,

Cashewkerne oder Erdnüsse

90 g Nüsse: andere Nüsse

90 g Saaten, z. B. Sonnenblumenkerne oder Kürbiskerne

GRÜNKOHL-CHIPS

4 PORTIONEN

1 Bund Grünkohl
(Halbhoher Grüner
Krauser)

2 EL Olivenöl

Meersalz nach Belieben

Diese Chips haben zweifellos Suchtpotenzial – es ist durchaus möglich, dass Ihre Familie während einer einzigen Runde »Schiffe versenken« ganz nebenbei drei Bund Grünkohl vernichtet. Die Chips sind knusprig, lecker und echt gesund. Aus der Sorte Halbhoher Grüner Krauser zubereitet schmecken sie uns am besten.

Den Ofen auf 150 °C vorheizen.

Kinderleicht! Den Grünkohlin eine Schüssel mit kaltem Wasser tauchen. Vorsichtig hin und her bewegen, um den Schmutz zu entfernen. Dann die Blätter vom Stiel abreißen und in große Stücke zerpflücken – sie sollen etwa so groß wie eine Wüstenrennmaus sein. Stücke mit einem sauberen Küchentuch trocken tupfen oder in der Salatschleuder trocknen. Der Grünkohl muss so trocken wie möglich sein.

Grünkohl in eine Schüssel geben und mit beiden Händen mit Olivenöl und Salz vermengen. Dann die Stücke nebeneinander auf einem Backblech verteilen – sie sollten nicht übereinanderliegen.

Das Backblech in den Ofen schieben. Nach 10–15 Minuten sind die Chips fertig. Theoretisch kann man sie in einem luftdicht verschließbaren Behälter aufbewahren, aber in unserer Familie haben sie es noch nie in die Speisekammer geschafft. Wir essen sie sofort auf.

GESUNDE SNACKS

FÜR ELTERN MIT NULL ZEIT

Wann wurden Cracker und Fruchtpüree aus Beuteln zu normalem Kinder-Essen? Als wir unsere Familie erst einmal davon entwöhnt hatten, entdeckten wir, dass viele gesunde und vollwertige Snacks ebenso unkompliziert sind.

Jetzt aber mal langsam ... Sie denken sicherlich: »Ich brauche einfach einen Vorrat an Crackern, Fruchtmus in Beuteln oder anderen Fertigsnacks, weil ich oft keine Zeit habe, frische Dinge zuzubereiten.« Verstehen wir. Wir können auch nicht den ganzen Tag damit zubringen, proteinreiche Muffins zu backen und sie dann noch in niedliche Formen zu schneiden. Doch im Folgenden zeigen wir Ihnen Lieblingssnacks unserer Familie, wenn die Zeit wirklich knapp ist. Die meisten davon lassen sich in weniger als 3 Minuten »zubereiten«. Sie sind reich an Eiweiß und Ballaststoffen, da sie aus vollwertigen Zutaten bestehen und nicht verarbeitet sind. Ihre Kinder werden feststellen, wie viel Spaß es macht, diese Snacks zu machen und zu essen.

Bei einigen Snacks müssen Zutaten zerrissen, zerdrückt, eingefroren, mit einem Kindermesser zerschnitten oder platt gedrückt werden – und all das machen die Kids wirklich gern. Die Kleinen schätzen auch die Unabhängigkeit, die ihnen die Zubereitung dieser Snacks gibt. Natürlich stehen diese Dinge noch schneller auf dem Tisch, wenn Sie Nüsse ohne Schale oder enthülste Edamame kaufen – wir ziehen es aber vor, die Zutaten selbst zu knacken oder zu schälen, da sich unsere Kinder dabei bestens amüsieren.

Maisons Lieblingssnack nach der Schule: Eine halbierte und entsteinte Avocado. Sie streut Meersalz darauf, gibt 1 Schuss Zitronensaft dazu und isst ihre Hälfte mit dem Löffel. (Avocados durchschneiden ist ein Job für die Erwachsenen.)

Wests Lieblingssnack nach der Schule: Gefrorene Apfelscheiben.

Putenrolle: 1 Salatblatt oder ein anderes Blattgemüse um 1 Scheibe geräucherte Putenbrust wickeln.

Eichhörnchen-Party: Nüsse mit Schale. Da kommt der Nussknacker zum Einsatz!

Obst-und-Käse-Kette: Einen robusten Faden in eine dicke Nadel einfädeln und aus Beeren, Weintrauben und Käsestücken eine essbare Kette herstellen.

Edamame: Ein Erwachsener soll ein paar tiefgefrorene Edamame-Schoten erhitzen und warm auf den Tisch bringen. Die Schoten könnt ihr dann mit Meersalz bestreuen, aufbrechen und die kleinen Bohnen naschen.

Hart gekochte Eier: Das Eierkochen übernehmen die Eltern. Ihr könnt sie dann pellen, mit einem Eierschneider zerteilen und mit Meersalz bestreuen.

ZUCKER UND ZIMT

Wenn Ihre Kids ganz normale Menschenkinder sind, haben sie vermutlich auch Lust auf Süßigkeiten. Diese Gier nach Süßem können wir zur Einführung neuer Geschmackserlebnisse nutzen. Die Süße ist die perfekte Brücke zwischen dem Vertrauten und dem Unbekannten. In diesem Kapitel präsentieren wir ganz unterschiedliche Rezepte, die Kindern die Möglichkeit geben, verschiedene Aromen, Konsistenzen und Gewürze kennenzulernen.

HINWEIS: Espresso-Tassen und kleine Schälchen für Dips eignen sich bestens zum Servieren von Süßspeisen.

MISHAS OFFIZIELLES STATEMENT ZU SÜSSUNGSMITTELN

Was ist das beste Süßungsmittel? Diese Frage wird heiß diskutiert. Wir wissen, dass Maissirup mit hohem Fruchtzuckergehalt und synthetische Süßstoffe für Kinder nicht empfohlen werden (übrigens auch für den Rest der Menschheit nicht), aber was soll man stattdessen nehmen? Stevia? Rohrzucker? Agavendicksaft? Definitiv lecker ist Honig, aber das Beste zum Süßen ist zweifellos echter Ahornsirup.* Sie werden feststellen, dass in den Rezepten in diesem Kapitel jede Menge verwendet wird.

Ich bin in Neuengland aufgewachsen, wo es viele Zuckerahornbäume gibt. Eine meiner frühesten Erinnerungen besteht darin, dass wir einen riesigen, 200 Jahre alten Ahornbaum in unserem Hof anzapften, den Saft auffingen und ihn den ganzen Tag lang auf unserem Herd einkochten, bis sich ein süßer, klebriger Bodensatz gebildet hatte (Ahornsirup). Im Frühjahr gibt es nur zwei Wochen, die sich zum Anzapfen des Zuckerahorns eignen – die Nächte müssen unter dem Frostpunkt liegen, die Tage darüber. Dann beginnt der Saft nach den langen Monaten der winterlichen Baumruhe zu fließen. Um etwa 3 ½ l Ahornsirup herzustellen, muss man 150 l Saft abzapfen und einkochen. Während andere Kinder im Einkaufszentrum jobbten, half ich nach der Schule bei der Gewinnung von Ahornsaft. Den Wagen, in dem der Saft gesammelt wurde, zogen kräftige Zugpferde. Um den Saft einzudicken, brauchte man eine ganze Scheune voller Brennholz. Der Geruch des dampfenden Ahornsaftes, der aus den riesigen Töpfen aufstieg, die aufbrechenden Baumknospen, der schmelzende Schnee in den Wäldern – all das kommt als Erinnerung zurück, wenn ich die köstliche Kombination aus Mineralstoffen und Zucker koste, aus denen der Ahornsirup besteht.

*Wenn ich von Ahornsirup spreche, meine ich *echten, 100 Prozent reinen* Ahornsirup – und nicht das nach Ahorn schmeckende Zeug aus Maissirup, das uns einige Hersteller als Ahornsirup unterjubeln wollen. Ich weiß, dass einige Produzenten Grad A als den besten Ahornsirup betrachten, aber ich ziehe Grad B vor – er schmeckt so reichhaltig und stark nach Ahorn. Mir ist auch klar, dass echter Ahornsirup ein Luxus ist, aber ich habe daran so positive Kindheitserinnerungen, dass ich bei der Beurteilung von Süßungsmitteln nicht wirklich objektiv sein kann.

STANGENSAFT

6 BIS 8 PORTIONEN

200 g Langkornreis

4 Zimtstangen, zerkleinert

1 Vanilleschote

1 EL Vanille-Extrakt

1 EL Ahornsirup

1,2 l Wasser

Eiswürfel

Dieser Reisdrink wurde von dem mexikanischen Erfrischungsgetränk *Horchata* inspiriert. Unsere Bezeichnung ist eine Hommage an die Zimtstangen, die ihm den Geschmack schenken. Das Getränk ist leicht herzustellen, und das Zerkleinern der Zimtstangen gefällt den Kids gut. (Zum Abseihen brauchen Sie ein Seihtuch.)

Den Reis zunächst in einem Sieb gut durchspülen. Dann den Reis mit den übrigen Zutaten in einen Mixer geben und 1 Minute mixen.

Kinderleicht! Ein zusammengefaltetes Seihtuch über ein feinmaschiges Sieb legen. Sieb über eine große Schüssel oder einen großen Krug hängen. Die Flüssigkeit aus dem Mixbecher durch das Tuch abseihen und beobachten, wie sich der Stangensaft in der Schüssel sammelt. Den Saft mit Eiswürfeln servieren.

WESTS TIPP

Nehmt einen Mörser mit Stößel oder einen Fleischklopfer, um die Zimtstangen zu zerkleinern, bevor ihr sie in den Mixer schmeißt. Wenn man sich hier richtig reinhängt, schmeckt der Zimt noch viel intensiver.

BEREIT FÜR HEISSE SCHOKOLADE MIT CHILI?

4 PORTIONEN

300 ml Milch

300 ml Sahne

150 g Blockschokolade

3 Zimtstangen

¼ getrocknete
Chilischote oder 1 Prise
Cayennepfeffer

Schale von ½ Bio-Orange

1 winzige Prise Meersalz

1 Vanilleschote

Schokoladenraspel, zum
Garnieren (optional)

Auch wenn Kinder in vielen Teilen der Welt scharfe Speisen essen, werden die meisten Kids selten damit konfrontiert. Anstatt unseren Nachwuchs gleich mit Chili-Hähnchen oder asiatischem Feuertopf zu drangsalieren, beschlossen wir, eine mexikanische heiße Schokolade zu servieren, um unsere Kinder an etwas Schärfe zu gewöhnen. Wir haben die Menge des normalerweise in dem Schoko-Trunk enthaltenen Chilis drastisch reduziert – und wissen Sie was? West nippte daran und meinte: »Ich mag gerade das Scharfe darin.«

Milch und Sahne in einen mittelgroßen Topf gießen und auf mittlerer Stufe erhitzen.

Kinderleicht! Jetzt braucht es Muskelkraft! Mit einem Fleischklopfer, einem Mörser mit Stößel oder einem anderen Werkzeug nach Wahl die Schokolade in kleine Stücke zerbrechen und beiseite stellen. Dann die Zimtstangen zerkleinern und in den Topf geben.

Die Mischung 5–10 Minuten köcheln (aber nicht kochen) lassen, bis sich der Zimtduft entfaltet hat. Vom Herd nehmen. Nun die Schokostückchen in den Topf geben und gut umrühren.

Mit Mörser und Stößel ein klitzekleines Stückchen Chili (etwa so groß wie der Nagel des kleinen Fingers) zerstoßen. Das Chilipulver mit der Orangenschale und dem Salz in den Topf geben. (Danach gründlich die Hände waschen, damit ihr nicht aus Versehen winzige Chili-Partikel in eure Augen reibt, das brennt fürchterlich.) Die Mischung so lange verrühren, bis die Schokolade geschmolzen ist.

Kinderleicht! Vanilleschote der Länge nach aufschneiden und das Vanillemark mit der Seite eines Buttermessers herausschaben. Mark und die Schote in den Topf geben.

Den Kakao noch 2 Minuten ziehen lassen, dann probieren. Schmeckt er nach Orange? Oder süß? Muss mehr Orangenschale hinein? Ist er zu scharf? Gießt die heiße Schokolade durch ein feinmaschiges Sieb in einen Krug. Alternativ könnt ihr auch ein zusammengefaltetes Seihtuch über den Krug legen und die Flüssigkeit direkt vom Topf in den Krug abseihen.

Die heiße Schokolade in Espresso-Tässchen gießen, nach Belieben mit Schokoladenraspeln garnieren und servieren.

Fortsetzung auf der nächsten Seite

ABENTEURER-REZEPT

Schnee-Dessert

Kinderleicht! Wenn ihr keine Lust mehr habt, im Schnee zu spielen, versucht doch einfach, ihn zu essen. Dieses Geheimrezept erfand Misha als Kind im schneereichen Neuengland.

Eine kleine Müsli-Schale mit wirklich sauberem Schnee füllen und ein wenig echten Ahornsirup draufträufeln. Noch ein klein wenig Vanille-Extrakt dazugeben und den Schnee mit einem Löffel essen. Wenn unsere Familie im Sommer Lust auf diese Köstlichkeit hat, füllen wir einen Hochleistungsmixer einfach mit Eiswürfeln und zerkleinern die so lange, bis wir Schnee haben.

DIE SCHÄRFE LIEBEN LERNEN!

Misha ist heute ein Fan von Chilisauce, aber er nimmt es einem seiner Onkel immer noch übel, dass der ihn vor 35 Jahren dazu überredet hat, in eine scharfe Chilischote zu beißen. Wenn Sie Ihre Kids an scharfe Speisen heranführen wollen, warnen Sie sie vor. Lassen Sie sie nicht unvorbereitet und ahnungslos in eine extrascharfe Chilischote beißen – die Kids würden Sie dafür hassen und Chilis ewig lang boykottieren. Anstatt auf die Schocktherapie zu setzen, sollten Sie Zeit darauf verwenden, Kinder mit aromatischen, nur leicht scharfen Gewürzen wie Knoblauch, Ingwer, Zimt und Muskat bekanntzumachen. Ist der Grundstein gelegt, können Sie einer Speise einen winzigen Tropfen Chilisauce oder ein Minipartikelchen einer Chilischote hinzufügen. West und Maison sagen, es gibt gute und schlechte Schärfe. (Bei schlechter Schärfe läuft das Gesicht rot an und der Schweiß sammelt sich auf der Stirn.)

CHILI-ALARM FÜR DIE GANZE FAMILIE!

Scharfe Herausforderung: Ist Ihr Kind bereit, es mit Schärfe aufzunehmen, stellen Sie eine ganze Probierpalette von milden bis scharfen Lebensmitteln und Gewürzen zusammen: Paprika-schoten, Jalapeño-, Serrano- und Habanero-Chilis, Chilisaucen – und ein paar Gläser Milch. Am besten probiert jeder eine winzige Menge von allen Kandidaten. Man kann daran lecken – oder viel-leicht sogar ein kleines Stückchen knabbern.

ZUCKER-ATTACKE

BEIM FRÜHSTÜCK, MITTAG- UND ABENDESSEN

Unser täglicher Zuckerkonsum

Wie ist der aktuelle Stand beim Thema Zucker? Ist er wirklich Teufelszeug? Lassen Sie es uns vereinfacht sagen … ja und nein. (Wirklich hilfreich, oder?) Zucker wird vom Körper rasch aufgenommen – insbesondere dann, wenn er ohne begleitendes Eiweiß verspeist wird –, und das bewirkt einen schnellen Blutzuckeranstieg. Eiscreme, Süßigkeiten und hoch verarbeitete Cerealien haben einen hohen glykämischen Index: Das bedeutet, dass die im Blut enthaltene Zuckermenge (Glukose) schnell ansteigt. Nach dem anfänglichen Energieschub sinkt der Blutzuckerspiegel unter den normalen Pegel ab, was dazu führen kann, dass Kinder (wie Erwachsene) schlecht gelaunt, müde oder hungrig werden. Lebensmittel, die Ballaststoffe, Eiweiß und Fett (und nicht vorrangig Zucker) enthalten, versorgen uns dagegen länger mit Energie und sättigen besser.

Zucker schickt nicht nur unseren Blutzuckerspiegel auf eine Berg-und-Tal-Fahrt und weckt das Verlangen nach weiterer Nahrung, sondern löst auch im Mund ein echtes Wonnegefühl aus. Wissenschaftler haben entdeckt, dass für Zucker empfängliche Geschmacksrezeptoren auch in der Speiseröhre, im Magen und der Bauchspeicheldrüse sitzen. Biologisch sind wir also auf Süßigkeiten konditioniert. Der Zucker hat sogar die Macht, uns dazu zu bringen, mehr zu essen, als wir eigentlich sollten. Im Tierexperiment waren Laborratten so scharf auf Zucker, dass ihre Gier danach alle »biologischen Bremsen, die im Prinzip eine weitere Nahrungsaufnahme unterbinden sollten«, außer Kraft gesetzt hat. Innerhalb weniger Wochen mit unbegrenztem Zuckerangebot waren die Laborratten fettleibig geworden. Sogar Ratten, denen man nach dem Genuss von Käsekuchen Elektroschocks versetzte, stürzten sich weiterhin auf die Leckerei.

Die meisten Eltern wissen, dass wir weniger Zucker konsumieren sollten. Die Weltgesundheitsorganisation empfiehlt, unabhängig vom Alter weniger als 10 Prozent der täglichen Kalorienmenge in Form von Zucker aufzunehmen. Diese Menge erreichen wir allein durch den Verzehr von Obst. Der durchschnittliche US-amerikanische Erwachsene isst pro Jahr 31,7 kg Zucker – viermal so viel wie empfohlen. Kleinkinder sollten laut der Amerikanischen Herz-Vereinigung maximal 4 TL Zucker pro Tag zu sich nehmen. Durchschnittlich verzehrt ein Kleinkind in den USA aber über das Dreifache davon.

In einer Gesellschaft, die auf verbraucherfreundliche Produkte setzt, stammt der größte Teil des Zuckers, den wir konsumieren, aus hochverarbeiteten Nahrungsmitteln. Eine Untersuchung an 8000 im Lebensmittelhandel vorhandenen Produkten zeigte, dass 60 Prozent davon zugesetzten Zucker enthielten – darunter auch Lebensmittel, von denen man dies nie erwartet hätte, so etwa bestimmte Füllungen oder Wurstwaren. Sogar Produkte, die gar nicht süß schmecken wie Nudelsaucen und Erdnussbutter stecken häuig voller Zucker. »Selbst Brot enthält heute Zucker. Einige Joghurts haben genauso viel Zucker wie eine Portion Eiscreme«, schreibt Michael Moss, Journalist der *New York Times* und Autor von *Das Salz-Zucker-Fett-Komplott: Wie die Lebensmittelkonzerne uns süchtig machen*. In ihrem Bestreben, Lebensmittel mit Suchtpotenzial zu entwickeln, beschäftigen die Nahrungsmittelhersteller ganze Heerscharen von Wissenschaftlern, die auf sensorischen Genuss spezialisiert sind. Sie berechnen exakt, was für den absoluten Hochgenuss erforderlich ist, etwa die genaue Menge einer Zutat wie Zucker oder Salz, die das Lebensmittel noch schmackhafter macht. Der Hersteller kann daraus die richtige

Zutatenmischung ableiten, die für maximale Befriedigung sorgt.

Lebensmittelkonzerne sind sehr versiert darin, dem Kunden zu suggerieren, dass die verbraucherfreundlichen Kinderprodukte gesund, natürlich und mit Spaß verbunden sind. Es gibt eine breite Palette von Kinder-Snacks, die als gesund vermarktet werden, etwa Trockenfrüchte (die meisten Marken enthalten aber zugesetzten Zucker), fertige Frucht-Smoothies (Zucker!), aromatisierter Joghurt (Zucker!) und nahezu alles, was als Frucht-Snack (Zucker! Zucker! Zucker!) getarnt ist. Laut einer 2018 im *International Journal of Obesity* veröffentlichten Studie unterschätzen Eltern den Zuckergehalt dieser Lebensmittel oftmals dramatisch, besonders wenn diese – wie etwa Joghurt und Saft – mit dem Label »gesund« versehen daherkommen.

In der Lebensmittelvermarktung setzt man verschiedene Strategien ein, um den Zucker so zu verstecken, dass die Konsumenten dies nicht bemerken. So steht in der Zutatenliste eines Produktes vielleicht ein anderer Begriff, der gesünder und nährstoffreicher klingt als nur Zucker – in Wirklichkeit aber dasselbe ist. Lebensmittelkonzerne haben noch Dutzende weiterer Namen für Süßungsmittel, etwa Agavendicksaft, Gerstenmalz, Rübenzucker, brauner Reissirup, brauner Zucker, Rohrzucker, Zuckerrohrsirup, Kokosblütenzucker, Maissirup, Maissirup-Pulver, Dattelzucker, Dextrin, Dextrose, Ethyl-Maltol-Kristalle, Fruchtsaftkonzentrat, Glukose, Glukose-Pulver, Sirup, Maissirup mit hohem Fruchtzuckergehalt, Honig, Laktose (Milchzucker), Malzsirup, Maltodextrin, Maltose, Melasse, Reissirup oder Saccharose. Oftmals führen die Hersteller verschiedene Arten von zugesetztem Zucker in geringen Mengen an siebter, achter und neunter Stelle auf der Zutatenliste auf, um uns zu suggerieren, dass das Produkt keine signifikanten Mengen zugesetzter Süßungsmittel enthält. Wenn man jedoch die verschiedenen Arten der enthaltenen Süßungsmittel aufaddiert, stellt man fest, dass Zucker der wichtigste Produktbestandteil ist.

Zucker an sich ist ja nicht schlecht. Es spricht auch nichts dagegen, eine süße Leckerei zu genießen – wir haben diesem Thema in diesem Buch ein ganzes Kapitel gewidmet. Es ist vielmehr die tägliche Attacke des in stark verarbeiteten Lebensmitteln versteckten Zuckers, der das Ganze hochproblematisch macht. Wir geben uns größte Mühe, Zucker gegenüber unseren Kindern nicht zu verteufeln. Wir halten auch nichts von einem Zuckerverbot und machen uns keinen Stress damit. Wir möchten nur, dass der Zuckerkonsum nicht überhandnimmt – und ergreifen Maßnahmen, damit sich der versteckte Zucker nicht still und heimlich in unserer Ernährung breitmacht. Deswegen prüfen wir die Zutatenlisten auf Verpackungen und achten darauf, dass Süßigkeiten eine gelegentliche Leckerei bleiben und nicht zum Hauptbestandteil der Ernährung werden. Ein Eis an einem heißen Sommertag zählt schließlich schon zu den Freuden der Kindheit. Wenn West so richtig wagemutig ist, fragt er in unserer Lieblingseisdiele nach der schrägsten Geschmacksrichtung, die es gibt. Zucker kann auch ein Türöffner für neue Geschmackserlebnisse und Konsistenzen sein.

GEBACKENE KOCHBANANEN IM OAXACAN-STIL

4 PORTIONEN

2 frische Kochbananen, mit Schale

1 Dose (400 ml) gesüßte Kondensmilch

gemahlener Zimt nach Belieben

Die Kochbanane ist die stärkehaltigere, weniger süße Cousine der Banane und gilt in der Küche Lateinamerikas, der Karibik und Afrikas als Grundnahrungsmittel. Dieses Rezept ist bei Kindern besonders beliebt, da die Kombination aus Kochbanane, Kondensmilch und Zimt stark an warmen Vanillepudding erinnert.

Den Ofen auf 180 °C vorheizen.

Die Kochbananen auf ein mit Backpapier ausgelegtes Backblech legen und 60–90 Minuten im Ofen backen, bis sie weich sind.

Das Blech aus dem Ofen nehmen – die Schale der Kochbananen ist jetzt ganz schwarz. Bananen ein wenig abkühlen lassen, dann mit einem scharfen Messer die Schale von oben nach unten einschneiden (nicht durchschneiden!), sodass sich die Schale aufklappen lässt und das Fruchtfleisch zum Vorschein kommt. Kondensmilch über das Fruchtfleisch träufeln und Zimt darüber streuen. Mit einem Löffel direkt aus der Schale essen.

INGWER-KEKSE

24 KEKSE

380 g Mehl

1 TL Backpulver

1 TL Meersalz

4 EL gemahlener Ingwer

240 g zimmerwarme Butter

250 g Zucker

180 g brauner Zucker

2 Eier

1 EL Vanille-Extrakt

4 EL frisch geriebener Ingwer

4 EL kandierter Ingwer, gehackt

Rohrohrzucker (Turbinado-Zucker) zum Überziehen

Als Misha noch ein Kind war, backte seine Tante diese Kekse oft. Unserer Meinung nach eignet sich ihr Rezept perfekt dazu, sich an Ingwer zu gewöhnen, dessen Aroma Kindern zunächst oft zu intensiv erscheint. Wir verwenden drei verschiedene Spielarten von Ingwer – gemahlen, frisch und kandiert. In Form dieser Kekse aß West zum ersten Mal Ingwer – für ihn fühlte es sich an, als ob der Keks »in seine Zunge beißen« würde. Aber er aß weiter. Wenn er jetzt Ingwer in einem Gericht herausschmeckt, springt er zumindest nicht gleich protestierend vom Tisch auf. Ein kleiner Fortschritt!

Den Ofen auf 180 °C vorheizen. Ein Backblech mit Backpapier auslegen und beiseite stellen.

Kinderleicht! Mit den trockenen Zutaten anfangen. In einer großen Schüssel Mehl, Backpulver, Salz und gemahlenen Ingwer gut vermischen. Anschließend die Schüssel beiseite stellen.

Mit einem Handrührgerät – oder bei genügend Muskelkraft mit einem Holzlöffel – Butter und beide Zuckerarten in einer großen Rührschüssel schaumig schlagen. Nacheinander die Eier zugeben und jeweils gut einarbeiten. Nun Vanille-Extrakt und geriebenen Ingwer zufügen.

Die Hälfte der trockenen Zutaten zur Buttermischung geben. Mit einem Gummispatel behutsam durcharbeiten, bis fast alle trockenen Zutaten untergemischt sind. Dann die zweite Hälfte der trockenen Zutaten zusammen mit dem kandierten Ingwer in die Schüssel geben und alles zu einem Teig verrühren.

Kinderleicht! Kekskugeln formen. 2 EL Teig abnehmen und zwischen den Handflächen zu einer Kugel formen. Rohrohrzucker auf einen Teller streuen und Kugel darin wälzen, bis sie ganz damit überzogen ist. Dann auf das vorbereitete Backblech legen. Vorgang wiederholen, bis der ganze Teig aufgebraucht ist. Zwischen den Kugeln auf dem Blech 5–7 cm Abstand lassen. Die Kugeln vorsichtig mit der Handfläche oder dem Boden eines Trinkglases flach drücken.

Kekse 15 Minuten im Ofen backen und auf dem Blech abkühlen lassen.

STERNSCHNUPPEN-MILCHREIS

4 BIS 6 PORTIONEN

180 g schwarzer Reis, ein paar Stunden in Wasser eingeweicht

480 ml Wasser

360 ml Kokosmilch

2 Zimtstangen

2–5 ganze Sternanis

120 ml Ahornsirup

1 gute Prise Meersalz

Normaler Milchreis ist pampig, weiß und mit Rosinen gespickt. Im Gegensatz dazu wird unsere Variante aus schwarzem Reis zubereitet, der traditionell in Desserts aus der indischen und thailändischen Küche eingesetzt wird. Unser Milchreis ist nicht nur aufregender als die altbekannte Version, er enthält auch Sternanis, was für Ihre Kinder wahrscheinlich ein neues Aroma bedeutet. Ein weiterer Vorteil ist, dass Kinder ein vertrautes Lebensmittel – den Reis – in einem völlig neuen Gewand kennenlernen.

Den Reis in ein Sieb abgießen und ein paarmal mit Wasser durchspülen.

Den Reis dann mit 480 ml frischem Wasser in einen mittelgroßen Topf geben. Den Deckel auflegen und alles zum Kochen bringen, dann die Hitze reduzieren und Reis 45 Minuten köcheln lassen.

Kokosmilch, Zimt, Sternanis, Ahornsirup und Salz zufügen. Gut durchrühren und nochmals 30 Minuten köcheln lassen, dabei gelegentlich umrühren. Während der letzten 10 Minuten den Deckel abnehmen. Den Milchreis auf Schälchen verteilen und warm servieren. Den Sternanis und Zimtstangen nicht mitessen. Doch wer einen in seiner Schale findet, darf sich etwas wünschen!

Abenteurer-Rezept
FRUCHTIGE GRENZERFAHRUNGEN

Obst ist in der Regel nicht allzu schwer an den Mann bzw. das Kind zu bringen. Da viele Kinder gern Obst essen, ist das Ausprobieren neuer Kandidaten ein witziges Abenteuer für die ganze Familie, das alle Mitglieder begeistert.

Kinderleicht! Im Lebensmittelgeschäft oder auf dem Markt Obst aussuchen, das ihr noch nie gegessen habt. Drachenfrucht? Passionsfrucht? Dann einen Obstsalat daraus zubereiten.

Schreibt auf, welches abenteuerliche Obst ihr probiert habt! Und führt die Liste immer weiter.

ROSIGER MILCHREIS

4 BIS 6 PORTIONEN

200 g Basmatireis

600 ml Wasser

½ TL Meersalz

380 ml Kokosmilch

120 ml Milch

120 ml Sahne

6 EL Honig

½ TL Rosenwasser

Essbare Blüten gehören zweifellos zu den schönsten Dingen, mit denen sich der Gaumen Ihrer Kinder trainieren lässt. Beispielsweise haben Kapuzinerkresse und Zucchini-Blüten ausgefallene Aromen, die jedoch für an eher eintönig schmeckende Lebensmittel gewöhnte Kinder nicht zu stark sind. Rosenwasser bringt zusätzlich eine delikate Note ins Spiel – man bekommt es in manchen Supermärkten und in Aptheken.

Den Reis in ein Sieb geben und ein paarmal mit Wasser durchspülen.

Reis, 600 ml frisches Wasser und Salz in einen mittelgroßen Topf geben und den Deckel auflegen. Alles zum Kochen bringen, dann die Hitze auf niedrige Stufe reduzieren und Reis 20 Minuten köcheln lassen. Anschließend vom Herd nehmen und bei geschlossenem Deckel nochmals 10 Minuten quellen lassen.

Kokosmilch, Milch, Sahne sowie Honig zufügen, dann auf mittlerer Stufe erneut zum Kochen bringen. Die Hitze reduzieren und Reis unter häufigem Umrühren etwa 15–20 Minuten köcheln lassen, bis der Milchreis schön cremig ist. Das Rosenwasser unterrühren und alles nochmals ein paar Minuten köcheln lassen. Warm, lauwarm oder abgekühlt servieren.

WESTS TIPP

Streut Löwenzahn-
blüten oder Rosen-
blütenblätter auf
den Milchreis – aber
KEINE ROSINEN!

GIBT ES IRGENDETWAS, AUF DAS MISHA KEINE ROSINEN STREUT?

Vergesst die Rosenblütenblät-
ter – bestreut das Ganze mit Rosinen. Rosinen machen schließlich jedes Gericht besser!

TK-Süßkram-Halloween-Eintopf

Um zu verhindern, dass unsere Kinder einen ganzen Berg von Halloween-Süßigkeiten auf einmal verdrückten, haben wir ihnen aus taktischen Gründen erlaubt, das Zuckerzeug zu einem Eintopf zu verarbeiten. Das Ergebnis war so eklig, dass selbst die Kids nach dem ersten Bissen aufgaben.

Kinderleicht! Zuerst alle Halloween-Süßigkeiten auspacken. Dann alles in einen großen Topf schmeißen – ja auch die Gummibärchen, auch die Kaubonbons, auch den Schoko-Kram, die harten Bonbons und die Pfefferminzdrops.

Die Mischung auf mittlerer Stufe zum Schmelzen bringen, dabei häufig umrühren. Beobachten, wie das Zuckerzeug blubbert, sich auflöst und schmilzt. Wenn sich im Topf eine matschige braune Pampe gebildet hat, ist der Eintopf fertig. Er sollte noch alle möglichen Stückchen enthalten. Den Topf vom Herd nehmen und die Masse ein paar Minuten abkühlen lassen.

Dann ab ins Gefrierfach damit. Die Mischung auf ein tiefkühlgeeignetes Tablett schütten und ein paar Stunden lang durchfrieren lassen. Nicht abdecken – das garantiert Gefrierbrand. Wenn die Mischung durchgefroren ist, ein winziges Stückchen kosten – dann alles wegschmeißen.

MEIN KIND ISST

NUR **MUFFINS**, **KEKSE**, UND SÜSSE FRÜHSTÜCKSFLOCKEN – HILFE!

Natürlich ist Zucker verführerisch, denn er schmeckt gut. Wenn sich Ihre Familie normalerweise gesund ernährt, zählt ein Dessert, das ab und zu auf den Tisch kommt, auch zu den Freuden des Familienlebens. Doch viele Kinder konsumieren schon im Rahmen ihrer normalen Ernährung viel zu viel Zucker– er steckt in all den verarbeiteten Lebensmitteln, die täglich gegessen werden. Dann läuft der Zuckerkonsum aus dem Ruder. Zucker ist also nicht per se schlecht, und wir wollen ihn nicht verteufeln – aber zu viel ist nicht gut für uns. Wenn es bei Ihnen viel Zuckerhaltiges zu essen gibt und Sie die Ernährungsgewohnheiten Ihrer Familie verändern möchten, sollten Sie die folgenden Strategien der Fachleute für Kinderernährung beachten.

Die Zutatenliste durchlesen

Da die Nahrungsmittelproduzenten sich Mühe geben, Zucker unter verschiedenen Bezeichnungen in verarbeitete Lebensmittel zu schmuggeln, wissen Sie vermutlich gar nicht, wie viel Zucker Ihre Familie wirklich konsumiert. Ein Weg, um das herauszufinden, besteht darin, die Zutatenliste zu studieren. Wussten Sie, dass Ihr Kind jedes Mal, wenn es einen Fruchtjoghurt isst, allein dadurch schon fast die gesamte täglich empfohlene Zuckermenge aufnimmt? Es ist wirklich sinnvoll, auf den versteckten Zucker zu achten – insbesondere auf den in speziellen Kinder-Snacks.

Süßigkeiten nicht verbieten

Die international anerkannte Expertin für Kinderernährung Ellyn Satter hat auch Ratschläge zum Umgang mit Zucker parat. Sie ist überzeugt davon, dass man Kindern kein Lebensmittel komplett verbieten sollte. »Machen Sie Süßigkeiten nicht zur verbotenen Frucht«, sagt Satter, »sonst essen die Kinder zu viel davon, wenn sie die Gelegenheit dazu haben.« Wenn etwas verboten wird, steigert das nur die Gier der Kinder danach.

Machen Sie Süßigkeiten nicht zum Thema. Viele Menschen haben selbst ein problematisches Verhältnis dazu, so haben sie einerseits ein großes Verlangen nach Süßem, fühlen sich gleichzeitig aber schuldig, wenn sie ein Stück Kuchen essen. Versuchen Sie, Ihr ambivalentes Verhältnis zu Zucker nicht an Ihre Kinder weiterzugeben. Denken Sie daran: Negative Aufmerksamkeit erregt zwangsläufig Interesse. Anstatt einen Aufstand wegen des einen Kekses zu machen, den sich Ihr Kind gerade in den Mund gesteckt hat, erlauben Sie ihm, den Keks zu essen und jeden Krümel davon zu genießen. Das war's dann aber auch. Viele bezeichnen Süßes grundsätzlich als »schlecht« und kontrollieren streng, wie viel davon gegessen wird. »An Süßigkeiten ist nichts Schlechtes!«, sagt Maryann Jacobsen, Therapeutin in Sachen Kinderernährung. »Bleiben Sie Süßigkeiten gegenüber neutral und schenken Sie ihnen nicht zu viel Aufmerksamkeit. Vermitteln Sie die Botschaft, dass Süßigkeiten ein angenehmer Teil des Lebens sind und nichts, weshalb man sich schuldig fühlen sollte.«

Brechen Sie die Macht der Süßigkeiten.

STRATEGIE 1: KEINE SÜSSIGKEITEN ALS BELOHNUNG ODER BESTECHUNG

Wie oft haben Sie schon gesagt »Esst euer Gemüse auf und dann gibt es einen Nachtisch«? Hören Sie auf damit. Natürlich ist es verlockend, das Dessert als Belohnung für gutes Benehmen oder das Essen von Gemüse zu instrumentalisieren. Wissenschaftliche Studien zeigen jedoch: Wenn man Süßigkeiten als Belohnung oder Bestechung einsetzt, wächst dadurch der Wunsch der Kinder nach süßen Nahrungsmitteln. Gleichzeitig verstärkt sich ihre Abneigung gegenüber den Dingen, die sie essen »müssen«.

STRATEGIE 2:
SERVIEREN SIE ZUM ESSEN EIN DESSERT (JA, SIE HABEN RICHTIG GELESEN)

Machen Sie den Nachtisch ab und zu zum Teil der Familienmahlzeit. Ein Stückchen Brownie auf dem Teller Ihres Kindes lockert das Ernährungskonzept auf und nimmt Süßigkeiten ihre Macht. Winzige Portionen machen zudem deutlich, wie viel Süßkram Ihr Kind essen darf – ohne dass man darüber viele Worte verlieren muss. Erlauben Sie Ihrem Kind, den süßen Nachtisch während der Mahlzeit zu essen, wann es will. Das kann natürlich bedeuten, dass es ihn als Vorspeise vertilgt. Aber es ist nur eine Portion – und dazu noch eine sehr kleine. Nachnehmen gibt es in dem Fall nicht. Wenn Ihr Kind um mehr bettelt, sagen Sie: »Wenn du Hunger hast, kannst du etwas von den anderen Dingen auf deinem Teller essen, von den Kartoffeln, den Erbsen und dem Hähnchen.«

STRATEGIE 3:
STELLEN SIE DEN UMGANG MIT SÜSSIGKEITEN IN DER FAMILIE KLAR

Wenn die Süßigkeiten bei Ihnen zu Hause ein Mega-Thema und Sie der ständigen Diskussionen müde sind, raten Experten dazu, familiäre Regeln aufzustellen. Achten Sie darauf, dass sich diese auch einhalten lassen. Erklären Sie den Kids den Plan und bleiben Sie standhaft. Die gute Nachricht: Wenn Sie die Regeln befolgen, hören Ihre Kinder irgendwann auf, mehr Süßigkeiten zu fordern, und alle sind deutlich entspannter.

Lassen Sie Ihre Kinder zum Beispiel eine Süßigkeit pro Tag oder pro Woche auswählen – etwa eine Waffel mit Ahornsirup, einen Muffin oder Eiscreme. Welche Regeln funktionieren in Ihrer Familie am besten? Als Eltern müssen Sie die Regeln aufstellen und sie dann den Kindern erklären.

Halten Sie die Regeln zum Umgang mit Süßigkeiten schriftlich fest.

STRATEGIE 4:
SÜSSIGKEITEN OHNE EINSCHRÄNKUNG

Haben Sie schon jemals von *Lördagsgodis* gehört? Das ist eine schwedische Tradition, die Kindern und Erwachsenen erlaubt, so viele Süßigkeiten zu essen, wie sie wollen – aber nur an einem Tag der Woche. In der restlichen Zeit gibt es überhaupt keine Süßigkeiten. (Das heißt, es existiert ein Süßigkeitentag.) Einige Experten für Kinderernährung schließen sich diesem Ansatz an. Einer der Vorteile besteht darin, dass niemand Angst vor einem Süßigkeitenverbot haben muss. (*Nie wieder Gummibärchen???!!*)

GEWAGTE
UND
LECKERE
GETRÄNKE

Mediziner drängen seit Jahrzehnten darauf, dass Eltern ihren Kindern weniger zuckerhaltige Getränke anbieten. Dennoch konsumierten zwischen 2011 und 2014 über zwei Drittel der US-amerikanischen Kinder mindestens ein gesüßtes Getränk pro Tag, und etwa 30 Prozent nahmen täglich sogar zwei oder mehr zu sich. Zu diesen Getränken zählen Limonaden, Fitnessgetränke, gesüßter Eistee und Fruchtsäfte. Die Folge davon können langfristig Gewichtszunahme und eine breite Palette gesundheitlicher Probleme wie Diabetes sein.

Die Schlussfolgerung daraus sieht so aus, dass das perfekte Kindergetränk – Achtung Trommelwirbel – Wasser ist. Falls Ihnen aber ab und zu der Sinn nach etwas Exotischerem steht, stellen wir Ihnen auch die Lieblingserfindungen unserer Familie im Bereich fantasievolle hausgemachte Säfte, Nussdrinks, Tee-Varianten und Wasser mit Pfiff vor. Das bietet Ihnen gute Alternativen zu zuckerhaltigen Getränken, ohne den Kids den Spaß am Trinken zu verderben.

MISHAS ERFAHRUNGEN MIT ZUCKER: Als ich mit neun Jahren Zeitungen austrug, verfügte ich das erste Mal in meinem Leben über Taschengeld. Woche für Woche konnte ich 25 Dollar ausgeben und davon kaufen, was ich wollte – und das waren Süßigkeiten. Ich nahm meinen kleinen Bruder mit zum nahegelegenen Lebensmittelladen, und wir kauften dort alle möglichen künstlich gefärbten, zuckersüßen Leckereien, die es gab. Zu meinen Lieblingsgetränken gehörten nur pappsüße Limonaden und sogenannte Erfrischungsgetränke. Von unserer örtlichen Tafel bekamen wir Softdrinks sogar umsonst, in meinen Augen ein Riesenvorteil. Ich habe keine Ahnung, wieso solche Getränke von der Bundesbehörde zur Überwachung von Nahrungs- und Arzneimitteln zugelassen wurden und wieso jemand auf die Idee gekommen ist, sie Kindern anzubieten – aber ich gebe zu, dass ich sie einfach superlecker fand. Ob die Süßigkeiten oder eher die Softdrinks schuld daran waren, dass ich immer mehr Zeit auf dem Sofa herumlümmelte und innerhalb von zwei Jahren fast 10 kg an Gewicht zulegte, weiß ich nicht. Im Alter von elf Jahren war ich auf jeden Fall depressiv.

T-SHIRT-TEE

4 PORTIONEN

10 ganze Nelken

8 Kardamom-Kapseln

2 Zimtstangen

1 Prise frisch geriebener Ingwer (wenn Ihr Kind mutig ist)

960 ml kaltes Wasser

2 Teebeutel Rooibos-Tee

240 ml Milch

Honig nach Belieben

1 Spritzer Vanille-Extrakt

Erwachsene schätzen dieses koffeinfreie Tee-Rezept, weil Kinder bei der Zubereitung gleich an mehreren Gewürzen riechen und sie anfassen können. Kindern gefällt der T-Shirt-Tee, weil sie die Gewürze mit einem Fleischklopfer in winzige Stücke zertrümmern dürfen. Wir erledigen diesen Teil in unserer Garage, da wir dort schneller sauber machen können. Ein Hinweis zu den Gewürzen: Wir ergänzen unsere Vorräte gern mit loser Ware aus dem Bio- oder Naturkostladen (das ist günstiger als die kleinen Döschen oder Tütchen aus den Supermärkten). Chai-Gewürze finden Sie auch in indischen oder asiatischen Lebensmittelgeschäften.

Kinderleicht! Ein altes T-Shirt auf dem Fußboden ausbreiten. Nelken, Kardamom-Kapseln und Zimtstangen darauf auf einen Haufen legen. Nun die Ränder des T-Shirts über die Gewürze legen. Eine Brille aufsetzen, um die Augen zu schützen – diese Gewürze können nämlich fliegen. Dann mit einem Hilfsmittel eurer Wahl die Gewürze zerkleinern. Wenn die Gewürze klein genug sind, beiseite legen und den Ingwer reiben.

Nelken, Kardamom und Zimt aus dem T-Shirt in einen mittelgroßen Topf schütteln. Das Wasser zugießen und bei starker Hitze zum Kochen bringen. Den Ingwer zufügen und die Hitze auf mittlere bis niedrige Stufe reduzieren. Die Flüssigkeit 10 Minuten köcheln lassen, dann Topf vom Feuer nehmen. Nun die Teebeutel hineingeben und den T-Shirt-Tee mit geschlossenem Deckel 5 Minuten ziehen lassen. Anschließend die Teebeutel herausnehmen und entsorgen.

Nun Milch, Honig und Vanille-Extrakt einrühren. Den Tee nochmals bei starker Hitze zum Kochen bringen und so lange rühren, bis sich der Honig aufgelöst hat. Den Tee durch ein feinmaschiges Sieb in eine Teekanne abseihen. Entweder heiß oder abgekühlt mit Eiswürfeln servieren.

WESTS °TIPP

Während ihr all diese neuen und witzigen Gewürze abzählt, solltet ihr an jedem einzelnen schnuppern. Wird der Duft stärker oder schwächer, wenn ihr die Gewürze zerkleinert habt? Wenn die Gewürze im Topf sind, könnt ihr das T-Shirt, in dem ihr sie zertrümmert habt, ruhig anziehen: Es riecht dann super.

MISHAS TIPP

Chai wird in der Regel mit koffeinhaltigem Tee zubereitet. Da unsere Kinder definitiv keine zusätzliche Energie benötigen, nehmen wir Rooibos-Tee als Basis – dabei handelt es sich um einen milden, süß schmeckenden Kräutertee, der sich super für Gewürztee-Zubereitungen eignet und den Kinder lieben. Wenn Sie sich für die Erwachsenen einen zusätzlichen Energie-Kick wünschen, nehmen Sie einfach etwas von dem heißen Wasser ab und greifen zu normalem Schwarztee.

Abenteurer-Rezept

SELBST GEPFLÜCKTER HAGEBUTTENTEE

4 BIS 6 PORTIONEN

1 Handvoll Hagebutten, selbst gesammelt

1200 ml Wasser

Freuen Sie sich auch immer, wenn die hübschen kleinen orangeroten Früchte nach der Blüte an den Heckenrosenbüschen erscheinen? Diese Hagebutten sind essbar und gesund, sollten aber nur gekocht genossen werden. West und Maison lieben den säuerlichen Geschmack. Wichtig ist, die Härchen im Inneren der Früchte zu entfernen, da sie den Hals reizen können. Wir machen aus Hagebutten gerne einen wohlschmeckenden Wintertee, da sie mit Vitamin C vollgepackt sind. (Am Rande bemerkt: Die Blütenblätter von Rosen sind ebenfalls essbar.)

Kinderleicht! Sammeln, waschen, trocknen und zerkleinern. Sammelt in der Nachbarschaft Hagebutten – Heckenrosen findet ihr häufig auf verwilderten Grundstücken und in Parkanlagen. Sammelt aber nur solche, die nicht verfault sind oder schlecht aussehen.

Die Hagebutten in einem Sieb unter fließend kaltem Wasser waschen, dann mit einem Küchentuch trocken tupfen. Die Früchte anschließend mit Nadel und Faden auffädeln und die Hagebutten-Girlande zum Trocknen in die Sonne hängen – das kann bis zu drei sonnige Tage dauern. Die Hagebutten sind fertig, wenn sie hart, dunkelbraun, ledrig und runzelig sind.

Sind die Früchte trocken, die Stängel und die kleinen spitzen Stacheln am oberen Ende entfernen. Die so vorbereiteten Hagebutten in einen großen verschließbaren Gefrierbeutel legen und mit einem Fleischklopfer zerschlagen. Hagebuttenpulver in einen Teefilter geben, Hierdurch werden die winzigen Härchen im Teefilter aufgefangen, die ansonsten den Hals reizen können.

Das Wasser in einem mittelgroßen Topf bei starker Hitze zum Kochen bringen. 1 oder 2 TL Hagebuttenpulver in einen Teefilter füllen, in eine Teekanne geben und mit kochendem Wasser aufgießen. 15–20 Minuten ziehen lassen, dann Teefilter herausnehmen, abgießen und trinken.

Das restliche Hagebuttenpulver in einem Glasgefäß mit dicht schließendem Deckel aufbewahren.

MANDELDRINK

220 g Mandelkerne

960 ml Wasser

1 TL Vanille-Extrakt

2 getrocknete Datteln, entsteint

1 Prise gem. Zimt

1 Prise Meersalz

Mandeldrink ist ein cremiger Hochgenuss voller Proteine. Mit einem leistungsstarken Mixer, den wir für dieses Rezept unbedingt empfehlen, ist er kinderleicht herzustellen. Viele fertige Mandeldrinks enthalten Konservierungsstoffe – in unserer hausgemachten Variante finden sich dagegen nur leckere Zutaten. Für dieses Rezept brauchen Sie ein Seihtuch.

Die Mandeln in eine Schüssel geben und mit Wasser bedecken. Bei Zimmertemperatur mindestens 1 Stunde, besser jedoch über Nacht, ziehen lassen. Durch ein Sieb abgießen und mit Wasser spülen. Die Mandeln in einen Hochleistungsmixer geben, dann 960 ml frisches Wasser, Vanille-Extrakt, Datteln, Zimt und Salz zufügen.

Kinderleicht! Ihr seid der Timer: Wenn einer der Erwachsenen den Mixer anschaltet, fangt ihr an, das Alphabet zu singen. Wenn ihr fertig seid, ist auch der Mixer fertig!

Kinderleicht! Jetzt heißt es drücken und quetschen! Zuerst ein sauberes Seihtuch über eine große Schüssel legen. Den Mandeldrink durch das Seihtuch in die Schüssel gießen. Wenn sich im Tuch eine größere Menge an zerkleinerten Mandeln und Datteln angesammelt hat, das Tuch oben zusammennehmen und den Inhalt über der Schüssel ausdrücken. Beobachten, wie die Flüssigkeit in die Schüssel tropft – dann noch einmal richtig fest ausdrücken.

Ist der Mandeldrink ganz abgeseiht, solltet ihr ein Schlückchen probieren. Den Mandeldrink über eure Lieblings-Cerealien gießen oder in einen Smoothie rühren. Im Kühlschrank hält sich der Mandeldrink fünf Tage.

▶ SPRITZFREIER WASSERSPASS!

Wusstet ihr, dass unser Körper in erster Linie aus Wasser besteht? Wasser macht uns schneller, schlauer, stärker und glücklicher. Obwohl Wasser eigentlich schon von sich aus super ist, macht es Spaß, neue Varianten zu erfinden. (Bittet bei allen Dingen rund ums Kochen oder Mixen einen Erwachsenen um Hilfe. Den Rest schafft ihr allein.)

Rosa Eiswürfel: ein paar entkernte Wassermelonen-Stücke mit 240 ml Wasser in einen Mixer geben. Pürieren, die Masse in Eiswürfelbehälter füllen und ins Gefrierfach stellen. Nun könnt ihr in eurem Wasserglas einen Turm aus rosa Eiswürfeln bauen.

Rosa Wasser: 1 Scheibe Rote Bete in ein Glas mit Wasser legen. Seht zu, wie sich das Wasser verfärbt.

Brokkoli-Wasser: Ja, ihr habt richtig gelesen. Brokkoli-Wasser ist bei uns zu Hause ganz unerwartet zu einem Lieblingsgetränk geworden. Einfach nicht verwendetes Brokkoli-Kochwasser in Trinkgläser schütten – es ist warm, salzig, wunderschön grün und erstaunlich lecker. Einfach probieren! Wie findet ihr es?

Grimassen-Wasser: ein paar Löffel ungesüßten Cranberry-Saft (er darf weder anderen Saft noch Süßungsmittel enthalten) in ein Glas Wasser geben. Bietet das Getränk euren Eltern oder Freunden an. Wer verzieht beim ersten Schluck das Gesicht? Könnt ihr eine andere Wasser-Mischung herstellen, bei der sich im Mund alles zusammenzieht?

Flower-Power-Tee: Löwenzahnblüten pflücken, waschen und in heißes Wasser legen. Löwenzahn-Tee durch ein Sieb abgießen und in Teetassen füllen. Dann probieren – hat die Farbe Gelb einen Geschmack?

Regentropfen-Tee: Wann immer es regnet, läuft Maison ins Freie, um jeden einzelnen Tropfen zu spüren. »Ich mag draußen einfach alles«, sagt sie. »Ich liebe Regen. Ich liebe Schnee. Ich liebe Wind.« Sie hat sogar ihr eigenes Rezept für Regentropfen-Tee entwickelt: Bei Regen einfach draußen ein paar Schüsseln aufstellen und abwarten, bis sich genug Regenwasser darin gesammelt hat. Dann das Wasser in einem Topf erwärmen und in Teetassen füllen. Und jetzt kosten – könnt ihr Blitz und Donner schmecken?

WASSERMELONEN-LIMETTEN-SAFT

2 BIS 3 PORTIONEN

600 g Wassermelonen-
fruchtfleisch, klein
geschnitten und entkernt

240 ml Wasser

Saft von 1 Limette

Eiswürfel nach Belieben

1 Zweig Minze (optional)

Haben Sie an einem heißen Sommertag schon mal Wassermelonen-Saft getrunken? Dieses köstliche Getränk ist ein in unserer Familie hoch geschätzter
Sommergenuss.

Wassermelone, Wasser und Limettensaft in einen Hochleistungsmixer geben
und zu einem glatten, herrlich pinken Saft pürieren, der ein wenig schäumt.
Mit Eiswürfeln und, wenn gewünscht, mit Minze garniert servieren.

WESTS

TIPP

Es gibt Leute,
die gern ein klein
wenig Salz über
Wassermelonenstücke
streuen. In Japan
ist gesalzene
Wassermelone eine
weit verbreitete,
traditionelle Leckerei.
Na, reizt euch das
Abenteuer? Dann
los – streut etwas
Meersalz auf eure
Wassermelone.

WASSERMELONE: FRUCHT ODER GEMÜSE?

Wenden wir uns nun einer kontrovers diskutierten
Frage zu: Zählt die Wassermelone zum Obst oder
zum Gemüse? Ob man es glaubt oder nicht – dieses heiß geliebte, pinkfarbene Nahrungsmittel befindet sich in einer Identitätskrise. Viele ordnen die
Wassermelone aufgrund ihres Geschmacks eher
dem Obst zu, doch botanisch gesehen gehört sie
zu den Kürbisgewächsen – unserer Meinung nach
das leckerste Mitglied – und ist somit ein Gemüse.
Sie wächst an Ranken, wie wir es auch von Gurken
kennen. In der Kochszene wird sie mitunter sogar
wie Gemüse zubereitet.

Abenteurer-Rezept

SELBST GESTAMPFTER TRAUBENSAFT

8 BIS 10 PORTIONEN

2 ½ kg dunkle
Weintrauben (etwa
4–5 Traubenreben)

Eiswürfel nach Belieben

Natürlich gehört es zu den goldenen Erziehungsregeln, dass man Essen nicht mit Füßen treten sollte. Doch in diesem Fall machen wir eine Ausnahme. Sie brauchen ein Sieb und eine große Wanne.

Kinderleicht! Die Trauben von den Stielen abzupfen. Achtet darauf, dass wirklich kein Fitzelchen Stiel mehr daranbleibt. Dann die entstielten Trauben in eine große Wanne werfen. Eure Füße müssen sauber sein! Zieht Schuhe und Strümpfe aus und wascht eure Füße mit warmem Wasser und Seife.

Dann steigt ihr in die Wanne mit den Trauben. Achtet darauf, zuvor nicht noch irgendwo herumzulaufen. Sobald ihr knöcheltief in den Trauben steht, dürft ihr nach Herzenslust in der Wanne umhertrampeln – so lange, bis sich die Trauben in eine blaurote Flüssigkeit verwandelt haben.

Nachdem alle Trauben zermatscht sind, spült ihr eure Füße mit einem Gartenschlauch ab. Schnappt euch ein feinmaschiges Sieb und nehmt es mit nach draußen. Die zerstampften Trauben vorsichtig durch das Sieb in einen großen Topf gießen. Die Haut der Trauben, die Kerne und das Fruchtfleisch bleiben im Sieb hängen.

Den aufgefangenen Saft bei starker Hitze zum Kochen bringen und 10 Minuten köcheln lassen, um eventuell vorhandene Keime abzutöten. Den Saft anschließend abkühlen lassen, mit Eiswürfeln servieren und trinken.

WEITERFÜHRENDE INFORMATIONEN

Weitere Tipps und Hinweise finden Sie auf www.adventurouseatersclub.com.

LEKTÜRE FÜR WAGEMUTIGE JUNGE KÖCHE

Expertenwissen (und Nicht-Experten-wissen) über Kinder und Ernährung

Adventures in Veggieland: Help Your Kids Learn to Love Vegetables with 100 Easy Activities and Recipes. Von Melanie Potock, MA, CCC-SLP (New York: The Experiment, 2018).

The Yale Guide to Children's Nutrition. Von William V. Tamborlane, MD (New Haven, CT: Yale Univ. Press, 1997).

Food Love Family: A Practical Guide to Child Nutrition. Von Maya Adam (San Diego, CA: Cognella Academic Publishing, 2016).

From Picky to Powerful: The Mindset, Strategies, and Know-How You Need to Empower Your Picky Eater. Von Maryann Jacobsen, MS, RD (RMI Books, 2016).

How to Raise a Mindful Eater: 8 Powerful Principles for Transforming Your Child's Relationship with Food. Von Maryann Jacobsen, MS, RD (RMI Books, 2016).

Nutrition: What Every Parent Needs to Know. 2. Ausgabe. Von William H. Diets, MD, PhD, FAAP, und Loraine Stern, MD, FAAP (Itasca, IL: American Academy of Pediatrics, 2012).

Helping Your Child with Extreme Picky Eating: A Step-by-Step Guide for Overcoming Selective Eating, Food Aversion, and Feeding Disorders. Von Katja Rowell, MD, Und Jenny McGlothlin, MS, SLP (Oakland, CA: New Harbinger Publications, 2015).

Raising a Healthy, Happy Eater: A Stage-by-Stage Guide to Setting Your Child on the Path to Adventurous Eating. Von Nimali Fernando, MD, MPH, und Melanie Potock, MA, CCC-SLP (New York: The Experiment, 2015).

Bringing Up B.b.: One American Mother Discovers the Wisdom of French Parenting. Von Pamela Druckerman (New York: Penguin Press, 2012).

The Languages of Food: Recipes, Experiences, Thoughts. Herausgegeben von Ilaria Cavallini und Maddalena Tedeschi (Reggio Emilia, Italy: Reggio Children, 2008).

French Kids Eat Everything: How Our Family Moved to France, Cured Picky Eating, Banned Snacking, and Discovered 10 Simple Rules for Raising Happy, Healthy Eaters. Von Karen Le Billon (New York: WilliamMorrow, 2012).

Child of Mine: Feeding with Love and Good Sense. Von Ellyn Satter (Boulder, CO: Bull Publishing Company, 2000).

Secrets of Feeding a Healthy Family: How to Eat, How to Raise Good Eaters, How to Cook. Von Ellyn Satter (Sun Prairie, WI: Kelcy Press, 2008).

Food Fights: Winning the Nutritional Challenges of Parenthood Armed with Insight, Humor, and a Bottle of Ketchup. Von Laura A. Jana, MD, FAAP, und Jennifer Shu, MD, FAAP (Itasca, IL: American Academy of Pediatrics, 2013).

Getting to YUM: The 7 Secrets of Raising Eager Eaters. Von Karen Le Billon (New York: William Morrow, 2014).

Fearless Feeding: How to Raise Healthy Eaters from High Chair to High School. Von Jill Castle und Maryann Jacobsen, MS, RD (San Francisco, CA: Jossey-Bass, 2013).

Happy Mealtimes with Happy Kids: How to Teach Your Child about the Joy of Food!. Von Melanie Potock, MA, CCC-SLP (My Munch Bug Publishing, 2014).

Food Chaining: The Proven 6-Step Plan to Stop Picky Eating, Solve Feeding Problems, and Expand Your Child's Diet. Von Cheryl Fraker, CCC-SLP, CLC, Mark Fishbein, MD, Sibyl Cox, RD, LD, CLC, und Laura Walbert, CCC-SLP, CLC (New York: Da Capo Lifelong, 2007).

Just Take a Bite: Easy, Effective Answers to Food Aversions and Eating Challenges! . Von Lori Ernsperger, PhD, und Tania Stegen-Hanson, OTR/L (Arlington, TX: Future Horizons, 2004).

The Waldorf School Book of Soups. Von Marsha Post und Andrea Huff (Great Barrington, MA: Bell Pond Books, 2006).

The Waldorf Book of Breads. Von Marsha Post und Winslow Eliot (Great Barrington, MA: SteinerBooks, 2009).

Essen lernen: Wo unsere Ernährungsgewohnheiten herkommen und wie wir sie ändern können. Von Bee Wilson (Suhrkamp Verlag 2017).

Kulinarische Abenteuer mit einem Kleinkind: Ein kochender Vater erzählt. Von Matthew Amster-Burton (VGS 2009).

Das Salz-Zucker-Fett-Komplott: Wie die Lebensmittelkonzerne uns süchtig machen. Von Michael Moss (Ludwig Buchverlag, 2014)

Baby-led Weaning – Das Grundlagenbuch: Der stressfreie Beikostweg. Von Gill Rapley und Tracey Murkett (Kösel-Verlag, 2013)

Ein Fest im Grünen für Kinder: Einfach, vegetarisch, bunt für kleine Genießer. Von Erin Gleeson (Knesebeck, 2016)

Familien mit Pflanzenpower: Über 100 kinderprobte, vegane Vollwertrezepte. Von Dreena Burton (Unimedica, ein Imprint der Narayana Verlag, 2016)

Home Made Sommer. Von Yvette van Boven (DuMont Buchverlag, 2013)

6 Jahreszeiten: Das andere Gemüse-Kochbuch. Von Joshua McFadden (Riva Verlag, 2018)

Die kleine Raupe Nimmersatt. Von Eric Carle (Verlag Gerhard Stalling, Oldenburg, 1969/Gerstenberg).

KÜCHENGERÄTSCHAFTEN FÜR KINDER

Nützliche Küchengerätschaften, die für Kinderhände geeignet sind, sowie spezielle Kindermesser
finden Sie in vielen auf Kochutensilien spezialisier-
ten Läden, in Kaufhäusern oder natürlich über das
Internet.

Scheuen Sie die Investition nicht, denn Ihre
Kinder werden mehr Freude beim Mithelfen
haben, und Sie können darauf vertrauen, dass Ihre
Kids sich nicht verletzen können.

TIPPS FÜR KINDER MIT ERNÄHRUNGSPROBLEMEN

Viele mit dem Essen verbundene Probleme lassen sich lösen, wenn Eltern Mahlzeitengewohnheiten und die Auswahl der Gerichte verändern und Grenzen setzen (siehe Kapitel 2). Wenn Sie der Meinung sind, schon alles ausprobiert zu haben, und die Mahlzeiten mit Ihren Kindern immer noch als superstressig erleben, müssen Sie dennoch nicht verzweifeln.

Sollte Ihr Kind weniger als 20 Lebensmittel essen, Gerichte mit einer speziellen Konsistenz nicht mögen, bei den Mahlzeiten weinen, kaum an Gewicht zulegen oder wenn es immer wieder zum Familienstreit bezüglich der Mahlzeiten kommt, sollten Sie überlegen, professionelle Hilfe in Anspruch zu nehmen.

Wenn Sie Probleme haben, sollten Sie zunächst einmal mit Ihrem Kinderarzt Rücksprache halten und sich von ihm Tipps für ein weiteres Vorgehen geben lassen. Wahrscheinlich kann er Ihnen auch seriöse Stellen nennen, an die Sie sich im Speziellen wenden können. Natürlich finden Sie auch über das Internet Experten und Therapeuten, die sich mit dem Thema Kinderernährung befassen und Ihrer Nähe angesiedelt sind.

TIPPS FÜR MAHLZEITEN MIT KLEINKINDERN

Möchten Sie Ihr Kleinkind dazu bringen, sich für eine zivilisierte Mahlzeit brav an den Tisch zu setzen, dann wünschen wir Ihnen viel Erfolg. Kleinkinder sind oft so quirlig und leicht abzulenken, dass es ihnen gar nicht in den Sinn kommt, bei den Mahlzeiten ruhig sitzen zu bleiben. Die meisten halten es maximal fünf oder zehn Minuten am Tisch aus, daher müssen Sie schnell sein!

Experten raten zu Folgendem:

Strukturieren Sie den Übergang. Machen Sie Ihr Kind darauf aufmerksam, dass bald Essenszeit ist – zum Beispiel in einer Viertelstunde. Warnen Sie es fünf Minuten vor dem Essen nochmals vor. Dann sagen Sie: »Du kannst später weiterspielen, jetzt essen wir.«

Wenn sich Ihr Kleinkind schwer damit tut, an den Tisch zu kommen, ermuntern Sie es, sein Spielzeug mitzubringen – die Lokomotive oder der Dinosaurier hat ja bestimmt auch Hunger.

Stellen Sie Ihrem Kind das Essen einfach hin. Dann genießen Sie Ihr eigenes Mahl und sprechen über andere Themen.

Kleinkinder stehen gern vom Tisch auf, wenn man sie lässt. Wird dies zur Gewohnheit, erlauben Sie während des Essens nur einen Gang zur Toilette. Springt das Kind danach wieder auf, sagen Sie: »Gut, wenn du aufstehst, dann hast du sicher fertig gegessen. Den nächsten Snack gibt es erst in ein paar Stunden.« Bleiben Sie dann standhaft.

Setzt sich Ihr Kind nicht gerne an den Tisch, sagen sie ihm, dass es nichts essen muss, aber dass Sie möchten, dass es Ihnen ein paar Minuten lang beim Essen Gesellschaft leistet. Stellen Sie einen Timer und lassen Sie das Kind nach wenigen Minuten spielen gehen, wenn es dies immer noch möchte.

Kleine Kinder schieben häufig ihren Teller weg, wenn sie satt sind. Etwas ältere (zwei Jahre und älter) machen vielleicht dasselbe, obwohl sie noch Hunger haben. In diesem Fall sollten die Kleinen ermuntert werden, noch ein bisschen länger am Tisch sitzen zu bleiben, ohne dass man sie jedoch dazu drängt oder zwingt, noch etwas zu essen.

Lassen Sie Ihr Kleinkind entscheiden, wie viel und was es isst – von dem, was Sie ihm auf den Teller gelegt haben.

Erlauben Sie Ihrem Kleinkind, so zu essen, wie es möchte – wahrscheinlich wird es dafür die Hände nehmen und ordentlich herumkleckern.

Entwächst Ihr Kind dem Kleinkindalter, hat es im Idealfall ein paar grundlegende Kompetenzen erworben, die mit dem Essen in Verbindung stehen: ein positives Verhältnis zum Essen, ein klares Hunger- bzw. Sättigungsgefühl, das die aufgenommene Nahrungsmenge reguliert, die Akzeptanz von Appetitschwankungen, die unsere Nahrungsauswahl beeinflussen, die Fähigkeit, viele verschiedene Nahrungsmittel zu genießen, neue Lebensmittel auszuprobieren und lieben zu lernen sowie die Fähigkeit, auch mit einem Essensangebot klarzukommen, das nicht den Lieblingsspeisen entspricht.

AUSFLÜGE IN SACHEN ESSEN

Nehmen Sie Ihre Familie auf spannende Ausflüge mit, bei denen es um Essbares geht. Forschen Sie nach, ob es in Ihrer Umgebung Führungen durch Unternehmen gibt, die interessante Lebensmittel herstellen. Suchen Sie zum Beispiel nach Bäckereien, Molkereien, Käsereien oder Kaffeeröstereien, die Einblick in ihre Arbeitsabläufe gewähren. Vielleicht finden Sie auch Imker oder Bauernhöfe in Ihrer Nähe, bei denen Ihre Kinder etwas über die Produktion von Lebensmitteln erfahren können. Fragen Sie am besten andere Eltern oder suchen Sie im Internet nach entsprechenden Anregungen und Tipps für aufregende Ausflüge.

DANKSAGUNG

Ohne eine Schar essensverliebter, aufgeschlossener Freunde und Mitarbeiter hätten wir dieses Buch nicht schreiben können. Danke, Kathryn, dass maßgeblich du uns zu diesem Wagnis ermutigt hast. Wir danken der Fotografin Michèle M. Waite, kurz Misha genannt (ja, an diesem Projekt waren zwei Mishas beteiligt), für ihre Liebe zu gutem Essen, ihren Humor und ihre Kunst, das natürliche Sonnenlicht zu nutzen. Misha, du bist ein echtes Wunderkind aus dem Pazifischen Nordwesten. Dank gebührt auch unserer langjährigen Freundin Marne Dupere, die unermüdlich nach optisch perfekten Inszenierungen gestrebt hat, auch wenn draußen der Regen nur so herniederprasselte. Julie H. und Team: Danke an alle für eure Aufmerksamkeit bei wichtigen Details und für eure fröhliche und kooperative Einstellung. Besonderer Dank geht an unsere Ratgeberin Ryan Ross für ihren Enthusiasmus und ihre Leidenschaft für unser Projekt. Wir danken auch Darius, väterlicher Freund und ehemaliger Küchenchef, der bis in die frühen Morgenstunden aufblieb, um darüber zu reden, wie man naturbelassene Lebensmittel für Kinder zubereiten kann. Catalina und Luz: Danke dafür, dass ihr eure Begeisterung fürs Essen mit unserer Familie geteilt habt.

Jean G.: Danke für die würzigen kulinarischen Ratschläge und das Verfeinern der Rezepte zusammen mit uns. Danke auch an Kristina Meltzer, stylishe Mutter von drei Kindern, die unseren Kids zu einem ordentlicheren Look verholfen hat. Danke an Byrd Leavell und Jacob Fenton (UTA) – ihr habt uns geholfen, unserem Buch eine Heimat zu geben. Unseren Lektoren Libby Edelson und Sydney Rogers gebührt Dank für die Begleitung dieses Buches von der Idee bis zur Fertigstellung und das wohlüberlegte Feedback auf diesem Weg. Wir danken jedem bei HC dafür, dass dieses Buch so schön geworden ist und das Licht der Welt erblicken durfte. (Wir sollten an dieser Stelle darauf hinweisen, dass etwaige Fehler in diesem Buch selbstverständlich auf deren Konto gehen.)

Wir wissen es sehr zu schätzen, dass Mishas Mutter allen Widrigkeiten zum Trotz stets mit Liebe gekocht hat – sogar als sie mit zwei kleinen Kindern kein Dach über dem Kopf hatte und gute Ernährung nahezu unmöglich erschien. Unseren Kindern West und Maison danken wir dafür, dass sie uns an jedem einzelnen Tag zum Lachen bringen – und uns dazu inspiriert haben, wagemutig und intuitiv zu kochen. Ganz besonders danken wir allen Kindern in unserer kleinen Ortschaft im Pazifischen Nordwesten dafür, dass sie neue Rezepte tapfer mit uns ausprobiert haben. (Ewiger Dank gebührt unserem elf Jahre alten Nachbarskind Ella: Wenn du uns nicht verraten hättest, dass unser Rote-Bete-Eis schrecklich schmeckt, wäre das Rezept dafür immer noch Teil dieses Kochbuchs. Von allen Nachwuchsköchen auf dieser Welt ein dickes Dankeschön an dich!).

Wir haben Glück, von so vielen Familien umgeben zu sein, die mutig genug sind, unsere verrückten Kochabenteuer zu unterstützen. Danke dafür, dass ihr uns ein freundliches, fotogenes Huhn ausgeliehen, uns in die Geheimnisse unwiderstehlich leckeren Brokkolis eingeweiht, uns mit kulinarischen Neuerungen wie Elefantenrüsselmuschel-Sushi und tiefgefrorenem Kaviar vertraut gemacht, euren Kindern, ohne mit der Wimper zu zucken, Spiegeleier auf Pizza serviert und uns immer wieder daran erinnert habt, mehr Abenteuergeist ins Familienleben … und ins Essen zu bringen.

ÜBER DIE AUTOREN UND KÖCHE

Misha Collins wurde durch die erfolgreiche Fernsehserie *Supernatural* international bekannt. Durch seinen respektlosen Humor machte Misha sich in den sozialen Medien einen Namen. Er liebt es, Menschen dazu zu bringen, absurde, herausfordernde und eigentlich wenig empfehlenswerte Aufgaben zu übernehmen. Bekannt wurde Misha auch durch Random Acts (RA), eine von ihm gegründete Non-Profit-Organisation, die allerlei größere oder kleinere Wohltätigkeitsaktionen initiiert. RA hat ein Waisenhaus in Haiti und eine Schule in Nicaragua gebaut und nimmt weiterhin Projekte in der ganzen Welt in Angriff. Zudem rief Misha die größte internationale Schnitzeljagd der Welt ins Leben (Greatest International Scavenger Hunt the World Has Ever Seen = GISHWHES), ein jährlich stattfindendes Event, an dem Hunderttausende Menschen aus über 100 Ländern teilnehmen. GISHWHES hat bislang sieben Guinness-Weltrekorde aufgestellt, darunter einen für die größte Online-Schnitzeljagd der Welt und für die längste Büroklammern-Kette der Welt. Angeblich kann Misha seine Familie und Freunde während der Brombeer-Saison zwölf Stunden in der Küche festhalten, um Marmelade einzukochen.

Vicki Collins, Mishas Verbündete und Mutter von West und Maison, ist promovierte Historikerin (Geschichte der USA) und Journalistin. Sie hat für Publikationen wie *The Washington Post*, *U.S. News & World Report* und die *Los Angeles Times* geschrieben – über alle möglichen Themen von Fingernagel-Design bis Architekturgeschichte. Das Kochen hat sie erst relativ spät für sich entdeckt, doch mittlerweile liebt sie es, unterstützt von zwei jungen Avantgarde-Köchen Familienmahlzeiten zuzubereiten.

West Collins (acht Jahre alt, 2010 geboren) steht am Herd, seitdem er zwei Jahre alt ist. Seine Koch-Eskapaden füllen mehrere Episoden der Web-Serie *Cooking Fast & Fresh with West*. Wenn man einem Kleinkind in der Küche freie Hand lässt, werden die Mahlzeiten … innovativ und häufig ungenießbar. West mag Hörbücher, Legosteine und Salat.

Maison Collins (sechs Jahre alt, 2012 geboren) ist eine eigenständige, vielversprechende Köchin – sie bringt sich in diesem Buch als Gourmetkritikerin ein und hat ihre ganz eigenen (von der Kritik absolut nicht gefeierten) Rezepte entwickelt, etwa Petersilien-Bete-Zimt-Muffins. Sie kocht so gerne, dass sie später vielleicht mal in einem Restaurant arbeiten möchte – wenn sie nicht ihre zweite Leidenschaft zum Beruf macht, das Aufspüren von Fledermäusen.

ZUTATENREGISTER